吉首大学立人教育通识课特色教材

大学生沟通艺术

肖丽艳　编著

西南交通大学出版社
·成　都·

图书在版编目（CIP）数据

大学生沟通艺术 / 肖丽艳编著. —成都：西南交通大学出版社，2018.8
ISBN 978-7-5643-6398-7

Ⅰ. ①大… Ⅱ. ①肖… Ⅲ. ①大学生 - 心理交往 - 能力培养 - 高等学校 - 教材 Ⅳ. ①G645.5

中国版本图书馆 CIP 数据核字（2018）第 205979 号

大学生沟通艺术

肖丽艳 编著

责任编辑 祁素玲
封面设计 原谋书装

出版发行 西南交通大学出版社
（四川省成都市金牛区二环路北一段 111 号
西南交通大学创新大厦 21 楼）
邮政编码 610031
发行部电话 028-87600564 028-87600533
官网 http://www.xnjdcbs.com
印刷 四川煤田地质制图印刷厂

成品尺寸 170 mm × 230 mm
印张 14.75
字数 235 千
版次 2018 年 8 月第 1 版
印次 2018 年 8 月第 1 次
书号 ISBN 978-7-5643-6398-7
定价 39.00 元

课件咨询电话：028-87600533
图书如有印装质量问题 本社负责退换

序

进入21世纪以来，随着国家高等教育大众化发展战略的确立、教育经费投入的逐年增长以及高校办学自主权的逐步扩大，我国高等教育的发展迎来了新的历史机遇。在新的发展语境中，高校如何突破此前同质化发展的困境，主动回应社会关切，自觉适应经济社会发展，努力破解机制体制障碍，大力提高人才培养质量，凝练办学特色，打造人才培养品牌，是高校建设发展必须面对的现实课题。吉首大学地处湘鄂渝黔四省市边区，近年来竭力突破与生俱来的基础弱势与区位劣势，直面当前高等教育发展的时代难题和现实挑战，以“立人教育”为旗帜统领学校的教育教学工作，构建了独具特色的高等教育理论框架和人才培养体系，大力推动了人才培养的综合改革与协同创新，强化了学校人才培养的特色。

“立人教育”立足学校办学定位，主动对接区域发展国家战略、区域产业发展需求、人民群众脱贫致富需要，从人本教育思想中吸收精神养料，确立将人的站立、发展与完善作为自己的本体价值，通过高等教育实践，让每一个受教育者都形成正确的世界观、人生观和价值观，成为一个有独立精神、自由思想和责任担当的顶天立地的生命个体。在人才培养规格上受启发于“人的全面发展理论”和全人教育思想，从一个“正常人”“健康人”“全面人”应该具备的各种要素和内容角度，提出了自己的理解和看法，并尝试提出了育人的“营养配方”。在纵深结构的着力点和落脚点上与中国当代素质教育思想的理念和目标一致，是对中国当代素质教育思想的具体化，并将之贯彻到“立人教育”的育人实践之中，通过将知识与生命体验联系起来，内化成人正确的、稳定的心理品质，进而使受教育者真正地立起来。在现实关怀层面上，

“立人教育”继承人类历史上平民教育思想的主要价值取向，结合学校办学定位与所在服务区域的现实需要，以及自身承担的社会责任和办学功能，围绕区域经济社会发展对高层次人才的需求来培养人才，将立足区域、服务区域、发展区域，将服务百姓、造福百姓，作为自己与生俱来的历史责任和现实使命。

为实现服务区域经济社会发展的人才培养和打造学校办学品牌的目标，按照“立人教育”的人才培养理念和目标定位，学校构建了“课程引导、环境熏陶、实践历练、自我塑造”四位一体的“立人教育”人才培养实践体系，激活并聚合了育人要素，拓宽了人才培养渠道，形成了人才培养合力。课程引导，主要着眼于课程教学。在课程层面，学校构建了以专业课程为主体，以通识课程、创新创业课程为两翼的“一体两翼”课程体系。课程教学在教授知识的同时，更为重要的是通过知识背后的精神与观念引导学生形成正确的价值观念，启迪学生心智。环境熏陶，是指通过打造“生态校园”“文化校园”和“数字校园”，为学生成才提供良好的外部熏陶，通过外部环境的影响，让学生的心性得到滋养，人格得到养成。实践历练，是指通过科学构建实践教学体系，搭建实践教学平台，统筹安排学生的专业实践、情感实践、社会实践、创新创业实践。学生通过实践历练，真实地感受到知识背后的冷暖、坚守和疼痛，领悟知识背后的价值观念和人生信仰，进一步增强对学校服务区域的了解、认同，加强同服务区域的情感联系，增强服务区域的自觉性。自我塑造，是指积极创造各种形式的学生自我管理、自我学习和自我教育的机会与途径，为学生的自我塑造提供平台。学生通过自我塑造，形成独立而又正确的人格理想、价值信念，在内心里能够建构一套正确的价值观念体系，成为一个有责任、敢担当、能奉献、有情趣的现代知识分子与合格公民。

学校自2009年起，以通识教育为突破口，按照“立人教育”的育人理念，推动并实施教育教学综合改革。2011年以后，将“立人教育”从通识教育层面拓展到专业教育层面，并将之作为吉首大学人才培养品牌进行构建和培育。在通识教育层面，学校构建了“科学素养、人文精神、创新能力、艺术情趣、本土文化”五大通识课程群。每个通识课程群开设了相互关联、相互支撑的系列课程，并依据各专业的知识结构和培养特点对学生在这五类通识课程的选修上提出了具体要求，以避免学生在知识、能力和价值观念方面产生结构性缺失。在课程教学中，除了传统的知识教学之外，更为重要的是要求教师引导学生了解和洞察知识生成背后的求真意志、创新精神、人生态度和审美情怀。

本次由西南交通大学出版社出版的首批“吉首大学立人教育通识课特色教材”就是学校教师长期承担通识课程教学和教材研究的结果。它们有力地支撑了学校“立人教育”人才培养理念的落实，强化了学校人才培养的特色，夯实了“立人教育”教育品牌的构建，为学校教育教学改革和人才培养作出了贡献。我们期待将来能有更多的高质量、有特色且自成体系的立人教育通识课特色教材问世。

是为序。

编委会

2017 年 8 月 23 日

前　言//

随着时代和社会的发展以及互联网的普及，人际沟通呈现沟通方式多样、沟通范围开放、沟通界限淡化、沟通介质网络化等新特点。作为天之骄子，大学生在四年求学期间正处于学习知识、了解社会、探索人生的重要时期，他们思想活跃、精力充沛、兴趣广泛，渴望多与外界沟通，以便在校园里建立良好人际关系，从而为未来的职业生涯奠定基础。但面对当前人际沟通的新特点，相当一部分大学生在沟通中存在沟通不畅、沟通技巧不娴熟、沟通自我意识强等问题。在这样的背景下，编者结合几年来在吉首大学讲授素质选修课“大学生沟通与交流技巧”的实际情况和需求编写了本书。

全书共 13 章，由原理篇、技巧篇和应用篇三大部分组成。第一部分是原理篇，主要讲述了大学生沟通的基本原理、沟通现状和特点、存在的问题等内容；第二部分是技巧篇，重点介绍了团队沟通、网络沟通、日常沟通及跨文化沟通方面的实用技巧；第三部分是应用篇，阐述了沟通技巧在演讲、交谈、求职面试等情景下的应用策略。

本书由肖丽艳主持编写，负责全书的策划、大纲编写、统稿和终稿审核工作。参加编写的有：罗瑾、谭依，负责第 1、2、3、8 章初稿的撰写；康思敏、谭畅，负责第 4、5、10、11 章初稿的撰写；苏莹、徐楚蓉，负责第 6、7、9 章初稿的撰写；肖丽艳，负责第 12、13 章的撰写。

编者紧密结合大学生的实际情况，通过课上师生互动、发放调查问卷及沟通技能训练等搜集了大量数据，在此基础上，经过一年多撰写、反复修改和校对后完成本书。希望本书能够为在校大学生了解沟通知识、进行沟通实践、克服沟通障碍和提高沟通能力等提供一些帮助，使他们不仅能够更好地适应大学生活，也为他们求职、就业、走上工作岗位提供帮助。

由于编者水平有限，加上沟通与交流方面的内容复杂、更新较快，书中错漏之处在所难免，恳请读者批评指正。

肖丽艳

2018 年 8 月于吉首大学张家界校区

目　录//

·原理篇·

·技巧篇·

·应用篇·

原理篇

第一章　大学生沟通能力概述

第二章　人际交往与沟通概述

第三章　大学生人际沟通

第四章　大学生沟通障碍与沟通原则

第一章　大学生沟通能力概述

【开篇案例】

大学本科时有一张姓同学，是上一级的留级生，父母均是教师。从张的教育环境来看我们都想着该生应该是个品学兼优的好学生，但事与愿违，在大学期间，张经常旷课，不顾学业而从事商业经营，学习成绩较差。他在辅导老师多次引导教育后还是我行我素，对老师的正确教育不仅不听，还威胁老师，最后由于成绩未达到必修的要求受到留级处分。张留级后，根据学院工作要求，辅导老师要和张的家长取得联系，告知家长学生留级情况。在和家长取得联系之前，辅导老师与张进行了谈话，首先让他正确面对现实问题，改正自身不足，积极进取，努力学习；另外就是告诉他留级是学生学习期间的大事，老师本着对学生负责的态度，要告知家长此事，希望家长配合学院更好地引导学生顺利毕业。张向老师谎称他担心父母知道自己留级后感到伤心和失望，想自己和家长交流，并向老师保证好好上课，不旷课等。但在之后的学习中，张依然不把学习当回事。辅导老师和其家长取得了联系，并和家长交流了张的留级问题，希望通过家长改变张的学习态度。张在知道老师和家长交流其留级情况后，打电话骂老师并威胁老师的人身安全。老师与家长多次交流后，家长对老师的工作表示支持，和老师共同对张进行教育引导。最后，张开始理解老师的工作，对老师的态度有很大的改变，在学习上也有了一定的进步。

【案例分析】

学生思想偏激和暴力倾向的产生与其个人因素、家庭因素和社会因素有关。首先，就其家庭因素而言，现在的很多家庭中父母往往重视工作和事业，而忽视与子女的沟通与教育；家长把子女送到学校后，把教育问题全部托付给了学校，平时与子女的沟通更多的是生活方面。家长是孩子的第一任老师，家庭是孩子的第一所学校。子女的家庭教育环境不亚于学校这个大环境，家庭教育的好坏在很大程度上影响着子女的人生观、价值观和世界观。

其次，从社会环境来看，我们现在的生活已进入信息时代。孩子获取信息的渠道更多了，而不像以往孩子每天所接触的只有学校的老师、家长和同学。现在大量的信息渠道融汇到学生的视听中，家长的信息被大大淡化了。

最后，从学生自身来看，现在很多大学生进入大学以后，个人的思想还不成熟，面对一切新的环境，大多感到不知所措，对自己的大学生活既感到新奇又感到无所适从。在这种矛盾的心理状态下，部分学生很容易受外界环境的不良影响，出现偏激，甚至有过激行为。

第一节　大学生沟通的必要性

我们每个人都需要独处，对于独处的需求程度也远超过我们实际的独处时间。可是，从另一个角度来说，每个人都有自己独处的临界点，超过这个临界点，本来愉快的独处就会变成痛苦的状态。换句话说，我们都需要友谊，都需要去沟通。因此，大学生学习沟通知识并提高沟通能力是很有必要的。首先，这是更好地适应大学生活的需要。对个人而言，良好的沟通能够使我们很坦诚地生活，以人为本位，在人际互动中充分享受自由、和谐、平等。在学习上，我们也需要不断地进行沟通。知识最主要的传播方式就是语言，而沟通可以帮助我们取长补短，获得新知识和新技能。其次，这是提高综合素质的需要。人际沟通是学生综合素质的重要组成部分，学生在进行沟通的同时也是在学习。只有不断地与人接触，进行思想之间的碰撞，才能更好地、更容易地理解和接受他人的思想，同时也充实了自己，使自己各方面的素养得到提升。再者，这是走向工作岗位的需要。升职加薪是每个职场人都渴望的事情，沟通是决定自己生活品质是否能够更上一层楼的必要条件。在工作中，我们每天除了完成自己的工作任务以外，适当的沟通是必要的，无论是工作进行中的沟通还是工作完成后的工作汇报，都会对工作有一定的帮助。很多时候，措辞甚至是语调在沟通中都相当重要。我们要多看有关的书籍，多留意别人与人交流的方式方法，多看、多听、多学、多实践才能全面提高我们的沟通能力。对于即将步入社会的大学生来说，一方面，正是因为有了沟通，信息才得以传递，从而让我们了解外面的消息；通过与人交流，人们发出信息以及获取信息，让我们熟知身边的事情。另一方面，通过沟通交流，我们的人际关系得以建立，把我们相互联系在一起。最后，沟通能消除误会、增进感情。当我们与人产生误会时，及时沟通是解决问题的唯一行之有效的办法。

心理学家亚伯拉罕·马斯洛（Abraham Maslow）提出，在关注高层次的需求之前，应该先满足基本层次的需求，而最基本的就是生理需求了，如充足的空气、水、食物、休息及繁衍种族的能力。马斯洛的需求论中，第二类的需求则是安全需求，即保护我们的生存免于威胁。在生理和安全之上的便是社交需求。再往上，马斯洛说，每个人都有自尊需求，希望自己是有价值的、有用的。至于最上层的需求，马斯洛称之为自我实现需求，指的是希望自己的潜力能发挥至最大，使自己能成为最棒的人。正如你所理解的，沟通通常是满足各层需求最必要的方法（如图 1-1 所示）。

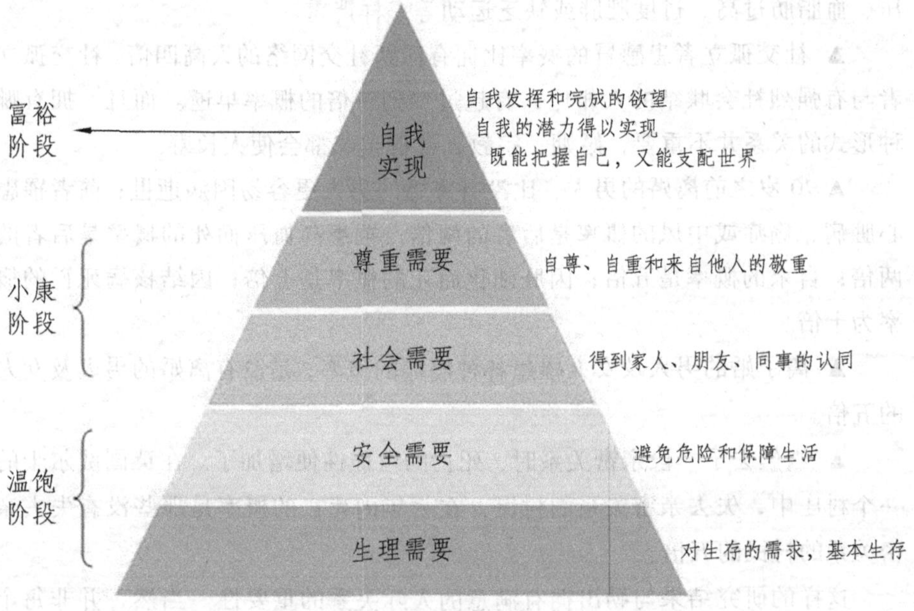

图 1-1　马斯洛需求层次示意图

一、生理需求

沟通非常重要，沟通的存在与否会对生理健康产生很大影响。有极端的例子显示，沟通甚至可以成为生死攸关之事。美国参议员约翰·麦凯恩（John McCain）曾经是一名海军的舵手，在越南北部被俘虏后，被单独监禁了六年。他描述了战俘们是如何借由轻轻敲击墙壁、费力拼出单词的方式创造出一套秘密的代码，以便能传送信息的：

> 暗地沟通的处罚是很严重的。有一些战俘在这一过程中被发现而遭到严厉的拷打，身体和心灵都因此遭受极大的创伤。虽然每个人都很害怕再次遭受酷刑，但在单人囚室中听见从隔墙传来的轻敲墙壁的声响时，他们仍会对典狱人员说谎。很少人能够长时间地不与人沟通。残酷的拷打或刑罚都不如孤独那般令人难以忍受。一旦断绝与其他人之间的联系，保持沉默……对我们而言，等同于死亡。

沟通与生理健康之间的联结是毋庸置疑的。医学研究人员列举了一大串因缺乏亲密关系而导致的威胁健康事件，举例如下：

▲ 贫乏的人际关系会危害冠状动脉的健康，其危害的程度与抽烟、高血压、血脂肪过高、过度肥胖或缺乏运动等一样严重。

▲ 社交孤立者患感冒的概率比拥有活跃社交网络的人高四倍。社交孤立者与有强烈社会联结的人相比，有超过二到三倍的概率早逝。而且，拥有哪种形式的关系并不重要，婚姻、宗教、社群组织都会使人长寿。

▲ 70 岁之前离婚的男人，比没有离婚的男人更容易因病逝世：前者罹患心脏病、癌症或中风的概率是后者的两倍；罹患高血压而死的概率是后者的两倍；自杀的概率是五倍；因肝硬化而死的概率是七倍；因结核病死亡的概率为十倍。

▲ 离了婚的男人及女人罹患各种癌症的概率，是没有离婚的男人及女人的五倍。

▲ 当失去了一段亲密关系时，死亡的可能性便增加了。在英国威尔士的一个村庄中，失去亲密关系的村民，在一年内死亡的概率是那些没有失去亲密关系的村民的五倍。

这样的研究结果勾勒出拥有满意的人际关系的重要性。当然，并非每个人都需要等量的与人亲近的机会，沟通的质与量应该是并重的。重要的是，对于我们的健康而言，人际沟通是不可或缺的。

二、认同需求

沟通的重要性绝不仅止于维持生存而已，它也是使我们认识我们自己的方法，也可以说是唯一的方法。我们对自我的认同源自于我们和他人的互动，因此究竟我们是聪明的还是迟钝的，动人的还是丑陋的，精明的还是笨拙的，这些问题的答案并不会从镜子中照出来。我们是由他人对我们的回应中建立自我认同的。

如果我们和他人沟通的渠道被剥夺了，我们将无从得知我们自己是谁。约翰·斯图尔特（John Stewart）在《做桥梁，别做高墙》（*Bridges, Not Walls*）一书中引用了著名的“阿韦龙的狼童”（一个在童年时期从未和人类接触过的男孩）案例栩栩如生地论证这个观点。1800 年 1 月，这个小男孩在法国一个村落的茶园中偷挖蔬菜时被人发现。他的行为举止完全不像人类，也不会说话，只会发出一些奇特的哭叫声。虽然他缺乏社交技能，但更值得注意的是，他缺乏身为人类的自我认同。研究人员罗格·沙图克（Roger Shattuck）写道：“这个男孩没有任何身为人类的自觉，他完全没有意识到，自己是个和别人有所联结的人。”在人们给予他慈爱的“母爱”之后，小男孩才开始转变成如我们所想的，意识到自己身为人的部分。

就如这个阿韦龙的狼童一样，每个人出生到这个世界上时大概都没有或只有微量的自我认同感，我们需要通过观察别人如何诠释自己来明白我们自己是谁。在童年时期我们所接收到的信息是最强烈的，但是他人对我们的影响是持续的，存在于我们生活的始终。

三、社交需求

沟通除了可以帮助我们诠释自我之外，也提供我们和他人之间重要的联结。专家们已经证实沟通可以满足社交需求，这些社交需求包括娱乐、感情、友谊、解闷、休闲等。这些需求实际上存在于各种关系中——在朋友、同事、家人、情人、配偶甚至陌生人之间，而沟通就是满足我们社交需求的主要方法。事实上，有些社会科学家认为，沟通是人际关系得以建立的最重要的方式。举例来说，在一项对 1800 位美国南加州人的研究中发现，和邻居闲聊的“美好老习俗”是建立社区意识最有效的方法。有效的人际沟通与快乐之间具有很紧密的联系。在一份受试者超过 200 名大学生的研究中发现，最快乐的那 10%的人都认为自己拥有丰富的社交生活。经常快乐的人，跟其他同学在睡眠时数、运动量、看电视时数、宗教活动、喝酒量等可观测项并没有差别。在另一份研究中显示，女性认为“社交性”对于生活满意的重要性大于任何其他活动，包括放松、购物、吃东西、运动、看电视或玩电子游戏等。很多美国人相信，沟通问题——而不是其他那些因素，比如经济、亲属、姻亲、性、先前的关系或小孩等等——往往是导致婚姻或亲密关系结束的元凶。和别人的联结如此重要，因此有些学者便主张，沟通是人类生存的首要目标。接下来的章节内容将有助于你改进和对你最重要的人的沟通方式。

四、实际目标

在满足社交需求及塑造我们的自我认同之余，沟通还是达成沟通学者所谓的工具性目标最好用的方法。工具性目标指的是让他人依照我们想要的去表现。有些工具性目标是非常基本的：跟发型设计师说你只需要稍微修剪发尾、协商家事的责任义务或说服水管工人现在就到你家来修理破掉的水管——沟通就是可以用来达成这些目标的工具。

其他工具性目标更加重要，比如成功的职业生涯。沟通技巧，比如有效率地说话、倾听的能力，是帮助大学毕业生在日益竞争的工作大环境中谋得职位的重要因素，它比技术性的能力、工作经验和特定学历都来得更重要。好的沟通对工作也是同等重要，经济学家詹姆斯·弗拉尼根（James Flanigan）解释道："沟通技巧将会赢得高价的薪水。一位和共同基金的投资顾客在电话线上交谈的交易人员，应该比一位银行的老出纳员需要具备更多的知识、效率及能力。这一类竞争不仅基于薪水也基于技巧。"

在和同事的相处中，沟通能力也越来越受到重视。这意味着良好的沟通技巧不再只是社交的细节，它们可以指出工作失败和成功的差异。

第二节　大学生沟通能力

松下幸之助有句名言："企业管理过去是沟通，现在是沟通，未来还是沟通。"管理者的真正工作就是沟通。不管到了什么时候，企业管理都离不开沟通。沟通是人与人之间、人与群体之间思想与感情传递和反馈的过程，以此来达到思想的一致和感情的通畅。

沟通具有以下含义：

（1）挖沟使两水相通。

（2）指使彼此通连、相通。

（3）沟通是为了一个设定的目标，把信息、思想和情感在个人或群体间传递，并且达成共同协议的过程。它有三大要素：① 要有一个明确的目标；② 达成共同的协议；③ 沟通信息、思想和情感。

（4）沟通就是信息传与受的行为，发送者凭借一定的渠道，将信息传递给接收者，并寻求反馈以达到相互理解的过程。

（5）沟通既是人际的交流，也涉及组织之间的交流。

* * * * * * * * *

你在沟通方面做得如何？

1. 你是否具备良好的沟通能力？
2. 你在哪些情境下与人沟通？
3. 你需要和谁沟通？
4. 需要沟通什么内容？
5. 哪些情境下沟通比较愉快、自如？（压力、紧张？）
6. （不）喜欢和谁沟通？
7. 是主动（被动）沟通吗？沟通过程及结果如何？
8. 通过沟通你学到了什么？

沟通能力测试

1. 你是否时常避免表达自己的真实感受，因为你认为别人根本不会理解你？

A. 肯定　　B. 有时　　C. 否定

2. 你是否觉得需要自己的时间、空间，一个人静静地独处才能保持头脑清醒？

A. 肯定　　B. 有时　　C. 否定

3. 与一大群人或朋友在一起时，你是否时常感到孤寂或失落？

A. 肯定　　B. 有时　　C. 否定

4. 当一些你与之交往不深的人对你倾诉他的生平遭遇以求同情时，你是否会觉得厌烦甚至直接表现出这种情绪？

A. 肯定　　B. 有时　　C. 否定

5. 当有人与你交谈或对你讲解一些事情时，你是否时常觉得百无聊赖，很难聚精会神地听下去？

A. 肯定　　B. 有时　　C. 否定

6. 你是否只会对那些相处长久，认为绝对可靠的朋友才吐露自己的心事与秘密？

A. 肯定　　B. 有时　　C. 否定

7. 在与一群人交谈时，你是否经常发现自己驾驭不住自己的思想，常常表现得注意力涣散，不断走神？

A. 肯定　　B. 有时　　C. 否定

8. 别人问你一些复杂的事，你是否时常觉得跟他多谈简直是对牛弹琴？

A. 肯定　　B. 有时　　C. 否定

9. 你是否觉得那些过于喜爱出风头的人是肤浅的和不诚恳的？

A. 肯定　　B. 有时　　C. 否定

评分标准：选 A 记 3 分；选 B 记 2 分；选 C 记 1 分。

请同学们自行打分。

结论：

9～14 分：你很善于与人交谈，因为你是一个爱交际的人。

15～21 分：你比较喜欢与人交朋友。假如你与对方不太熟，刚开始可能比较少言寡语，可一旦你们熟起来，你的话匣子就再也关不上了。

22～27 分：你一般情况下不愿与人交谈，只有在非常必要的情况下，才会与人交谈。你比较喜欢一个人的世界。

第三节　有效沟通概述

一、有效沟通的五大要素

在沟通时想要达到理想的效果，以下五大法宝需要牢牢掌握。掌握了它，既可以通过沟通更快地获得成功，也会使沟通更加轻松、愉快。

1. 原因（目的）

我为什么要进行这个沟通？

沟通的目的是什么？

我希望取得什么样的结果？

我希望沟通后对方做什么？

2. 对象

谁是我的听众（听者或者读者）？

他（们）是什么样的人？他（们）有什么样的个性、教育背景、年龄、地位？

他（们）关注什么样的事情、话题，可能会有怎样的反应？

3. 时间和地点

沟通的地点是哪里？是在自己熟悉的地方还是陌生环境？

沟通的时间是什么时候？是在自己头脑清晰的时候还是困乏的时候？

4. 内容（主题）

我到底想说什么？

我需要说什么？

对方需要知道什么？

哪些信息我可以省略？

哪些信息我一定要包含？是否达到：清晰（clear）、积极（constructive）、简洁（concise）、正确（correct）、礼貌（courteous）、完整（complete）？（这6个以字母c开头的词构成有效沟通的6C原则。）

5. 方式（包括语气、态度）

信息传达方式，用文字、图片、音频还是视频？

沟通的媒介，书面还是口头？邮件还是电话？微博还是QQ、微信？

如何达到预期的效果？我该采取什么样的语气？该使用或规避哪些字眼和话题？

明确了以上五大要素，在具体的沟通中进行实践，不断提高自己的沟通能力。沟通时还要设身处地地考虑对方的立场、观点。因此，在处理比较棘手或复杂的事情之前，最好先把这些问题及可能出现的状况想清楚，以便可以更好地进行沟通，达到沟通目的。

二、有效沟通的特征

有效沟通是沟通的最高境界，有效表现为彼此理解对方的真实意图，但并不一定完全认同对方意图的正确性与合理性。一旦你审视了你作为沟通发送者的地位后，你就想确保每个谈话、备忘录、电话、方案或报告包含尽可能多的信息。在此，我们将讨论任何有效沟通发送者都会承认的沟通的基本特征，并鼓励你学习运用。这些特征包括：

（1）准确。当你接近你的听众（接收者）时，隐含之意是在寻求信任。即使你的听众只发现了一个实际错误，你也会陷入困境。在企业中，不准确有以下典型的形式：数据不足、资料解释错误、对关键因素的无知、没有意识到的偏见以及夸张。对它们保持警戒将提高你的可信度。

（2）清晰。清晰是很难达到的。为有效地运作，一个组织需要准确和完全的信息、可理解的指令来指导决策者的政策。模棱两可和混淆会浪费金钱并使人产生挫折感。有一些教员和管理者坚持“KISS”（Keep It Simple, Stupid）原则——让它简单易懂。但是大多数商务态势并非简单就能理解的，这种清晰来自精心的准备。为达到清晰，你必须要总结、理解和组织。

清晰包括两方面：逻辑清晰和表达清晰。

逻辑清晰。如果你不能有逻辑地思考你的建议以及实现该计划的行动和可能的结果，那么你就不能期望你的听众会遵循你的思路。大多数糟糕的文章和讲话是糟糕的推理和草率准备的结果。

表达清晰。十多年来，包括通用汽车公司在内的许多公司都通过庞大而昂贵的项目来培训其管理人员正确地使用英语写作和发言。符合语法标准是有效沟通的基础。拼写和句子结构错误会使人对你管理信息的能力提出质疑。但对大多数沟通来讲，正确并不足以满足要求，尽管这能确保在指令、政策、报告、声明、演讲中的清晰性。在你的语言清晰地传递你的含义前，你可能不得不删除某些“正确”的句子。如果你发现你不能清晰地沟通，那么你必须再检查一下导致你的结论的逻辑。

（3）简洁。良好的管理沟通追求简洁，追求以极少的字传递大量的信息。无论是同董事长、高级总裁还是同小时工进行沟通，简洁都是一个基本点。每一个人的时间都是有价值的，没有人喜欢不必要的烦琐的沟通。如P&G等公司对简洁作了规定，高级经理审阅报告不得超过两页。这样的限制降低了办公用纸的流通量，虽然这并不能保证该备忘录把该说的都说了。简洁并不意味着绝对地采用短句子或省略重要的信息，它是指字字有力。

（4）活力。活力意味着生动和易记。人们在组织中有许多责任，并且每天进行许多沟通。明兹伯格指出，管理者通常对某个念头或信念只能集中很短一段时间，打扰、分神、竞争、责任都是管理工作的特征，生动的风格有助于你处于鹤立鸡群的地位。活力部分来自准确、清晰、简洁，部分来自对词语的选择、构思和句式。生动的语言有助于理解并且使你的消息更容易被记住，它还传递信任和决心。有效地运用语言是整个沟通的主体，你只有通过实践才能提高你的演说及沟通技术。你越是一名成功的管理者，你的听众就越可能是多元化的。因此，作为一般规则，我们的实践案例应包括从典型的中层管理情势到组织重大的、内部的甚至跨国的沟通问题。

第四节 沟通的态度

人们讲话时的态度有所谓的两极分化现象，一个是侵略，一个是退缩。所谓侵略的讲话态度，就是得理不饶人；而退缩的讲话态度，就是不敢讲出自己的想法。这两种态度从心理学上来讲，都是不太健康的。

我不主张一个人总是得理不饶人，这样只会把你和别人的关系搞僵；我也不赞成一味地退缩、忍气吞声，因为这样只会让坏人当道，导致黑白颠倒、是非不明。我主张正面的沟通，也就是积极的讲话态度。所以，讲话的态度分为三种，即侵略、退缩和积极。一般情况下，人讲话时的态度都是积极主动的，但如果身处某种困境，侵略或者退缩的态度就会占据上风。

一、退缩的态度，让人无路可退

社交的作用在于：同伟人在一起也容易使自己伟大。

——〔美〕爱默生

有的人在跟别人讲话时，总是喜欢说“不好意思”“对不起”之类的话，始终都好像是对不住别人，别人说什么就是什么，也没有任何意见，这是一种退缩的讲话态度。

由于封建传统观念的影响，中国古代社会长期处在男尊女卑的氛围当中，女人更是要遵循“三从四德”的伦理道德准则。在一个家庭里面，男人是一家之主，男人可以休妻，而女人却只能嫁鸡随鸡、嫁狗随狗。女人在经济上也不能独立，男主外、女主内的传统观念使她们丧失了挣钱的资本，所以，女人只能依附男人生活。慢慢地，女人就丧失了话语权，这也导致她们在讲话态度上基本处于退缩的状态。

我不主张一个人总是退缩、唯唯诺诺，因为退缩的人会自怜，退缩的人会受气，退缩的人甚至更容易得病。中医很早就发现“病由心生”：一个人太忧郁了，心中的怨气和委屈总是憋在心里，无法发泄出去，也就是中医讲的邪气长期淤积体内，不能外泄，就容易生病。而且长期忧郁还容易引起一些神经官能症状，像心悸、头晕、失眠、盗汗等。更麻烦的是，大家通常会不太喜欢自怜的人，跟自怜的人待在一起大家会感觉不舒服，不快乐。时间长了，自怜者身边的朋友就会越来越少。

中国有句老话，叫作“近朱者赤，近墨者黑”。把这句话改一改，叫作“近积极者积极，近消极者消极”。这句话虽然讲得有点儿绝对，但却有一定的道理。想一想，如果经常跟热爱生活、积极进取的人在一起，你的生活就好像充满了阳光，你会不自觉地受到他的感染和影响，也会学习他积极、主动的态度；如果总是跟消极、退缩的人朝夕相处，你也会不同程度地变得懒惰和懈怠，即使你意志力很坚定，也难保不受丝毫影响。当你终于有一天无法继续容忍自己的懒惰和落后时，你就会想要逃避。这也是为什么大家不愿意与整日退缩和自怜的人打交道的原因。

所以，不要到处诉说你的痛苦，不要常常流露出你的委屈。其实，世界上每个人都活得很辛苦，如果常常自怜，常常哀怨，人家跟你在一起也会觉得难受，而且可能还会不尊重你，认为你无能、没用，只会哭诉。

正确的做法是：正视困难，并采取积极、主动的办法去克服。

二、侵略的态度，让人更加孤单

人们不喜欢改变自己的决定，他们不可能在强迫和威胁下同意别人的观点，但他们愿意接受态度和蔼而又友善的开导。

——〔美〕卡耐基

与退缩恰好相反的讲话态度就是不断地侵略。持有这样讲话态度的人会遭遇以下两种结果：遇到胆子大的就会跟这种人对着干，双方就会不断地起冲突，所以这种人很容易树敌；而遇到不敢（或不愿）对着干的，人家会想，我惹不起你，难道还躲不起你？对方就会走开。所以，在公司里面，盛气凌人的人、喜欢颐指气使的人、喜欢大呼小叫的人，还有自以为是的人，最后都会感到奇怪：怎么身边的人慢慢地都走了？

在这里，给大家一个建议：一个公司里如果有那种习惯侵略的人，你一定要小心，如果留下了他，公司里的人才就会统统流失；相反，你把他裁掉，人才反而会留下。一个公司要是有一两个这种“刺猬”，就会把人才扎得光光的。侵略的人，别人也会想办法对付他，他要么树敌，要么就是把别人逼走。

当然，从表面上看，习惯侵略的人不像退缩的人那样处处吃亏、受委屈，反倒是他总在压迫别人、欺负别人，好像很强势的样子。可是我要提醒你的是:这种人的处世风格和待人态度对他自己的身心健康也是有害的——一天到晚欺负别人的人，会时时警惕别人是不是也在暗算他。由于他每天疑神疑鬼，神经高度紧张，久而久之，就会得高血压或者心脏病了。

总之，退缩和侵略是人们讲话态度中的两个极端，要么就是过度委屈，要么就是过度强势，既害人又害己，都是很不好的。

三、积极的态度，让人享受沟通

交际场上的机智既不能表现太过，也不能不予重视，因为这不仅牵涉到一个体面的问题，而且还关系到公务和政府。

——〔英〕培根

前面讲到，退缩和侵略的讲话态度都是不科学的，那么，怎样才是正确的沟通呢？这就是积极的谈话方式。我认为每个人在沟通的时候，都应该学会正确的讲话方式，这样才叫会沟通。下面有几种积极沟通的方法，大家可以参考借鉴。

1. 基本型：开门见山，直截了当地说出自己的想法

所谓基本型，就是直截了当地说出自己的想法或意见。

例如：“老崔啊，等一下我到你家来找你。”一般情况下，对方会说：“欢迎。”其实，这样回答不太准确，你可以这样直截了当地对他说：“你几点到我家？什么时候走？等一下我要离开，你跟我讲话不要超过 40 分钟。”下面是一个真实的案例。

> 我发现我们中国人在串门儿的时候，很少有人这样讲话。以前，我也不这样讲话，但是后来，我从我的美国老师那里得到一个教训。
>
> 有一次，我跟我的美国老师说第二天下午要去找他，他问我几点，我说两点，他说太早了，后来我们定为 3 点。他又问我要待多

长时间，我就在想：干吗要问这句话呢？我就说一个钟头，他说 OK。

第二天，我 3 点钟去了，一见面就开始寒暄。等到开始讲正题的时候，已经过了大概 40 分钟，还剩下 20 分钟了，看来时间不够了。他也不吭声，当我在那边东拉西扯的时候，他突然间说了一句："世维，一个小时到了。"我说："我刚才只是客套了一下。"他说："我告诉你，这一个钟头是你事前讲好的，我下面还有别的事情，对不起。世维，另外再找时间吧。"我只好说："对不起。"然后，我不得不离开了。

自那以后我就记住了：跟别人讲话，要把话讲清楚，否则只会耽误自己的事情。所以，跟人沟通时，讲话一定要直截了当。

想一想，你会这样跟人家讲话吗？

2. 谅解型：摆明道理，用关怀打动对方

所谓谅解型，就是同情对方但仍然说明自己的需要。

举个例子。"董小姐，公司最近在武汉开了新的网点，我们决定把你派去当副总经理。听说你和你的老公感情非常好，你们结婚还不到三个月，但是公司有这么一个任务，非你莫属。当然，我们体谅你的难处，你可以经常跟你老公通通电话，公司付电话费，而且允许你每个月探亲一次。总之，把你派到武汉是公司的一个决定，希望你能接受。"

再如："各位，前一阵由于有一个零件没有到位，美国的订单拖延了一段时间。为了赶进度，这两个星期大家要天天加班到晚上 8 点。不过公司会供应晚餐，同时付加班费，希望各位能够密切配合。"

还比如：怀孕的女员工中午常常会休息得久一些，一不舒服就会躺到沙发上，上班可能常常迟到，下班又要求早点儿，基本上这些我都是可以接受的。但是关怀完了以后，就要告诉她，如果每一个怀孕的女员工都可以躺到沙发上，每一个怀孕的都可以随时早点儿走，那么，对不想生小孩的人来说就划不来了。所以，我们应该跟她这么说："既然你怀孕了，你不舒服，你想早点儿走，那可不可以每天都早点儿走，早一个钟头，然后薪水扣 1/8，你同意吗？"管理者绝不能说："哪个女人没有生过孩子？又不是只有你生孩子，吐一吐就好了。"这样讲绝对不行，这样就太没人情味了。你一定要先表示关怀，然后再告诉她："怀孕并不是一定要早走，怀孕并不是中午要躺到 3 点半。你真的要这么做，我们就把公司因此造成的亏损和你工作中所减少的工时，用货币衡量出来然后扣掉，或干脆找个人帮你，把你每个月的薪水扣一部分给那个人。”我能体谅怀孕的员工，但对怀孕的员工怎么管理，要把它讲清楚。这就叫谅解。

3. 提示型：适当提示，让对方信守承诺

所谓提示型，就是指出当初的承诺与现况有点儿出入，以此来提醒对方。

例如，经理说：“小张啊，你不是说星期四要给我报告嘛，我星期五要汇总给总经理，现在六个部门的报告都给我了，就差你这个研发部的还没有给我。小张，现在是星期四的早上，你能在今天抓紧时间给我吗？”“我还没有写，经理。”“小张，你当初跟我说你星期四一定给我的，但是现在你居然跟我说你还没有写。小张，你让我很为难。”

再如：“华经理，你跟我说我们的销售预算是 15 万元，但是你现在只拨了 12 万元，你说不能再拨了。那么，另外 3 万元我跟总经理报告，你才能拨给我吗？”

4. 直言型：直言不讳，坦率说出自己的心里话

直言型就是提醒对方，他的行为对你有不良的影响。

例如：“小玉啊，我们公司在山东有 40 多个网点，公司为了强调团队精神，现在决定取消个人奖金，奖金直接发给门店。这样，每个门店就要互相竞争。公司决定把门店分成三个等级，最高等级的奖金是××元。但是小玉啊，我们这个门店就数你最不积极，而且由于你的分数不高，把我们的平均分数也给拉下来了。你这样其实是对不起我们，大家的奖金不高，就是因为你一个人把分数拉下来了。小玉，如果你真的不喜欢待在这个门店，我们也不介意，但是既然待在这里，大家一起拿奖金，你就要承担起责任，是不是？”

再比如：“老罗啊，公司规定中午休息到 1:30，但是你每次在座位上都要趴到 1:40，我们叫你两次你才愿意起来，客户看到后很不好，会影响我们这个部门的形象。你可不可以以后 1:25 就起来，如果真的起不来，我们找两个人把你拽起来，你看怎么样？”

5. 警戒型：及时警告，让对方引以为戒

警戒型就是告诫对方，如果不改正错误会有什么后果。

例如：“小丽啊，昨天晚上你第二次晚回来。公司对女子宿舍有非常严格的要求，11 点以前一定要全部回宿舍休息。你前天跟我说你奶奶来了，所以

我们允许你 11 点半回到宿舍。昨晚你又回来晚了，难道你奶奶又来了吗？小丽啊，你既然住在宿舍，就要遵守宿舍的规定。我提醒你，如果怕犯错、怕记过，你就干脆搬出宿舍。但是住在宿舍，公司是要管你的。”

再看一个例子：“老陈啊，你连续三次报销中午盒饭钱，说你到济南去出差，盒饭一个是 80 元钱。从青岛到济南去的高速公路上所卖的盒饭，我们都问过了，没有 80 元钱的。我提醒你，你已经报了三次了，公司说再报一次就当贪污来办，你何必要弄成这样子呢？”

6. 询问型：善用询问，让对方感到被尊重

希望了解他人的立场、感受和愿望，这是询问型讲话态度。

例如：“公司决定，业务单位只放 10 张办公桌。我们有 30 个业务员，所以，要么两三个人共用一张桌子，要么大家轮流回来用。总经理昨天开会作了这个决定，因为他发现很多业务员一天到晚在办公室里泡茶、看报、喝咖啡，有的还在那里睡觉。所以，公司决定只给 10 张桌子。如果你们觉得这样不太好，我们开会的时候再重新研究一下吧。”

再讲一个例子：“老左，我们公司最近在湖南长沙开了一个分公司，这家分公司目前人手不够，干部也不太熟悉业务，我们打算先把你调过去，你看怎么样？你有什么想法可以告诉我，你看要不要跟太太一起过去，或是你希望不要超过两年或一年？我们可以谈一谈。”

总之，以后我们在讲话以前要先想一想：自己要说的话算不算侵略，算不算退缩。如果算，我们就应该及时把它纠正过来。只要养成这个习惯，你就是一个善于沟通的人，你就知道什么叫作积极地讲话。所谓积极地讲话，就是将一句话合理、正确地表达出来，既不退缩，也不侵略。

最后，用一个例子来结束本节内容。

一个人把垃圾扔到邻居家门口，邻居很大度，把垃圾丢掉。他又扔一包，邻居又把垃圾拿去丢掉。扔到第三次，邻居还是帮他处理了。垃圾扔到别人家门口是不对的，但邻居的做法也不是正确的沟通态度。正确的沟通态度应该是告诉他：“我们家门口不是垃圾箱。”而且还要跟他讲：“第一次、第二次我可以替你解决，但是不允许有第三次、第四次，人的忍耐是有限度的。”每个人都要正面地、积极地去解决问题和进行沟通，而不是一味地退缩。

第二章　人际交往与沟通概述

【开篇案例】

小强是一名从偏远农村考入大学的男生，性情孤僻，进校后，常常独来独往，生活非常简朴，几乎很少和同学说话，总觉得别人瞧不起自己。一年级学计算机课程时，他发现全班似乎只有他一个人没有任何基础，因为害怕同学嘲笑他，不敢告诉别人他根本不知道电脑怎么使用，甚至连开机都是在第一次课后，仔细留意其他同学的操作才学会的。看到其他同学自如地在网上聊天、打游戏、做作业，他恨不得挖个地洞钻进去。上课时他小心翼翼地坐在电脑旁听老师讲课，但觉得周围的同学似乎都在嘲笑他的笨拙。他不敢动手操作，只是低着头，默不作声。每次上计算机课他都弄得大汗淋漓，紧张而焦虑。有一次，上课时小王看到他没有按老师的要求完成相应操作，就在他的计算机键盘上熟练地敲了几个键，他突然感到了莫名的羞辱，愤怒地把电脑关掉了。从此，小强更加孤僻，不敢抬头看人，害怕与人说话，自己非常痛苦甚至想到了退学。

在与小强的接触中，我发现，他是一个自尊心非常强但心理很脆弱的人，自己认为没有任何地方能够与同学相比，觉得自己太笨，口才又差，家庭经济十分困难，总是怕同学瞧不起自己，内心十分孤独与矛盾。而同学们却普遍认为他稳重、有耐力，做事踏实，只是不喜欢与人交往而已。我从矫正他的自我认知入手，经过半年的时间，他对自己的来源地、家庭贫困以及见识相对较少等问题有了正确的认知，对自己开始产生肯定的评价，能够抬头与人交往了。

【案例分析】

小强的问题就源自自我认知的偏差，夸大了自己的不足与不能，自卑导致过度的自我防御，最终使他丧失了与人交往的勇气与信心。类似小强的大学生并不鲜见，其实，只要改变一下对自我的评价，全面地看待自己的不足，同时，发现自己的优点，在人际交往中就可以抬头挺胸了。

第一节　人际关系概述

一、人际关系的概念与类型

1. 人际关系的概念

人际关系是人类最古老、最普遍、最重要的关系，社会学将人际关系定义为人们在生产或生活活动过程中所建立的一种社会关系；心理学将人际关系定义为人与人在交往中建立的直接的心理上的联系。本书中的人际关系是指人们在社会生活中，通过相互认知、情感互动和交往行为所形成和发展起来的人与人之间的相互关系。在此意义上理解，人际关系的前提是相互认知，手段是交往行为，特征是情感互动，本质则是人与人之间的心理关系和距离。

人是社会动物，每个个体均有其独特的思想、背景、态度、个性、行为模式及价值观，而人际关系对每个人的情绪、生活、工作有很大的影响，甚至对组织气氛、组织沟通、组织运作、组织效率及个人与组织之关系均有极大的影响。每个人的发展都离不开他人的关照、帮助，每个企业的兴旺发达都需要和谐的人际氛围，每个国家的稳定与发展也离不开国际关系的协调有序。《吕氏春秋·恃君》中说："凡人之性，爪牙不足以自守卫，肌肤不足以捍寒暑，筋骨不足以从利辟害，勇敢不足以却猛禁悍。然且犹裁万物，制禽兽，服狡虫，寒暑燥湿弗能害，不唯先有其备，而以群聚邪！群之可聚也，相与利之也。"因此，无论是对个人还是对组织，和谐的人际关系都是一笔价值连城的财富，它能给个人带来生活的快乐和成功的机遇，给组织带来无穷的活力和巨大的效益。

2. 人际关系的类型

现代社会人际交往与人际关系错综复杂，对人际关系的分类已有众多的研究。根据不同的分类标准和方法，人际关系的类型可以有不同的划分。根据交往的主体情况划分为个体人际关系与群体人际关系，如两个好朋友之间为个体人际关系，班级同学之间、校友之间则是群体人际关系。根据交往的密切程度可以分为家人关系、熟人关系与陌生人关系。最周全的人际关系类型是根据人际关系联结的纽带来划分的，分为血缘人际关系、地缘人际关系、趣缘人际关系、业缘人际关系与网缘人际关系，其中血缘关系是指因血缘联系和婚姻联系而形成的人际关系，如亲子关系、夫妻关系；地缘关系是指以地理位置为联结纽带，由于在一定的地理范围内共同生活、活动而交往产生的人际关系，如老乡关系、校友关系等；趣缘关系是指人们在社会生活中因情趣相投交往而建立的人际关系，如“驴友”关系、“车友”关系等；业缘关系是指以职业、行业、专业或事业为纽带而结成的人际关系，如同事关系、事业合作伙伴、师生关系等。

二、大学生人际关系的特点

比起中学生，大学生的人际交往更为复杂、更为广泛，同学之间、师生之间、老乡之间、室友之间、网友之间，个人与班级以及和学校之间等错综复杂的社会交往，构成了大学生立体式的人际交往网络系统。在大学校园里建立良好的人际关系，形成一种团结友爱、朝气蓬勃的环境，将有利于大学生形成和发展健康的个性品质。大学时期的人际关系独立性更强，更具社会性，多样性和群体互动性也成为这个时期人际关系的主要特点。个体开始独立地步入准社会群体的交际圈，即大学生开始尝试独立的人际交往，并试图发展这方面的能力。而且，交往能力越来越成为影响大学生心理健康发展的重要因素之一。大学生正处于一种渴求交往、渴求理解的心理发展时期，良好的人际关系是大学生们心理正常发展、保持个性健康和具有安全感、归属感、幸福感的必然要求。每个人生命的主宰其实就是自己，关键是你要有所改变，要有想成功的强烈愿望，针对自己人际交往中存在的问题，结合自己的个性特点，以积极的态度和行为对待人际交往，一定会找到合适的方法培养自己的人际交往能力，逐渐学会交往，建立和谐的人际关系，最终走上成功的大道。

1. 交往愿望强烈

当代大学生独特的生活环境和思想氛围，决定了其人际交往较之中学时代具有更大的广泛性、互动性和多样性，大学生人际交往的愿望比中小学生更为迫切，他们力图通过交往去开阔视野、丰富知识、学会处事，从而表现自己各方面的才能，获得情绪的稳定，保持足够的自尊心和自信心。大学生思想活跃、精力充沛、兴趣广泛，有充裕的时间去思考交往的问题，富于情感，讲究情投意合、融洽相处。大学生人际交往的愿望随着年龄的增加而减少，这与高年级学习负担加重、与工作联系更加紧密有关。另外，大学生兴趣、人格逐步走向固定，从多元化向一元化发展。

2. 人际交往的社会性强

大学生人际关系的社会性大大地增强，大学生年轻、有干劲，是有冲劲和活力的一代，他们参与社会交往，不仅可以增长见识，也可以增长社会财富。大学生在中学阶段，注意力都集中在高考学习上，没有时间和精力进行很多的人际交往；进入大学后，他们走出家门，认识、结交了更多的朋友，交流更多的信息，接受更多的新思想，与社会的接触比中学时更加频繁与密切，人际交往呈现出前所未有的开放式交往趋势。大学生有一个共同目标，即学好高等课程，提高自身素质，争做全面发展的社会主义接班人，因此相互之间的人际交往必须符合这个共同目标，道德规范的调节作用显得特别有力。

3. 存在一些团体或组织

社团已成为大学生交往的重要校园场所，毫不夸张地说，没有参加过社团就等于没有上过大学。形成这些团体或组织的原因主要有相似性吸引、接近性吸引和补偿性吸引三类，在这些群体中，起积极作用的是多数，同学之间的情谊能用道德标准要求，有共同的兴趣和爱好，互相关心、互相帮助、共同进步。也有起消极作用的团体，交往活动常常是玩耍、娱乐、吃喝，学习、思想上不能互相帮助，不能用集体的道德标准和生活规范来约束自己的行为。

4. 交往注重自立，不依赖家庭

大学生的独立意识普遍增强，不仅理性地思考、判断、处理自身的问题，也关心社会，批判地接受知识，批判地看待其他事物，有着强烈的体现个性的见解和疑问。大学生在自我意识和社会关系相互协调的基础上，开始树立自我的个性，支持自己的主张，以独立的人格和态度处事，积极自主地开展人际交往活动。这个时期，大学生的抱负与志向鲜明，对于家庭往往已不再依赖，而是以成人的眼光参与和处理家庭事务，充分体现个人的意志和性格，这使得大学生更容易接受新事物和新东西，更容易受社会思潮的影响。

5. 社交能力逐渐增强

交往中注意较温和的方式，不再粗暴地自夸自大，对社会、同性和异性的鉴赏力增强，能适应各式各样的人，能接受并宽容朋友的不同意见，不试图硬性地改变他们，争吵减少。交往手段的发展，使大学生的人际交往变得更方便、更快捷，交往距离更远，交往范围甚至可以扩展到世界范围。

6. 交往内容多样

大学生交往的内容除了专业知识以外，人际交往频繁，内容丰富多彩，涉及文学、艺术、体育、政治、外交、人生、理想、爱情和社会问题等各个方面。大学生交往频率提高，由偶尔的相聚、互访发展到较为经常的聊天、社团活动、聚会、体育活动、娱乐、结伴出游以及其他一些集体活动。交往方式、手段更多，由原来的互访、通信等转向使用一切现代化的通信设备、交往工具、交往场所等交往手段。利用现代化手段仍离不开人与人的交流，但在大学这个教学、科研中心，其内容的广度和深度都还远远不能满足大学生的需要，形式化的东西不仅不能促进大学生人际交往，反而打消了一部分同学的积极性。

7. 交往范围扩大，但仍以同龄人为主

市场经济的发展，使人际交往不能局限于亲缘群体之内，人际交往的范围随之扩大。大学生交往对象由以前的亲戚、邻居、成长伙伴转向大学同学和在社交场合认识的其他人，其中又以同学交往为主。大学生过着朝夕相处的集体生活，众多的交流机会、相似的人生经历、共同的学习任务，使得大学生的交往对象主要选择在同寝室、同班级、同乡同学之间，围绕学习、娱乐、思想交流、感情交通而展开。他们较少受社会经验和传统思想的束缚，思想开放活跃，力图突破现有的交往圈，不断以新的眼光和标准去扩大交往范围，寻求更多更好的伙伴；交往能力强的同学交往不局限于同班同学，更多的大学生突破班级、年级范围，发展到同级、同系、同校高低年级可认识的所有同学及外校、社会上的朋友，进入各式各样的校园交际环境。不仅是同性之间的交往，异性交往也很多。

8. 部分大学生缺少交往技能、交往机会和环境

大学生的主要任务是学习，大部分时间与精力都倾注在学习上，缺乏一个良好的交往环境，交往技能过于贫乏，交往方式过于被动。青年学子尚未接触社会，社会交往的复杂性绝非他们在菁菁校园中所能想象的。随着与社会的逐渐接触，面对错综复杂的人际关系及各种各样的实际问题，他们会发现以前那种认为自己可以完全独立的心态是可笑的，大学生的人际关系更因他们的年轻而难以把握。大学生人际交往是学习、生活的过程，也是获得新知识的过程。在此过程中，大学生人际交往的方式、行为和观念会发生改变，

交往空间也会逐步扩大——这种空间上的变化既是大学生自我意识进一步觉醒，也是整个社会生活状态发生质变的结果。

三、营造良好人际关系的意义

良好的人际关系是社会正常运转的润滑剂，和谐、友好、积极、亲密的人际关系是社会生活中人与人之间进行交往的基础。它对人们的日常生活及各种社会活动都是必不可少的。营建良好的人际关系氛围具有十分重要的意义。

1. 良好的人际关系是人身心健康的需要

我国著名的医学、心理学专家丁攒教授曾指出，人类的心理适应，最主要的就是对人际关系的适应。现代心理学研究表明，人类的心理病态大多是由于人际关系失调所致，主要原因如下：

（1）与人发生冲突会使人心灵蒙上阴影，导致精神紧张、抑郁，不仅可致心理障碍，而且可刺激下丘脑，使内分泌功能紊乱，进一步引起一系列复杂的生理变化。

（2）每个人都有快乐和忧愁，快乐与朋友分享会更快乐，忧愁向朋友倾诉就会减轻，倾诉的过程就是减轻心理压力、缓解心理紧张的过程。如果缺乏必要的交往，会导致心理负荷过重。大量的研究证实，离群索居会使人产生孤独、忧虑，可导致心理障碍。

（3）愉快、广泛和深刻的心理交往有助于个性发展与健康。如在青少年心理咨询中发现，绝大多数青少年的心理危机都与缺乏正常的人际交往和良好的人际关系有关。健康的个性总是与健康的人际交往相伴随。

心理健康水平越高，与别人交往越积极，越符合社会的期望，与别人的关系也越深刻。心理学家专门研究了身体、智力和心理健康水平都很优秀的宇航员、研究生和大、中学生，得出了一个共同的结论，即心理健康水平高的人同别人的交往以及人际关系都很好。他们有着一系列有利于积极交往和建立良好人际关系的个性特点，如友好、可靠、体贴、温厚、诚挚、信任等。

据英国《每日邮报》2012 年 1 月 28 日报道，发表于《美国科学院学刊》的研究报告指出，人际关系对身体健康的影响不容小视，特别是在心脏病、高血压、癌症的发病率上，其作用甚至不亚于饮食和休息。

美国加州大学洛杉矶分校医学院科学家进行的这项新研究发现，人际关系处不好可能导致身体严重恶化，进而引发一系列疾病，如心脏病、高血压、癌症等。研究人员通过对 122 名健康的年轻人进行跟踪观察研究，并根据他们的日记来判断其心情状态和周边人际关系后发现，保持积极向上的心态，周围人能跟自己相处良好且没有竞争关系的状态，更容易让人保持身体健康，避免生病。

2. 良好的人际关系是人获得安全感与幸福的需要

在马斯洛的需求层次理论中，除了最底层生理上的需求外，其他需求如“安全上的需求”“情感和归属的需求”以及“自我实现的需求”都与良好的人际关系有着直接的联系。当人置身于自己不能把握或控制的社会情境时，十分缺乏安全感。刚入校的大一新生脱离了原来的人际关系支持，新的人际关系尚未建立，会一直处于高度的自我防卫状态。获得社会安全感的最有效途径同样是与人交往，并由此建立稳定的人际关系。但是一个人要获得充分的社会安全感，仅有别人的陪伴或表面交往还很不够，还要有深处的人与人之间的情感联系。只有通过交往，同别人建立了可靠的人际关系之后，人们的社会安全感才能得到确立。

在日常生活中，有些人认为，人的幸福是建立在金钱、成功、名誉和地位的基础之上的。实际上，对于人生的幸福来说，所有这些方面远不如健康的交往和良好的人际关系重要。复旦大学教师于娟博士因乳腺癌于 2011 年辞世，生前日记曾写道：“在生死临界点的时候，你会发现，任何的加班，给自己太多的压力，买房买车的需求，这些都是浮云。如果有时间，好好陪陪你的孩子，把买车的钱给父母买双鞋子，不要拼命去换什么大房子，和相爱的人在一起，蜗居也温暖。”

西方心理学家克林格做了一个广泛的调查，结果发现，良好的人际关系对于生活的幸福具有首要意义。当人们被问到“什么使你的生活富有意义”的时候，几乎所有的人都回答，亲密的人际关系是首要的。自己的生活是否幸福，取决于自己同生活中其他人的关系是否良好。如果同配偶、恋人、孩子、父母亲、朋友及同事关系良好，有深刻的情感联系，那就会感到生活幸福且富有意义。反之，则会感到生活缺乏目标，没有动力和幸福。在这些被调查者的回答中，人际关系的重要性远远超过成功、名誉和地位，甚至超过了西方人最为尊重的宗教信仰。有一项调查表明，心理压抑、人际关系不和谐和孤独是导致自杀的三大因素。法国社会学家指出，社会关系的丧失是自杀的主要原因之一。

3. 良好的人际关系是人发展与成功的重要保障

人际交往是个人社会化的起点和必经之路。社会化即个人学习社会经验、生存技能和文化知识，开始发展自己的过程，如果没有与他人的合作，个人是无法完成这个过程的。人一生的成长、发展、成功，无不与同他人的交往相联系，并且通过从人际关系中得到的信息、机遇，帮助人们走上一条成功之路。美国著名发明家和政治家本杰明·富兰克林说："成功的第一要素是懂得如何搞好人际关系。"而在好莱坞，也流行这么一句话："一个人能否成功，不在于你知道什么（what you know），而是在于你认识谁（whom you know）。"随着现代科学技术的发展，人们更是越来越依靠群体的力量，人与人之间的情感沟通和智力交往使某些工作出现质的飞跃，这种"群体效应"已越来越成为各项工作的推动力。

第二节　人际沟通

一、人际沟通的概念

什么是沟通？对于沟通的定义，可以说是众说纷纭，莫衷一是。沟通的含义就是信息交流。沟通包括以通信工具为载体的信息交流，属于通信技术的研究范畴，如电视、传真、电话、电子邮件；沟通也包括人与机器设备之间的信号交流，属于工程心理学范畴；沟通更多地涉及人与人、组织与人、组织与组织之间的信息交流，属于社会学、心理学、管理学和组织行为学的范畴。沟通的含义是丰富而复杂的，本书从组织成员的工作特性出发，把沟通综合定义为：沟通是凭借一定符号载体，为了设定的目标，把信息、思想和情感在个人或群体间传递的过程。因此，得到以下概念：

沟通是指信息发送者凭借一定的渠道，将信息发送给既定对象，并寻求反馈以达到相互理解的过程。

人际沟通是指人们之间的信息交流和传递过程，包括人与人面对面的和非面对面的两种信息交流活动。人际沟通由于直接、反馈调节及时、双向性和情感性强、沟通深入程度高等特点，在整个社会活动中发挥着重要作用，它是人际关系的起点，也是改善和发展人际关系的重要手段。

二、沟通的类型

学习沟通应首先对沟通的分类进行了解，从沟通的分类中学习、了解沟通理论和技能的基本框架。从目前的沟通理论发展情况来看，依据不同的标准，沟通可分为不同的类型。

1. 语言与非语言沟通

根据信息载体的不同，沟通可分为语言沟通和非语言沟通。语言沟通是利用语言、文字、图画、表格等形式进行，可细分为书面沟通和口头沟通。非语言沟通是指通过某些媒介而不是语言或文字来表达和传递信息，它的内涵十分丰富，包括身体语言沟通、语调、物体位置，甚至空间距离等多种形式。

2. 正式沟通与非正式沟通

根据沟通在组织中运动的途径不同，沟通可以分为正式沟通与非正式沟通。正式沟通是通过项目组织明文规定的渠道进行的信息传递和交流。如组织规定的汇报制度、例会制度、报告制度及组织与其他组织的公函来往。它的优点是沟通效果好，有较强的约束力。缺点是沟通速度慢。非正式沟通是指在正式沟通渠道之外进行的信息传递和交流。如员工之间的私下交谈、小道消息等。这种沟通的优点是沟通方便，沟通速度快，且能提供一些正式沟通中难以获得的信息。缺点是容易失真。非正式沟通的途径是组织内各种社会关系，这类社会关系超越了部门、单位以及层次。

3. 垂直沟通和水平沟通

垂直沟通分为上行沟通和下行沟通，均属于上下级之间的沟通方式。一般下行沟通的速度要快于上行沟通的速度，因为下行沟通多属于领导布置任务，而上行沟通多属于下属向领导反映问题、申请和汇报工作等。平行沟通是平等组织、企业、部门、团队成员之间的沟通方式。

垂直沟通的优点是沟通速度快，信息传递准确；缺点是沟通层次多的时候，信息传递变慢，可能会出现越级沟通和隐瞒事实的现象。水平沟通的优点是沟通主体之间彼此平等，沟通顺畅；缺点是容易产生矛盾和冲突，难以控制局势。

4. 单向沟通和双向沟通

单向沟通是在沟通过程中，只有发送者发送信息，接收者接收信息，是单一方向的交流，缺乏信息的反馈。单向沟通如报告会、就职演讲、宣读政策文件等。双向沟通是在沟通过程中，发送者和接收者经常要互换角色，发送者把信息发送给接收者，接收者接收到信息后，要以发送者的身份反馈信息，直到沟通完成。双向沟通的案例比较多，比如项目例会、讨论会、商业洽谈、技术交流等。单向沟通的优点是传递速度快，意见统一，时间进度易于控制；缺点是信息没有反馈，观点可能会片面，士气不高。双向沟通的优点是士气和参与度高，反馈信息能及时完善沟通结果；缺点是观点难于统一，容易使沟通变成拉家常，浪费时间和精力等。

5. 书面沟通和口头沟通

书面沟通就是用书面形式进行的信息沟通。比如通知、报告、信件、授权书、项目章程、实施方案等。口头沟通就是运用口头表达所进行的信息沟通。比如谈话、演讲、聊天等。书面沟通的优点是有证据，可以长期保存，描述周密，逻辑性和条理比较清晰；缺点是耗费的时间比口头沟通要多很多，而且需要保管。口头沟通的优点是信息传递快，沟通灵活，约束少，反馈及时；缺点是容易忘记沟通内容，沟通过程和结果没有证据，易于成为谣言等。

6. 对内沟通和对外沟通

对内沟通是组织、企业、部门、团队内部进行的信息沟通。对外沟通就是组织、企业、部门、团队与其他平等主体为合作而直接进行的沟通。对内沟通和对外沟通的界定，要看如何划分内、外的边界。比如技术部和市场部，如果他们就一个项目方案的合作而进行沟通，那么他们被认为是对内沟通；如果就此项目方案，技术部讨论自己的职责、任务、工作等，那么市场部就是他的外部沟通。对内沟通和对外沟通是因业务和工作需要开展的沟通，优缺点不便讨论。

7. 单独沟通和集体沟通

单独沟通就是平等个体之间一对一的沟通，这里的个体不一定是一个人，也可以是一个团体、组织。比如公司会议上，一把手说：你们各个部门之间单独沟通，这时个体就很有可能是一个部门中的若干人。集体沟通就是平等主体全部或绝大多数参与交流的一种信息沟通方式。

单独沟通的优点是可以就某一问题深入讨论，不占用他人的时间；缺点是受知识面的影响，可能会片面。集体沟通的优点是群策群力、众志成城、士气高昂；缺点是较难统一观点、占用别人的时间等。

第三节　沟通过程

从沟通的含义中我们了解到，沟通过程涉及沟通主体（发送者和接收者）和沟通客体的关系。沟通的起始点是信息的发送者，终结点是信息的接收者。当终结点上的接收者反馈其想法、意见时，他又转变为信息的发送者，最初起始点上的发送者就成为信息的接收者。沟通就是这样一个轮回反复的过程，而且任何复杂的沟通均遵循一个基本的沟通过程模型（如图 2-1 所示）。

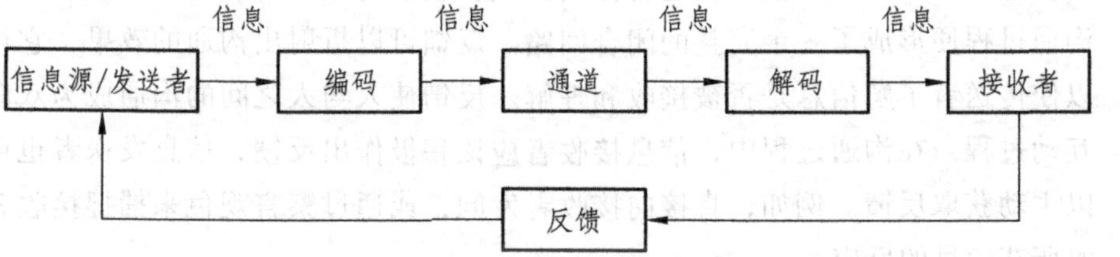

图 2-1　人际沟通过程图

一个完整的沟通过程包括以下环节：

（1）发送者。信息产生于信息的发送者（信息源）。信息发送者经过思考或事先酝酿策划后才进入沟通过程，是沟通的起始点。

（2）编码。将信息以相应的语言、文字、符号、图形或其他形式表达出来就是编码过程。虽然我们很少能意识到编码过程的存在，但是编码过程的确十分重要。事实上，当幼儿还在牙牙学语时，你就会发现幼儿在表达意识的过程中极力思索的模样，其实那正是他在努力选择合适词语的过程，即编码。通常，信息发送者会根据沟通的实际需要选择合适的编码形式向接收者发出信息，以便其理解。

（3）渠道。随着通信工具的发展，信息发送的方式越来越多样化。人们除了通过语言面对面地直接交流外，还可以借助电话、传真、电子邮件来发送信息。

（4）接收者。接收者是信息发送的对象，接收者不同的接收方式和态度会直接影响到其对信息的接收效果。常见的接收方式有听觉、视觉、触觉以及其他感觉等活动。如果是面对面地口头交流，那么信息接收者就应该做一个好的倾听者。掌握良好的倾听技能，是有效倾听的基础，积极的倾听有助于有效地接收信息。

（5）解码。接收者对所获信息的理解过程称为解码。接收者的文化背景及主观意识对解码过程有显著的影响，这意味着信息发送者所表达的意思并不一定能使接收者完全理解。沟通的目的就是要使信息接收者尽可能理解发送者真正的意图。信息发送者和接收者采取一种共同语言进行沟通，是正确解码的重要基础。当然这是一种理想状态，因为每个人都具有自己独特的个性视角，这些个体的差异必然会反映在编码和解码过程中。但是，只要沟通双方以诚相待、精诚合作，沟通就会接近理想状态。

（6）反馈。信息接收者对所获信息所做出的反应就是反馈。当接收者确认信息已收到，并对信息发送者作出反馈，表达自己对所获信息的理解时，沟通过程便形成了一个完整的闭合回路。反馈可以折射出沟通的效果，它可以使传送者了解信息是否被接收和理解。反馈使人与人之间的沟通成为双向互动过程。在沟通过程中，信息接收者应该积极作出反馈，信息发送者也可以主动获取反馈。例如，直接向接收者发问，或通过察言观色来捕捉接收者对所获信息的反应。

（7）噪音。对信息传递过程产生干扰的一切因素都称为噪音。噪音对信息传递的干扰会导致信息失真。噪音的主要来源是：沟通双方个性的不同会影响正常沟通，例如性格、受教育程度、气质等。在沟通过程中，噪音是一种干扰源，它可能有意或无意地交织，会影响编码或解码的正确性，并会导致信息在传送与接收过程中变得模糊和失真，从而影响正常交流与沟通。噪音是妨碍信息沟通的重要因素，它贯穿于整个沟通过程。因此，为了确保有效沟通，通常要有意识地避开或弱化噪音源，或者重复传递信息以增加信息强度。

应该指出，这种沟通过程模型具体地反映了一个完整的信息交流过程，它是对实际情况的一种抽象，是对人际沟通中最简单、最具代表性的一对一沟通过程的描述。由于在管理过程中，沟通常常发生在组织或团队内，需要借助开会、研讨、报告等形式，沟通模式变得更为复杂，常常表现为一对多或多对多的沟通。

第三章　大学生人际沟通

【开篇案例】

林同学，女，20 岁，是某专业二年级学生，人小体弱、情绪消沉，说话低声细语，羞怯而不自然。她自称经常无法入睡，睡眠质量很差，无法坚持学习，心情很糟糕。经仔细询问深谈才知道她与同学关系不和，致使自己孤独苦闷。

林同学来自河南省一个偏僻乡村，父母均是农民，母亲积劳成疾，患有多种慢性病，家庭比较贫困，姐弟两人。她性格内向，不善言语，喜欢独来独往，很少与人交往。但她从小很节俭，从不与同学攀比，学习刻苦，成绩优异。然而自上大学之后，她发现以前的生活方式完全不适合大学生活。她想融入班集体，却不知道如何与人交往，怎样处理宿舍同学之间、班级同学之间的人际关系，这使她伤透了脑筋。一年多来，她和班上同学相处很不融洽，跟同宿舍人曾经发生过几次不小的冲突，关系相当紧张。她经常独来独往，基本上不和班上同学交流，集体活动也很少参加，与同学的感情淡漠。她觉得自己没有一个能相互了解、谈得来的知心朋友，常常感到特别的孤独和自卑，长期的苦恼和焦虑使她患上了神经衰弱症。经常的失眠和头痛使她精神疲惫，体质下降。她本想通过埋头学习的方法来减轻痛苦，然而，事与愿违，由于她学习精力很难集中，效果很差，成绩急剧下降，后来竟出现考试不及格的现象。她感到恐慌，失去了坚持学习的信心。这种心理使她逐渐对大学生活失去了兴趣，迷失了自己，一度出现自暴自弃的现象。

【案例分析】

通过深入了解情况，从心理学专业知识角度判定，该同学属于人际关系障碍。其产生的原因主要有以下几个方面：

（1）自我认知偏差。在人的心理过程中，认知是基础，直接影响和决定着情感和意志，主导着行为取向。正确的认知会产生健康的情感和意志；错误的认知则导致消极的情感、意志与不良的行为。自我认知是人们对自己的认识或评价。该同学在人际关系问题上的认知和对自我的认知存在一定的错误，对人际关系的意义和重要性缺乏明确的认识，缺乏认真思考和积极面对的态度。

（2）性格缺陷。性格是一个人稳定的态度体系和习惯了的行为方式，是个性结构的重要组成部分。良好的性格可以改变和弥补气质的某些消极因素，对人生具有积极意义。同时良好的性格是身心健康的基本保证。相反，不良的性格不仅严重影响人际关系、人的成长与进步，而且十分有害于身心健康，容易导致心理疾病。该同学性格内向、孤僻，不善于表达自己，还有些自我封闭，对人际关系有着消极作用。她既不会、也不愿主动与同学接触，导致同学之间缺乏相互的了解和理解，造成感情冷漠，关系很不融洽。一旦与同学发生矛盾，她又不能正确处理，这样与同学之间的交流必然不会顺心如意。

（3）人际交往能力缺陷。人与人的沟通、交往是需要一定能力的，该同学因为本人性格和家庭生活原因，不善于与人交流，缺乏人际交往的能力。平时她不爱说话，经常独来独往，不善于为人处事，缺乏这方面的锻炼，造成了与宿舍同学和班级同学不融洽的局面。当同学之间发生矛盾或冲突后，她束手无策，不会去化解矛盾，改善关系。其人际交往能力的缺陷也是她陷入人际关系困境的一个内在因素。

总之，该学生这三方面存在的问题形成了她人际关系的心理障碍，使得这位本来成绩不错的学生在一年多的大学生活中陷入了困境。她不仅没有处理好人际关系，而且因此也损害了自己的身体，造成对生活的恐慌，失去了坚持学习的信心。因此，作为当代大学生的我们是十分有必要学好大学生人际沟通这门课的。

第一节　大学生的人际关系

日常生活中，有些人常有这样的感受：总容易被人冷落；很难得到他人的理解；总难与周围的人愉快相处；自己的观点总是遭到排斥；带着热忱去交朋友，却遭遇冷淡……这样的情况经常发生的话，那么一定是人际关系出了问题。大学生的人际关系相对来说较单纯，主要关系有同学关系、师生关系、异性关系、和家长的关系等，沟通的方式也比较直接、有个性。

一、大学生的主要人际关系

在人际关系中，人的角色并不显得十分重要，因而退居到次要地位，而对方是不是自己所喜欢或愿意亲近的人成为最主要问题。

1. 室友关系与同学关系

大学生在校期间，人际交往对象主要是同学，同学之间的交往最普遍，频率最高，同时也最复杂。另外，大学生的性格、气质、人生观、价值观、道德观都已基本成形，相对较为独立，因此对事对人有了自己独特的看法和观点，人际交往也很有个性。

首先是和室友的关系。大学生人际交往中最为频繁的是和室友的交往。同一个宿舍的同学将在一起朝夕相处，度过美好的大学四年，因此，和室友的关系非常重要。室友之间的关系是复杂而微妙的，主要在于双方的人际交往心理。因为是在一个较为狭小的空间朝夕相处，大家的地域文化、民族风俗、生活方式、学习习惯、性格差异充分暴露，其中以性格差异为主，不同的人会有不同的人际交往需求和特点。从某种意义上说，宿舍生活对独生子女而言接近于多子女家庭生活，但又因为其自身的特点而具有特殊性。有的同学和同宿舍同学关系非常亲密；有的关系就很紧张，矛盾尖锐；有的同学同室友关系不温不火；有的较为僵持。有的同学同别的寝室的同学关系非常好，经常串门；有的同学喜欢待在自己的寝室里足不出户；有的完全把宿舍当作旅馆。大学生待在寝室的时间可以在一定程度上反映出他和室友的关系亲疏。当然，室友之间的关系并不是单方面努力的结果，大学生和室友的关系并不能完全说明他的人际关系和社交能力。

其次是和同班同学的关系。由于选课制度，大学的班级不是固定的，大学生同班同学的意识不如中小学强烈。但无论如何，班级是一个集体，同窗之谊仍然单纯而较为深厚。有的同学人际交往范围较小，局限于室友，与其他人往来较少，甚至有的同学自我封闭，和室友也缺少交流。但有的同学交往广泛，在大学各种活动中认识了很多校友。

2. 师生关系

大学里的师生关系较为松散，但也是大学生学习、生活中最主要的人际关系之一。教职员工中和大学生接触较多的是辅导员、班主任、课任老师。高校老师的言传身教对大学生有着深刻的影响，师生关系直接影响着大学生的学习情况。

3. 与家长的关系

无论从年龄和未来角色定位看，还是从大学生的心理想法看，大学生正走在独立的路上。尽管大学生已经离开家人，追求学业，和亲人在空间上有着很大的距离，但他们和家庭仍然联系紧密。同时，大学生的心理发展并没有达到完全独立的程度，还需要父母等家庭成员给予理解、尊重、关心、支持和引导。大学生和家人的关系影响着他们的校园生活。

4. 恋爱关系

大学生的年龄多处在17~23岁之间，生理发育完善，具有爱情产生的生物学基础，两性关系印象加深，男女之间有了彼此接近、相互吸引的心理。一方面，大学生所处的环境主要是校园和家庭，缺乏人生经验；但另一方面，由于资讯传播，大众传媒特别是网络又让他们和社会紧密联系。因此，大学生的恋爱观既浪漫又或多或少带有现实性。虽然法律已允许大学生结婚，但部分大学生情侣并没有互相承诺未来的生活。对未来的不确定，使得不少大学生情侣将眼光放在当下，谈恋爱一般不考虑经济、地位、职业、家庭、婚姻等因素，偏重情感，较少理智，浪漫色彩浓烈，最后能够走进婚姻殿堂的非常少。

总而言之，每一个人都生活在人际关系网中，每个人的成长和发展都依存于人际交往。培养良好的人际交往能力，是当代大学生学习和生活的需要，更是将来适应社会的需要。面对当今社会日益激烈的竞争和压力，认识和正确处理大学生人际交往中存在的问题具有极其重要的意义。营造团结友爱、朝气蓬勃的人际交往环境，有利于大学生形成和发展健康的个性品质。

二、人际关系的特点

1. 个体性

在人际关系中，人的角色并不显得十分重要，因而退居到次要地位，而对方是不是自己所喜欢或愿意亲近的人才是最主要问题。

2. 直接性

人际关系是人们在直接的交往过程中形成的，个体可以亲身感受到它的存在。没有直接的接触和交往，人际关系就不可能产生。一旦建立了人际关系，人们就会直接体会到其中的喜悦或烦恼。也就是说，建立了密切的人际关系，个体之间在心理上的距离拉近了，彼此会感到心情舒畅。反之，若发生了矛盾和冲突，个体则会感到孤立和抑郁。

3. 情感性

人际关系是人与人之间信息与情感的传递过程，其基础是人们彼此间的情感活动。没有感情的人际关系是根本不存在的，事实上没有感情本身就是一种情感的反应。因此，情感因素是人际关系的主要成分。人际关系中的情感倾向有两类：使彼此接近和相互吸引的情感、使人们互相排斥分离的情感。

第二节　大学生人际沟通的条件与不适

一、大学生人际沟通的条件

1. 自主性强，范围广泛

人际沟通是大学生身心发展的需要。随着身心的发育成熟，大学生的自我意识得到了迅速发展，在人际沟通中，希望独立自主，喜欢展现自己独特的见解和独特的性格。随着生活空间的扩大，大学生的人际沟通更加广泛。

2. 内容更加丰富，形式更加多样化

大学生校内外生活和实践丰富多彩，社团活动各具特色，人际交往的内容更加丰富。伴随新媒体的不断出现，人际交往的手段日渐多样化。电话、短信、QQ、微信、邮箱，交往的形式越来越多，更加开放，互动频繁。

二、大学生人际沟通的不适

仔细分析，大学生人际沟通不适可以分为以下几类情况：

1. 具有社交恐惧症

这部分大学生对人际交往特别敏感、害怕，极力回避与人接触，不得不交往时则紧张、恐惧、心跳加快、面红耳赤，难以自制，总是处于焦虑状态。他们害怕自己成为别人注意的中心，害怕自己在别人面前出洋相，害怕被别人观察，总担心自己会出现错误而被别人嘲笑，总处于一种莫名的心理压力之下。与人交往，甚至在公共场所出现，对他们来说都是一件极其恐怖的任务。

社交恐惧症是非常痛苦、严重影响患者生活工作的一种心理障碍。一般人能够轻而易举办到的事，社交恐惧症患者却望而生畏。患者可能会认为自己是个乏味的人，并认为别人也会那样想。于是患者就会变得过于敏感，更不愿意打搅别人。而这样做，会让患者感到更加焦虑和抑郁，从而使社交恐惧的症状进一步恶化。

2. 缺少知心朋友

这部分大学生通常能正常交往，人际关系也不错，但自感缺乏能互诉衷肠、同甘共苦的知心朋友，因此有时感到孤独和无奈。这个问题的很大一部分原因是大学生的自我保护意识比较强，在交往中只追求广度而不追求深度。这个问题在人际交往中比较常见，有时不免感到孤寂和无奈。

3. 与他人交往平淡

这部分大学生能与他人交往，但总感到与人相处的质量不高，缺乏深厚友谊，没有关系比较密切的朋友，多属点头之交，没有人值得他牵挂，也没有人会想念他，他们难以保持和发展良好的人际关系。这类学生多会感到空虚、迷茫、失落。

4. 与人交往困难

这部分大学生渴望与人交往，但由于交往能力有限、方法欠妥或个性缺陷、交往心理障碍等原因，人际交往不尽如人意，很少有成功的体验。他们往往感到苦恼、空虚、迷茫和失落，很希望改变社交状况。

5. 不想与人交往

这部分大学生缺乏与人交往的愿望与兴趣，他们自我封闭，孤芳自赏或具有怪癖，缺少朋友。

第三节　大学生人际沟通的技巧与意义

人生活在一个社会群体中，人际关系是人和社会交往的一个纽带。人际关系并不是凭空建立起来的，沟通在其中起了非常重要的作用。

美国石油大王洛克菲勒说："假如人际沟通能力也是同糖或咖啡一样的商品的话，我愿意付出比太阳底下任何东西都珍贵的价格购买这种能力。"由此可见沟通的重要性——成功者都是懂得人际沟通、珍视人际沟通的人。

人际关系建立起来后，必须经常加以维护。当你给别人留下的美好印象随着时间推移而慢慢褪色时，当你曾经极力掩饰的东西暴露无遗时，当你和朋友之间发生某些不愉快时，你的人际关系就会遇到困难。因此，人际关系需要通过沟通来维护。

一、人际沟通的技巧

1. 如何应对争论

人际交往中，大多数的争论都是逞一时的口舌之能。十之八九，争论的结果会使双方比以前更相信自己绝对正确。结果要是输了，当然你就输了；但如果争赢了，其实还是输了，因为人际关系受到了损害。

释迦牟尼说："恨不消恨，端赖爱止。"争强雄辩绝不可能消除误会，只能靠技巧、协调、宽容，以及用同情的眼光去看别人的观点。

林肯有一次斥责一位和同事发生激烈争吵的青年军官。林肯说："任何决心有所成就的人，决不肯在私人争执上耗费时间。争执的后果不是他所能承担得起的，而后果包括发脾气，失去自制。要在跟别人拥有相等权利的事物上多让步一点，而那些显然是你对的事情就让步少一点。与其跟狗争道，被它咬一口，倒不如让它先走。就算宰了它，也治不好你被咬的伤。"

怎样才能做到不与同事和朋友发生争吵呢？卡耐基认为有以下几种方法：

（1）欢迎不同的意见。如果有些地方自己没有想到，而有人提出来的话，你就应该衷心感谢。不同的意见是自己避免重大错误的最好机会。

（2）不要相信自己直觉的印象。当有人提出不同意见的时候，你第一个自然的反应是自卫。因此要慎重，要保持平静，当心自己的直觉反应可能是自己表现最差劲的时刻，而不是你最好的时候。

（3）控制自己的脾气。动辄发脾气无疑是十分不成熟的表现。一个人的度量和成就与脾气通常是成反比的。

（4）先听为上。让反对者有说话的机会。让他们把话说完，不要抗拒、防护或争辩，否则只会增加彼此沟通的障碍，加深误解。

（5）寻找同意的地方。听完了反对者的话以后，首先想想对方与自己意见一致的地方。

（6）诚恳地承认自己的错误。承认自己的错误并致歉，有助于解除反对者的武装和减少他们的防卫。

（7）同意考虑反对者的意见。同意应该出于真心，因为反对者提出的意见可能是对的。所以表示愿意考虑他们的意见是比较明智的做法。如果等到反对者说“我们早就要告诉你了，可是你就是不听”，那就是难堪的时刻了。

（8）为反对者关心你的事情而真诚地感谢他们。任何肯花时间表达不同意见的人，必然和你一样对同一件事情感到关心。

（9）延缓采取行动，让双方都有时间把问题考虑清楚。暂时停止争论的话题，双方的争辩情绪会得到很大的缓解。如果是重要的议题，建议当天稍后或第二天再议，这样所有的事实和相关问题双方都会更慎重、更理性地去考虑，效果比当时带着抵触情绪讨论要好得多。

2. 如何批评对方

战国时期的官员黄喜微服私访，路过田间，看到农夫驾着两头牛正在耕地，就大声问：“这两头牛，哪一头更棒？”农夫一言不发，到了地头，才在黄喜耳边小声说：“边上的那头牛更棒些。”黄喜很奇怪，问他为何这么小声说话。农夫回答：“如果我大声说这头牛真棒，它们能从我的眼神、手势、声音里分辨出我对它们的评价，那头虽然尽了力但不够优秀的牛心里会难过。”

金无足赤，人无完人。在这个世界上，没有人会不犯错误。在错误面前，有些人可能忍不住大发雷霆。但狂风暴雨过后，你可能会沮丧地发现，自己的“善意”并没有被对方所接受，甚至换来的结果可能让人追悔莫及。批评对谁来说都不是一件让人愉快的事。如果能够掌握适当的批评技巧和方法，与人沟通就会更容易些。下面列举几个常用技巧，供大家参考：

（1）不要指责性地批评。批评是否“成功”，很大程度上取决于批评者采用的方式。没有人喜欢被批评，大多数人做不到“闻过则喜”。一味地指责别人，除了让对方产生厌恶和不满外，其他将一无所获。当然，必要的严肃批评不能混淆，但是，严肃批评的前提是你必须指出其错误的症结，导致后果的严重性，使其能做出深刻的反思。如果对方感觉到你是来解决问题纠正错误的，而不是仅仅来发泄你的不满，那么批评就是成功的。

（2）用暗示、启发、期待的方法替代批评。战国时季梁听说魏王欲攻邯郸，忙去劝止说：“我在大路上看见一个人，说要到南方的楚国去，却驾车往北走。我问他：‘你往南，为什么要北走？’他说：‘马好，钱多，驾车的人熟练。’我说：‘这三种优势，恰好使你离目的地愈远。’”季梁的一番话正是暗示魏王：你所依仗的是国大、兵多，这样频繁的进攻，一定要消耗你的力量，这就离你称霸的目的越来越远，无异于南辕北辙。含蓄、委婉的进谏，既保全了君王的颜面，又及时纠正了错误。面子是做人的尊严的一种外部表现，保住他人的面子也不仅仅是一种批评的艺术，同时表明我们会做人。有些道理很简单，或者对方悟性很高，或者对方对事物比较敏感，都可以用暗示的方法提醒对方，而不必要直接提出批评。俗话说“响鼓不用重锤”，就是这个道理。

戴尔·卡耐基说，用建议的方法容易让人改正错误，因为他可以保持个人的尊严和自觉。如果发现对方有缺点或不良习惯时，可以化批评为期望和建议。这样既保护了对方的自尊，又启动了其自我奋发向上的内驱力。

（3）从自我批评入手。在批评对方之前，先做自我批评，诚恳地检讨自己对某个事件应承担的责任，或者主动袒露自己的弱点和不足，然后随着谈话的深入，酌情指出对方的不足之处或错误。由于自己主动采取了自我批评的高姿态，对方往往能够心平气和地接受对自己的批评，从而达到沟通的目的。

（4）从称赞和诚挚感谢对方入手。心理学研究发现，在错误已知的情况下，再针对错误进行重复式批评，并不会起到好的教育效果，反而会使犯错误者要么产生逆反心理，对错误不以为然，我行我素；要么产生自卑心理，对未来失去信心，自暴自弃。在这种情况下，首先对犯错误者在其他方面的贡献进行称赞，并致以真诚的谢意，然后再回到正题，对其错误进行批评，将会收到良好的效果。即使是对方并没有意识到自己的错误，预先对其积极方面进行称赞和致谢，也能营造一种和谐融洽的氛围，对后面即将展开的批评起积极的铺垫作用。

（5）批评人时要注意场合。每个人都有自尊心，维护自尊是每个人的正当行为。任何人被批评时，都会产生一种自我保护本能。领导要批评属下，但属下的属下在场，这时对其批评会严重损害他在下属中的威信。有的人特别爱面子，领导却一定要当众或当他朋友的面批评他，可能会激起他的激烈反抗，即便是不当场反抗，也一定会从心里记恨批评者。因此批评别人时，要特别注意场合，变当众批评为个别批评，变公开批评为私下批评。

（6）有所为，有所不为。春秋时，楚庄王与群臣会宴，到黄昏酒兴正浓之时，忽然灯烛被风吹灭，有人趁机牵美人的衣裳。美人顺手将其帽带扯了下来，对庄王说：“刚才烛灭，有人牵我的衣裳，我顺手把他的帽带扯了下来，请点灯火上来，看谁的帽带断了。”庄王听了，连忙命令手下先不要点燃蜡烛，却大声向各位臣子说：“我今天晚上一定要与各位一醉方休。来，大家都把帽子脱了痛快饮一场。”众人都没有戴帽子，也就看不出是谁的帽带断了。后来楚庄王攻打郑国，有一健将独自率领几百人，为三军开路，过关斩将，直通郑国的首都。此人就是当年扯美人衣裳的那一位。他因庄王施恩于他而发誓毕生孝忠于庄王。

俗话说，退一步海阔天空。与人交往，不能纠缠于一些无关紧要的小事，而忘记了自己的大目标，从而误入歧途。对对方的某个无关要旨的小错误、非原则问题的小毛病，忍一忍，让一让，就能避免因小失大。这里的忍让不是软弱，而是一种明智、顾大局的表现。特别是一些有专长的人，难免会有一些小毛病，只要不影响大局，就不应对其求全责备，动辄批评，事事苛求。

3. 如何有效解决人际冲突

相信人人都愿意朋友之间能够和睦相处，但有时往往事与愿违，朋友间常常会发生一些令人不愉快的冲突。有的人因为和别人意见不同，而与对方争得面红耳赤、甚至拍桌叫骂；有的人曾经因为不知如何化解冲突，而失去了要好的朋友。

人际冲突，不外乎因竞争、某些特定的行为、个性不合于某些角色规范而引起。但冲突并非必然伤害人际关系，它也可以有正面的意义：它能提供一个机会，使彼此澄清自己的看法，并讨论双方在关系中所扮演的角色。一般来说，冲突能指出问题的症结，使我们有所改变，帮助我们更清楚地认识自己，使冲突双方彼此有情绪宣泄的渠道。

人际冲突包含以下四个阶段，虽然我们无法控制它的发生，但可以适当运用，引导其朝建设性方向发展：

（1）潜伏期。从内心知觉到有冲突发生，到“爆发”的那一刻，即进入人际冲突阶段。此阶段如加强对潜伏期的“侦测”，就能预知或控制冲突的方向及程度，使其朝建设性冲突的方向发展，进而减缓冲突的程度，使大家较为平和、理性地解决冲突。此阶段的策略可使用温和、坚定与诚恳的态度处理事件，谈话中多用“我”字开头，少用“你”字开头等。

（2）爆发期。冲突爆发时，无论是口头或肢体的冲突，都会令人遗憾。伤害既已造成，往往需要更多的弥补。无法抹平的伤痛，可能会发展到触犯法律的程度。无效地处理冲突，不如暂时不去处理，设法控制愤怒的情绪，让自己冷静下来，其实暂时“不处理冲突”就是最好的处理。学习接受无法接受的事情，不代表永远无法解决问题。

（3）扩散期。人际冲突爆发后，不要责备它、阻断它或否认它。应该静观它的变化，思考可能应对的策略和办法。也许大学生的人际交往当事双方都有悔意，也许后面还会余震不断。留一些时间、空间，让彼此有个缓冲也很好。当初没有替对方留面子，现在或许可以慢慢释出诚意，看看对方的反应再做下一步打算。

（4）解决期。这是一个作抉择的时机，好让事情告一个段落或有一个结局。冲突最终总要解决。有效解决人际冲突，一般从以下几方面入手：

第一，要有正确的心态。要相信冲突是正常的、难以避免的，而且一切冲突都是可以解决的。

第二，积极倾听。多花点精力听听对方的观点，尽量寻找彼此意见相同的部分开始沟通，往往能产生良好的效果。另外，在认真倾听的过程中，对方的情绪也会逐步变得稳定下来，变得较为理性，为双方寻求解决问题的途径做好铺垫。

第三，巧妙陈述。例如，有家电子公司急需工程师 200 人，结果人事部门只招来 120 人。年终考核时，人事经理绩效被评为“差”。人事经理一查，原来是工程部主管打小报告，说他觅才不力。人事经理喊冤，怒斥工程部主管领导无能，留不住人。从此部门嫌隙扩大。直到公司请专家上课，训练员工说话技巧，情况才好转。工程部主管改口：“我知道现在人才难找，人事部费尽心力找来 120 人，值得肯定。只是如果能多找 80 位工程师，对公司整体获利以及业绩成长，将会更有帮助。”听了这番话，人事部门当然愿意努力觅才，冲突也随之消弭无形。本例中，工程部主管后来的陈述先是站在对方的立场上考虑问题，体谅对方的难处，并给予适当的肯定，然后再委婉地表达出自己的观点，收到的效果大不一样。

第四，讨论并寻找变通解决办法。也就是说，不是说服对方同意你的观点，也不是试图去操纵别人，而是通过协商，寻求双方都能接受的解决办法。最后的结局，可能是双方都能基本接受的妥协方案，也可能是双方均满意的

“双赢”结果。形成此结局的基础，是基于双方有着共同的利益或者存在互补利益。如果双方为立场性问题争执不休，不仅找不到解决的方案，而且还会进一步损害双方的关系。

第五，寻求第三者协助。当双方协商不成，找第三者介入是一个方法。第三者介入有两种形式，一种是帮助冲突双方，以合作的态度来沟通解决问题，而不对冲突作仲裁，例如心理医师、婚姻治疗师等；另一种是找公正的第三人来仲裁，帮助双方作决定，当然这位公正人士必须是双方都信服，而且是有能力为此事作决定的人。如果双方决定找人仲裁，就必须遵守仲裁的决定，否则就不必多此一举。

第六，“不解决的解决”。对于一时不能化解的冲突，不妨放弃寻求解决问题的想法，暂时接受对方的观点或方法，等待时机和条件的变化。“不解决的解决”，其实就是学习接受无法接受的事。

例如，有一家家族式企业，几年前为适应信息时代的需要，身为副总经理的儿子提议花一大笔钱购买一批电脑。但这个采购案并没有得到古板的父亲——董事长的批准，父子俩为此发生了冲突。但儿子没有用网络科技、信息管理等道理与父亲理论，因为他知道，守旧思想严重的父亲是听不进这些道理的。于是儿子不再提及此事，“接受”了父亲因循守旧的思想。在后来的工作中，儿子有空就教父亲如何使用计算机、如何发 E-mail、如何在网上搜集商业信息等，让父亲自己感受高新科技带来的便利和价值。过了一段时间，父亲感受到了信息时代设备更新的重要性，主动提议为公司采购一批电脑。有些事情一时之间很难让人“接受”，因此将它留给时间往往是解决问题的一个不错的方法。

第七，注重语言技巧。“良言一句三冬暖，恶语伤人六月寒。”语言在解决冲突中极为重要。冲突，可以因为言语不当而引起，也可以运用语言技巧而予以化解。化解冲突时，应该少用让对方感觉被否定、被质问和被批判的用语，多用非对抗性语言，例如，多用“并且”，少用“但是”；多用“我”，少用“你”；多用“没想到”，少用“为什么”等。

二、大学生人际沟通的意义

人际交往是人们在日常生活、学习、工作等过程中通过相互联系、相互作用而形成的心理与行为的活动。大学生们肩负着承续历史、繁荣当代、开创未来的重任，是建设和谐社会、推动经济发展的生力军，所以，了解和认识大学生的人际交往是非常重要的。人际交往与沟通是一门学问，它对于大学生形成和发展良好的个性品质具有重要意义。

1. 和谐的人际氛围是大学生顺利完成学业的基础

社会不是抽象、空洞的，而是由具体的人及其相互之间的交往编织起来的。对于大学生来说，与周围的同学、老师进行融洽的交往和沟通，能够为自己减少烦恼，保持心身愉快，集中精力学习，为顺利完成学业创造良好的学习和生活氛围。

2. 良好的人际关系沟通能力有利于培育大学生健康的心理

联合国世界卫生组织对健康下的定义是："健康，不仅没有身体疾病，还要有完整的生理、心理状态和社会适应能力。"从这个定义可以看到，心理健康是一个健康的人不可缺少的一部分。过去人们对心理健康问题没有引起足够的重视，个别大学生有孤独感、自卑感或喜欢过孤独的生活，人们往往不会从心理健康角度去认识这个问题。一个心理健康的人是一个乐于交往的人，既愿意表达自己的喜怒哀乐，又能坦然接受别人的言谈举止，容易与周围的同学保持一种和谐的交往关系，而离群索居、喜欢孤独、远离朋友、不愿交往的人往往不是一个心理健康的人。从这个意义上讲，交往是人类维持心理健康的重要保证。由于人是有感情的动物，人的情绪体验往往会决定人的心理状态，而情绪的困状又大多表现在人际关系上。人有相互交往的需要，当一个人有了群体归属感才会有安全感，才会消除孤独感，形成愉悦的情绪体验。大学生正处于自我认同社会化的重要时期，这种群体感的获得显得尤为重要。而群体感的获得需要通过良好的人际交往和沟通，达到相互了解、理解和认同。因此，大学生健康的心理需要良好的人际交往和沟通。

3. 良好的人际关系沟通能力是大学生未来事业成功的必备素质

一个人在事业上获得成功的原因很多，其中良好的人际交往是不可忽视的前提条件。因为人际交往是青年人增长才学、开启心智、适应社会、准确定位、认识自我、完善自身、协调关系、攻克难关的有效途径，而这些又是青年人走向成功不可缺少的因素。

4. 良好的人际关系沟通能力有助于大学生未来家庭生活幸福美满

只有善于与他人交往，才能对他人有所了解，有了解才能有沟通，才能处理好各种关系。在不久的将来，大学生们走向社会，逐渐都会拥有自己的小家庭。家庭生活是否幸福美满，从某种意义上说，也取决于年轻人自身的人际交往和沟通能力。

第四章　大学生沟通障碍与沟通原则

【开篇案例】

小李从北方来到南方一所省城大学读书。临行前，在一家企业做人事主管的父亲反复告诫他，在大学里首先要和寝室的同学搞好关系，这样你的生活环境才会愉快，大学四年心里才有归属感。进校后，小李时刻告诉自己父亲的话肯定有一定的道理，但是由于和同寝室的一名南方同学在对爱情的看法上相差甚远，经常斗嘴，导致彼此不服气，互相看不起，矛盾时有发生。而那位南方同学用小李的话说比小李更会处理人际关系，到最后同寝室的其他同学都站到了小李的对立面，小李的寝室同学关系开始变得紧张起来。小李觉得其他人都不理解他、信任他，少数同学甚至奚落他。他对他们也充满怨恨和不信任，进而猜疑和反感。只要有两位同学当着他的面嘀咕几句，他就认为他们是在说自己的坏话，心里十分苦闷。而那位南方同学却好像整天都过得很开心、很快乐。看到这一切，小李在感到无能为力的同时又十分伤心，心胸开始变得狭窄，一度产生退学的念头。

【案例分析】

从小李和南方同学的对比来看，人际沟通对大学生心理健康有着重要影响。小李因人际沟通障碍，心里充满了猜忌、嫉妒和对他人的不信任。如果在你的身边出现此类现象，你会怎么解决呢？

人际沟通是人类社会交往的基本过程和重要载体。人类的社会实践已经表明有效的沟通理念、良好的沟通能力是人们工作与生活过程中必不可少的条件。良好的沟通能力是现代社会人才素质的基本方面。

随着社会的文明进步，人们越来越注重人的全面发展。全球化的浪潮席卷了世界的每个角落，多元文化的激流碰撞，不同思想观念的摩擦，使得每一个人都在不同程度地接触、交流与沟通。特别是现如今，人们更强调相互交流共享对话，期望在多元文化中达成理解。哈贝马斯就此提出了“行动交往理论”：一个人的成功，20%靠专业知识，40%靠人际关系，另外 40%需要观察力的帮助，也就是 EQ。因此为了提升我们个人的竞争力，获得成功，就必须不断地运用有效的沟通方式和技巧，随时有效地与“人”接触沟通。只有这样，才有可能使你的事业成功。

在全球化潮流迅猛发展的今天，人才的激烈争夺使得人才观呈现新的特征，人才的标准正趋向多样性：高素质人才即“专才+通才”。现代意义上的高素质人才应当是基础知识扎实、专业精通、通识多能、具有特色突出的知识结构和快速学习新知识的能力的人。决定择业成功的因素有很多，但其中最重要的因素是求职者的知识和能力。在某种意义上说，具有满足社会需要的实际应用能力的人才比知识更重要。随着科学技术日新月异的变化、职业活动社会化程度的不断提高，独立的、不与外界和他人交往协作的工作已几乎不存在。因此，当代大学生应努力培养社会交往能力和与他人建立友谊、平等相处、互相尊重、相互学习、协作公关、合作共事的沟通能力。

现代社会生活实践告诉我们，个人的能力和智慧必须融入群体之中，与人有效地沟通，才能更好地实现个体的价值，超越自我。否则，没有社会关系的协调，没有他人的合作与支持，个体能力再高，也无法在社会中立足。为了迎合新世纪对大学生的需求，我们应该在人际交往中学会与人沟通的技巧，在交往中游刃有余，如鱼得水，实现自己的理想和价值。因此，加强当代大学生人际沟通，特别是有效沟通显得尤为重要急切。这既是新时代对大学生能力的呼唤和要求，也是大学生实现自我人生价值的有效手段之一。

第一节　人际沟通障碍

在任何沟通系统中都存在沟通的障碍。例如，在电话、电报等通信系统中就存在着沟通障碍，这种障碍被称为“噪音”或“干扰”。但人与人之间的沟通障碍有其特殊性。

首先，人与人之间的沟通主要是借助语言来进行的。语言是交流思想的工具，但语言不是思想本身，而是用以表达思想的符号系统。人们的语言修养也有很大差异，同样一种思想，有的人表达得清楚，有的人表达得不清楚。人利用语言来表达思想、表达事物有一定的局限性。

其次，由于人们的态度、观点、信仰等各不相同，造成沟通过程中的障碍。例如，下级向上级反映情况往往有“打埋伏”的现象，报喜不报忧、夸大成绩、缩小缺点等。上级向下级传达指示，下级往往不是如实地理解这些指示，而要猜测这些指示的“言外之意”“弦外之音”等。这都说明人们在传递和接收信息时，往往会把自己的主观态度掺杂进去。

最后，人们的个性因素也影响信息的沟通。例如，思维型（即善于抽象思维的人）与艺术型（即善于形象思维的人）的人彼此之间交流信息就可能发生障碍。

总之，造成人与人之间沟通障碍的因素很多，主要包括知觉障碍、个性心理障碍、文化障碍、社会组织结构障碍等。

一、知觉障碍

知觉是客观事物的整体在人脑中的直接反映，它是客观事物的个别属性或个别部分在人脑中综合起来，并借助以往的类似表象与记忆经验而形成的一种综合印象。

知觉障碍是指在感觉传导系统完整的情况下，大脑皮质指定区域对感觉刺激的认知和整合障碍，是心理过程障碍中最常见的，也是许多精神病的主要症状。人际交往中出现的认知偏差是因为人们的需要、动机、自尊、人格以及情境等因素而产生的，也反映了人们加工处理信息时的非理性和间接性。所以我们只有了解了人们在人际交往中的认知偏差及其产生的可能原因与表现，才可以有意识地在人际交往中加以防范和纠正，使我们在和他人交往时更加客观和理性，做到心中有数，游刃有余，从而建立起一个积极健康的人际关系网络，促进个人有效地成长和发展。

知觉障碍主要表现为首因效应、刻板印象、晕轮效应等。

1. 首因效应

首因效应也叫第一印象，是人们初次对他人形成的印象，是一个人通过对他人的外部特征的感知取得对他的内部情感的认识，最终形成关于这个人的印象。通常对一个人的第一印象都是比较深刻的，而且一旦形成，就会影响到人们对其以后一系列行为的解释。例如，我们同学之间的关系都有疏密之分，关系好的同学在谈及他们之间的交往时，总会提到“我第一次见他就觉得他是个比较好相处的人，所以跟他比较谈得来”等话语，而关系比较疏远的同学也总会提到“刚看他第一眼的时候就觉得他是个难说话的人，感觉很难交流”等。又比如我们很熟悉的一些相亲节目，在男嘉宾或者女嘉宾出场的时候，主持人总是会让大家给这个嘉宾打“第一印象分”，这个第一印象分就是大家在见这个嘉宾第一眼时的所有认识。他们还可以在这第一眼的认识中说很多关于这个嘉宾的某些特征甚至可以猜测这个人的内部品质。这些认识可能会影响他们以后的交往以及对他人行为的判断。然而事实是这样吗？并非全部都是。可以看出，首因效应反映了人对他人的一种外部认识，而不是本质认识，仅凭第一印象来评价他人的行为和人格，并将其作为进一步交往的基础是不全面的。所以我们应当在实践活动中去认识人，不要带有先入为主的观念，不要戴有色眼镜看人，不以貌取人，对人要做出合理的判断。

2. 刻板印象

刻板印象是指人们把在头脑中形成的对某类知觉对象的形象固定下来，形成对某一类人或事物的比较固定、概括而笼统的看法，并且这些看法会对以后知觉有关该类对象产生强烈影响。也就是说，人们对某个社会群体或个人形成了一种概括而固定的看法，这是一种固定的成见，一旦形成，很难改变。这种印象虽然基于一定的事实，但有时判断是正确的，有时也会是错误的。比如对不同国籍不同地区的人的刻板印象：认为西方人比较开放激进，东方人比较传统保守。再比如对性别角色的刻板印象：一旦说起秘书、护士，大家就会很自然地想到女性；说到哪个警察局的领导、哪个国家的领袖，更多人想到的都是男性。

刻板印象有时候是人们认识交往对象的一种捷径，节省了认知能源，因而有“同一类人”“物以类聚，人以群分”的说法，但是他们并不是完全相同的，个体差异永远都是存在的，即使是处于大致相同的社会生活背景、经济和文化条件下的人，他们的个体差异都有可能是非常大的。所以，对人不要带有成见，要真实相处了才会知道，观点要随着现实的变化而发生变化，要具体问题具体分析，要区分事物的普遍性和特殊性，学会及时更新自己的观念和想法，紧追时代潮流。

3. 晕轮效应

晕轮效应是指在知觉过程中，将知觉对象某一行为特征的突出印象不加分析地扩展到其他方面去，也就是说仅从知觉到的某个方面的特征泛化到未知觉的特征，从局部的信息形成一个完整的印象。用句俗话说，就是“一好百好，一坏百坏”。例如，老师们总是认为上课认真、学习成绩好的学生就是品学兼优的学生，而爱小打小闹、调皮的学生便是一无是处的学生。这是对学生的一种片面的认识。晕轮效应的缺点在于以点概面，以偏概全。我们往往把好的特征都归为好人所特有，坏的特征都归为坏人所特有。有时事物的个别特征并不真实地反映事物的本质，但我们习惯以个别推及一般，由部分推及整体，这样就会牵强附会地错误推断其他特征。由此我们知道，仅凭一个方面的特征或者一件事情就去判断一个人的其他品质是比较武断的，在人际交往中，只有多方面地了解一个人之后再作判断，并且要把不同的个体和事情区别对待，才能避免出现以点概面的错误。

二、个性心理障碍

有些大学生由于个性明显、感情丰富、变化快，有时对人对事过于敏感和不重客观，重一时不重全面而使人际交往缺乏稳定性，产生各种障碍。有些大学生属外向型性格，他们活泼好动、乐观开朗、善于谈吐但又感情易变、性情急躁，他们既具有吸引力，却又易于使人反感，容易引起冲突。有些大学生属于内向型性格，他们对周围的事不大关心，不喜欢与人交往，与亲人之外的其他人保持一定距离，使交往不能顺利进行。总之，个性心理成分是人际交往的重要部分。

1. 恐惧引起的交往障碍

有些大学生有交往的欲望，但无交往的勇气。常常表现为与人交往时（尤其是在大众场合下），会不由自主地感到紧张、害怕以至于手足无措、语无伦次，严重的甚至害怕见人。尤其害怕与比自己水平高、能力强及有所成就的人进行交往，怕他人瞧不起自己。有的同学一到人群中就觉得紧张不安，在课堂上、教室里、图书馆，都会觉得别人在注意自己、挑剔自己，轻视或敌视自己，以至于无法安下心来听课、看书、做作业。这些恐惧使生活黯淡、不愉快，造成一系列不良的心理反应。

2. 嫉妒引起的交往障碍

嫉妒是指在意识到自己对某人、某事、某物品的占有意识受到现实的或潜在的威胁时产生的情感，表现为对他人的长处、成绩等心怀不满。嫉妒者心理承受能力较差，经不住挫折，容不得甚至反对别人超过自己，对胜过自己的人轻则蔑视，重则仇视，有的甚至不择手段地攻击、报复对方。嫉妒产生的原因很多，有的因容貌、家庭条件等因素而产生嫉妒，有的因智力、能力、交往等因素产生嫉妒，从而引起交往障碍。

3. 自卑引起的交往障碍

在交往活动中，自卑表现为缺乏自信、自惭形秽，想象成功的体验少，想象失败的体验多。自卑的浅层感受是别人看不起自己，而深层体验是自己看不起自己。当出现深层体验时，自卑者便觉得自己什么都不行，似乎所有的人都比自己强得多，因而在交往中常感到不安，将社交圈子限制在狭小的范围内。

4. 自傲引起的交往障碍

自傲与自卑的性质相反，表现为不切实际地高估自己，在他人面前盛气凌人，自以为是，过于相信自己而不相信他人，总是把交往的对方当作缺乏头脑的笨蛋，常指责、轻视、攻击别人，使交往对方感到难堪、紧张、窘迫，因而影响彼此交往。

5. 孤僻引起的交往障碍

孤僻有两种情况，一种是孤芳自赏，自命清高，不愿与人为伍，与人不合群，将自己封闭起来；另一种属于有某种怪癖，使人无法接纳，从而影响了人际交往。

三、文化障碍

文化障碍是由于语言差异、习俗差异和教育程度差异等文化因素而形成的障碍。

语言障碍，指对语言、文字、有意义的符号等产生误解、曲解、偏见、歧视而形成的障碍，大多时候表现为民族或群体在情感和意识上的倾向问题。

教育程度差别上的障碍，是指交往双方由于受教育经历、文化水平的高低不同而使信息交流和交际姿态出现障碍，影响沟通。

习俗差异易导致障碍。习俗世代相传，是经过长期重复而约定俗成的习惯法，是具有固定特点的调整人际关系的社会因素，如道德习惯、审美传统、宗教礼仪、行为礼节等。不同地区、不同国家之间的人际交往，由于风土人情、风俗习惯等文化背景的差异，会造成沟通障碍并影响人际关系。

四、社会组织结构障碍

社会组织结构障碍主要指角色地位障碍、空间距离障碍和沟通网络障碍等。包括：信息沟通受阻引起的人际关系障碍；组织结构不合适，机构臃肿，人浮于事，职能不清造成的障碍；领导者办事不公正，有亲有疏造成的障碍；团体气氛太差，风气不正，有人挑拨离间而产生的障碍；等等。

1. 地位障碍

在组织中，人们都扮演着不同的角色，所处的地位也就不同，容易产生信息沟通障碍。组织是一个多层次的结构，一般来说，组织规模越大，成员越多，处于中层地位的人员相互沟通次数增加了，而上下层地位的人员相互沟通次数则相应减少了，由于地位原因不能经常接触会造成沟通障碍。

为减少和消除由于角色地位引起的沟通障碍，高层领导和管理人员应转变作风，破除优越感，增强民主意识，密切联系群众，经常深入到第一线体察民情，以平等的身份与普通员工促膝交谈，听取意见，让员工参与重大问题的讨论与决策，促进他们对组织的认同感，使沟通能有效地进行。

2. 空间障碍

空间距离对于信息沟通及其效果有很大影响。一般来说，双方进行面对面的交流，有利于把复杂问题搞清楚，提高沟通效率。如果沟通双方距离太远，接触机会少，只能进行间接沟通，就很难把复杂问题说清楚。例如，在组织中，管理人员与一线员工之间、成员与成员之间存在着空间距离，使他们接触和沟通的机会减少，即使有机会接触和沟通，时间也十分短暂，不足以进行有效沟通。

为解决这个问题，管理人员应鼓励成立和发展俱乐部、兴趣小组、各种形式的协会，通过各种有益活动，缩短成员之间的空间距离，增加接触和交往机会，促进成员之间的信息沟通。

3. 组织机构障碍

在组织中，合理的组织机构有利于信息沟通。但组织机构不合理，机构庞大，层次太多，信息从高层传递到基层的过程中，经过层层甄别、过滤并掺杂大量主观因素，就容易产生信息走样，又会使信息失去时效。一般组织往往采取金字塔形的结构，并用分工明确的负责制来加以保障。在这种结构中，组织层次较多，常常采取上行沟通和下行沟通的垂直沟通形式，组织成员进行信息交流时，不但信息传递速度慢，而且在各层次间传递信息时，会失去一部分信息，层层传递就逐渐减少其准确性。因此，组织要精简机构，减少沟通层次，减少信息传递环节，高层主管要尽可能地与下级和普通成员进行直接沟通，使信息传递渠道畅通。

4. 其他障碍

除此之外，还有年龄代沟造成的障碍。成因：道德伦理、价值观念、行为表现等方面的差异；两代人的时代感不同；两代人的心理特征不同。

第二节　大学生沟通原则

一、准确性原则

准确性即表达的意思要准确无误。在沟通过程中，要以事实为基础，据实、客观、公正、全面地传递信息，反映情况。沟通的信息必须至少对其中一方是有用和有价值的。准确是基本的原则和要求，是沟通能够存在、成立和有效的内容根本与首要前提。在沟通中，只有当你所用的语言和方式能为对方理解时，沟通也才有效。这一点看起来简单，做起来未必容易。在实际沟通中，由于接收方对发送方的信息未必能完全理解，发送方应将信息加以综合并力求用容易理解的方式来表述准确的意思。

二、渠道适当性原则

有效沟通必须将有意义的信息通过适当和必要的沟通渠道，由一个主体送至另一个主体，这是沟通的渠道适当性原则。不同的管理信息对于传递渠道的选择是有要求的。正确地选择适当的沟通渠道有助于理想地进行管理沟通。而错误的渠道选择则会产生信息遗失、误读或信息扭曲，导致管理沟通受挫或失败。

三、及时反馈原则

沟通要及时、迅速、快捷。及时反馈原则的含义：要求别人做事时，需要对方及时反馈；给别人做事，要把该问的问清楚。“事前问清楚，事后负责任”是沟通非常重要的基础和应该养成的习惯。

四、代码相同性原则

所有沟通主题，在传递真实信息时，必须使用相同的信息代码系统，这就是沟通的代码相同性原则。如果双方使用的信息代码系统完全不同或者存在较大差异，会导致接收者对信息解读无法实现或解读错误，导致沟通失败。

五、目标性原则

有效沟通应该具有明确的沟通目的或目标，即目标性原则。沟通的目标、目的不明确，必将造成信息发送者所发信息混乱、模糊、含混不清，接收者只能靠经验和场景猜测对方的用意，从而极易导致沟通误差或沟通失败。

技巧篇

第五章　倾听与交谈的技巧与艺术

【开篇案例】

有一次美国知名主持人林克莱特访问一名小朋友，问他说：“你长大后想要当什么呀？”小朋友天真地回答：“我要当飞机驾驶员！”林克莱特接着问：“如果有一天，你的飞机飞到太平洋上空，所有引擎都熄火了，你会怎么办？”小朋友想了想说：“我会先告诉坐在飞机上的人绑好安全带，然后我挂上我的降落伞先跳出去。”当现场的观众笑得东倒西歪时，林克莱特继续注视着这个孩子，想看看他是不是自作聪明的家伙。

没想到，此时孩子两行热泪夺眶而出，这才使得林克莱特发觉这孩子的悲悯之情远非笔墨所能形容。于是林克莱特问他：“为什么要这么做？”小朋友的回答透露出他真挚的想法：“我要去拿燃料，我还要回来！我还要回来！”

【案例分析】

通过这个故事，你认为自己真的明白了倾听的艺术了吗？你是不是常常半途打断对方的演讲，是不是又自以为是地进行反驳？所以，沟通是双向的。我们并不是单纯地向别人灌输自己的思想，我们还应该学会积极地倾听。对话从听开始。只有倾听才会了解对方。传达心声同样从听开始。

第一节　倾听技巧与艺术

倾听的能力是一种艺术，也是一种技巧。倾听是一种修养，更是一门学问。善于倾听是迈向成功的捷径。用心倾听他人的声音，就是对对方最好的关怀和体贴。人难以改变别人的想法，但是能够赢得对方的心。懂得倾听，有时比会说更重要。倾听具有一种神奇的力量，它可以让人获得智慧和尊重，赢得真情和信任。著名作家莫里斯曾说过：“要做一个善于辞令的人，只有一种办法，就是学会听人家说话。”倾听是了解别人的重要途径，为了获得良好的效果，我们有必要了解一下倾听的艺术。

听绝非简单地利用双耳去接收说话者的言辞，而是需要一个人全身心投入地去感受、理解对方谈话过程中所表达的信息。所以，如何学会倾听，如何做好倾听，从倾听中获得最多有用的信息，并引导我们的行为，确实是一门很有讲究的应用艺术，值得深入地学习与研究。

一、克服倾听障碍，提升倾听技巧

语言是人际交流的重要工具，是人际沟通的重要手段，但是所有的交流沟通是双向的，会说话的嘴巴和会听话的耳朵才是沟通的一双翅膀。有人认为口才就是口若悬河，这是一种误解，在交流的舞台上，你并不是唯一的主角。

要达到双向交流的目的，首先要学会倾听。倾听是沟通最有效的武器，是人际交往中制胜的法宝。一个在人群中滔滔不绝的人或许很容易得到大家的钦佩和尊敬，但是一个善于倾听的人，更能得到大家的好感和信任。因此，我们在讨论沟通的技巧时，将“倾听”排在首位。

心理测试：你是善于倾听的人吗？

如果你的行为中出现以下七种情况的一种或一种以上，你就应该注意改善自己的倾听技能了。

（1）和别人沟通时，打断对方讲话，以便讲自己的故事或者提出意见。

（2）和别人沟通时，没有和对方进行眼睛接触。

（3）和别人沟通时，任意终止对方的思路，或者问了太多的细节问题。

（4）和别人沟通时，催促对方。

（5）和别人沟通时，接打电话、写字、发电子邮件，或把注意力转移到其他事情上。

（6）和别人沟通时，忘记对方所讲的内容。

（7）和别人沟通时，特意等到对方讲完，只为方便你对他所讲的内容“盖棺定论”。

在人际沟通中，任何时候都不可能只有一方信息的传达，即使在以传达为主的一方，也会因为接收方的不同表现而调整自己的传达方式。因此，无论我们作为表述者还是作为接收者，倾听都是至关重要的。而在现如今的快节奏生活中，人们更多的是急于表述自己的观点，缺少的是倾听他人的想法，这样在无形中人们就形成了不自知的倾听障碍。

（一）环境障碍

1. 什么是环境障碍

环境对人的听觉与心理活动有重要影响。环境中的声音、气味、光线以及色彩、布局等，都会影响人的注意力和感知。布局杂乱、声音嘈杂的环境将会导致信息接收的缺损。

2. 如何克服环境障碍

（1）营造幽静的环境：清除房间中有形和无形的杂音，如电脑机箱的声音或者音乐等，并避免别人的突然打扰，最好把手机调成震动或静音模式。

（2）营造轻松的气氛：在谈话开始之前轻松地调侃一些无关的话题，在倾听的过程中保持微笑的表情，这些都有助于对方在轻松的气氛中诉说心事。

（二）倾听者障碍

1. 倾听者障碍的表现

（1）倾听者的理解能力。倾听者的理解知识水平、文化素质、职业特征和生活阅历往往会影响到他的理解能力。

（2）倾听者的态度。

① 排除异议。有些人喜欢听和自己意见一致的人讲话，偏心和自己观点相同的人。

② 用心不专。表现为三心二意，心不在焉。

③ 急于发言。表现为在他人还未讲完的时候，就迫不及待地打断对方。

④ 心理定式。由于人都有根深蒂固的心理定式和成见，很难以冷静、客观的态度接收说话者的信息，这也会大大影响倾听的效果。

⑤ 感到厌倦。由于思维的速度和听话的速度有差距，人们很容易在听话中感到厌倦，思维往往会在空闲时寻找一些事做，拒绝进一步思考。

⑥ 消极的身体语言。例如，在老师讲课的时候，同学们会有转笔、抖腿、打瞌睡、交头接耳等现象。

2. 如何克服倾听者障碍

（1）适当地使用目光接触。

（2）对讲话者的语言和非语言行为保持注意和警觉。

（3）容忍并且不打断（等待讲话者讲完）。

（4）使用语言和非语言表达来表示回应。

（5）用不带威胁的语气来提问。

（6）解释、重申和概述讲话者所说的内容。

（7）提供建设性（语言和非语言）的反馈。

（8）移情（起理解讲话者的作用）。

（9）显示出对讲话者外貌的兴趣。

（10）展示关心的态度，并愿意倾听。

（11）不批评、不判断。

（12）敞开心扉。

著名企业家谭小芳老师认为，实践倾听有五大行为准则：

（1）准备共鸣，准备对话时，首先要放下所有的主观意识和偏见。

（2）肯定对方：集中精力观察对方的言行，肯定对方存在的重要性。

（3）节制说话：要先去了解，再被理解。懂得节制说话，才能学会倾听。

（4）保持谦虚的态度：即使对方的想法有悖于自己，仍然要谦虚地去感受对方的情感。

（5）全身响应：倾听时一定要用全身来传达自己在注意倾听的自然状态。

实际上，有效的倾听可以通过学习和运用一定的技巧来实现。下面继续分析倾听的常见障碍并提出克服它们的建议。

（三）知道答案

1.“知道答案”障碍的表现

“知道答案”意味着在说话者真正讲完之前，你觉得自己已经知道对方要表达什么了。你可能会没有耐心地打断他，或想要为他讲完接下来的话。更具破坏性的是你打断他，说你不同意他的观点，但并没有让他说完你觉得你不同意的东西。

在说话者说完前打断别人，本质上是在说，你认为他所讲述的内容一点价值都没有。

“知道答案”障碍也会让倾听者对别人讲的东西做先入为主的判断——这也是心智封闭的一种表现。

2. 如何克服“知道答案”障碍

（1）在别人讲完后你回复前等待 3 秒。遵循这一规则同时也意味着你在别人讲完前必须倾听较长时间。通常这是一件好事，因为这给予说话者彻底表达他感受的机会。

（2）安排一次结构化的交谈，一个人讲一个人听。然后在下一次交谈中交换角色。值得强调的是，良好倾听的目的只是倾听——不多不少。

当你扮演倾听者的角色时，你只能询问支持性的问题或寻求观点的澄清。在交谈中，你不能表达任何自己的观点。这可能有些困难，因为有些人的“问题”就像是在陈述一个观点。

（3）在对话中保持心智的开放。这需要自律和练习。一个方法是向自己保证，在每次交谈中至少要知道一个非预料中的、有价值的东西。寻找新的、有意思的东西有助于你在倾听时，心智变得开放和易于接纳别人的观点。一个好的倾听者会努力保持一种开放、接纳的心态。他在倾听时总是寻找机会来拓展自己的心智，获取新想法或新洞察，而不是强化已有的观点。

（四）想帮助别人

虽然这听起来是有益的，但由于倾听者在思考如何解决他感觉到的说话者的问题而干扰了倾听，会漏掉说话者真正所说的信息。

有一句格言：“当你走路时，专心走路；当你吃饭时，专心吃饭。”换句话说，要把全部注意力投入到你正在做的事情中。为了提供建议而打断说话者，破坏了正常的交谈流程，阻碍了倾听者对说话者所传达信息的理解和体验。

许多人都有“救世主情结”，乐于成为问题解决者，这可能是因为它带给他们一种重要感。然而，这样的行为对良好倾听可能是巨大的阻碍。

在倾听时想要帮助别人也意味着你已经对说话者做出了某种判断。这可能对交流构成情感障碍，因为这些判断意味着倾听者并没有对说话者获得彻底的理解，或给予尊重。

作为倾听者，如果你介入进去，英雄般地提供解决方案，实际上你是在暗示你比说话者更有能力找到解决方案。如果说话者正在描述一个困难或长期的问题，然后你提供一个欠考虑的、即兴的解决办法，你很有可能忘了，他很久以前就已经考虑过你即兴得出的方案了。

克服这一障碍的方法是安排一次独立的提供建议的交谈。当说话者没有寻求建议时，你打断说话者提供建议是粗鲁的，即便这个建议是一个好建议。

在一般情况下，一个人如果在尝试给出建议前，仔细聆听并理解说话者的全部内容，他给出的建议是成熟的。

如果你相信你的建议是有价值的，说话者也很可能并不知道，那么，首先你要礼貌地询问你是否可以提供一个你觉得可行的解决方案。等到说话者明确欢迎你讲出来时，你才给出你的建议。

（五）将讨论当作一场竞赛

有些人觉得在一场激烈的讨论中同意说话者的观点是脆弱的表现。他们强迫性地去质疑说话者的每个观点，即便他们内心是赞同的。讨论于是变成了一场比赛，谁通过争辩获得的分数最多，谁就是大赢家。

将讨论当作竞赛是良好倾听最严重的阻碍之一。它严重限制了倾听者拓宽视野，阻碍倾听者接纳不同的观点。同时，它也会打击说话者。

尽管辩论可以服务于许多有用的目的，而且也很有意思，但辩论应该放在独立的一次交谈中，这样才不会干扰良好的倾听。

克服这一障碍的方法：除了在你真的全然不同意说话者的每一个观点的极端情况下，你应该避免对他人的观点彻底不予考虑。相反，要肯定你同意的部分。如果你真的同意，不管什么时候，你都要说出来。对于不同意的部分，要特别具体。

对说话者要慷慨。要尽可能频繁地在你觉得舒服的情况下提供肯定的反馈。慷慨同样需要你明确地说出你哪里不同意，哪里同意。

（六）想要影响别人或给别人留下深刻印象

因为良好的倾听取决于只为倾听而倾听，任何隐藏的动机都会减少倾听的有效性。隐蔽动机的例子就是想要给说话者留下深刻印象或影响他们。

一个人心里有议程，而不仅仅是想要理解说话者的想法和感受，他就不能在倾听时投入全部的注意力。

心理学家指出，人们可以理解比讲话速度快 2 到 3 倍的话语。这暗示着倾听者在聆听时有额外的心理“带宽”来思考其他事情。一个好的倾听者知道如何利用这额外的能力去思考说话者正在谈论的东西。

一个有着隐蔽动机的倾听者，比如想要影响说话者或给他们造成深刻印象，很可能会利用额外的能力去思考他在对话中的“下一步动作”——他的反对意见或说话者说完后他要说的话——而不是聚焦在理解说话者这件事上。

“想要影响别人或给他人留下深刻印象”是很难克服的一个障碍，因为这些动机通常不是说没有就没有的。下决心不要这样想往往只是将它们压制在意识之下，成为一个隐藏的动机。

一个方法是在你聆听时记录下你的内部动机。当你注意这些动机，慢慢接近它们，而它们也变得更加清晰具体时，你最终会更彻底地意识到它们，而它们也就被解开了，你可以撇开它们，为了倾听而倾听。

（七）对敏感词语做出反应

有些词语可能会在聆听者那里激起说话者无意激起的反应。当发生这些情绪反应时，倾听者就不能听到说话者在说什么，或对他说什么投入全部的注意力。

敏感词语或表达会在聆听者的心里引发非预料中的强烈联想，这通常是由倾听者的个人信念或经验造成的。

好的聆听者知道如何让自己少受敏感词汇的影响，但是，敏感词汇几乎会让每一个聆听者瞬间无法投入全部的注意力去倾听。重要的是，说话者实际上并没有表达聆听者所理解到的东西。然而，这些敏感词汇已经使倾听者分心，以至于他没有注意到说话者实际想要表达的意思。

敏感词汇并不总是激发情绪反应，有时它们仅仅是引起轻微的不同意或误解。但无论什么时候，倾听者如果发现自己不同意或有这种情绪反应，他都应该警惕敏感词汇或表达的影响。

克服这一障碍的方法：当说话者使用的某个词或表达引起了反思性的联想时，作为一个好的倾听者，你应该询问说话者，确认它是否是你理解的意思。当你听到敏感词汇或表达时，如果可以，尝试停止对话，这样你就不会错失说话者所说的东西。然后询问说话者，让他们以不同的方式澄清和解释这个观点。

（八）迷信语言

语言是一个猜谜游戏，说话者和倾听者利用语言来预测对方心里的想法。语言的意义总是被积极协商的。认为语言的词典定义可以通过使用词语直接传递是一个谬误。这一谬误可能会在这样的陈述中表现出来：“我已经说得很清楚了，为什么你就是不明白？”当然，这里有一个天真的假设，认为对一个人清晰明确的词语对另一个人同样也是清晰明确的，就好像词语本身包含了绝对的意义。

词语在每个人的心里会产生独特的影响，因为每个人的经验是独特的。这些差异可能很小，但这些差异的整体影响足以大到造成误解的地步。更糟糕的是，只有在说话者和倾听者有共同经验时，词语才会有所指并发挥作用。

如果倾听者没有说话者使用词语指向的经验，那么这个词语就等于无所指。还有更糟糕的，倾听者可能会无声地用一个截然不同的经验来匹配这个词语。

作为一个好的倾听者，你应该练习不去尽信词语的含义。向说话者提出支持性的问题来交叉验证词语对他而言的含义。不要理所当然地认为词语或表达的含义在你的眼中和说话者的眼中是完全一致的。你可以让说话者暂停，并询问词语的含义。当然，这样的行为过于频繁也会成为障碍。但如果你怀疑说话者对词语的使用可能略有不同，你就应该花时间来确认这一点，否则这种理解上的差异就会造成误解。

（九）只见树木或只见森林

有一句习语叫作“只见树木，不见森林”。有时候人们过于关注细节，以至于看不到一个情景的整体含义或背景信息。

有些说话者就是我们理解的只见“树木”的人。他们喜欢具体、翔实的解释。他们可能会通过简单命名或无序地描述其特征来解释一个复杂的情景。其他说话者是那些看到“森林”的人。当他们解释复杂情景时，他们喜欢先给出一个总结性的、抽象的、概览式的观点。

好的解释通常包括以上两种类型，大的“森林”提供上下文和整体含义，具体的“树木”提供说明性的例子。当试着传达复杂信息时，说话者需要准确地在森林和树木之间转换，以表明细节是如何融入整体的。然而，说话者经常忘记使用“转换指示器”来表明他们正在相互转换，这会造成倾听者的困惑或误解。每种风格都很容易导致交流问题。例如，只见树木的人经常难以告诉他们的倾听者哪个细节更重要，以及这些细节是如何融入整体背景的。他们也不能告诉倾听者他们正在转换想法。

相反，只见森林的人经常会因为模棱两可的概念让倾听者云里雾里。他们喜欢使用抽象概念，但有时这些概念由于太过偏离感官世界而让倾听者迷惑不解。只见树木的人通常会责怪只见森林的人离题太远，或以没有根据的概括总结说话。只见森林的人通常会觉得只见树木的人太过狭隘和浅薄。

作为一个好的聆听者，你应该在需要的时候明确询问说话者总体背景或具体的例证。你应该通过询问说话者部分是如何相互联系以构成整体的，来交叉验证。对细节如何相互关联有清晰的认识是理解说话者想法的关键。一个应当记住的重点是，如果你作为倾听者想要提供缺失的背景，只见“树木”的说话者会变得困惑甚至被激怒，而如果你想要提供只见森林的人缺失的例子，只见森林的人会变得不耐烦或生气。

一个有效的方法是通过询问说话者开放式问题来鼓励他们提供缺失的背景或例证。在倾听时询问开放式问题通常比询问封闭式问题更加有效。例如，“你能给我举一个具体的例子吗？”这样一个开放式的问题，就比“这样的事情可以算是你说的东西的例子吗？”这样的封闭式问题更少引起困惑或反对。有些说话者甚至不能注意到封闭式问题实际上是一个问题。询问开放式问题的方法（而不是封闭式问题或诱导性问题）是良好倾听的一个重要成分。

（十）过于分散或过于集中

在解释复杂情境时，不同的说话者有不同的风格来组织他们的想法。有些说话者更多地会注意事物之间的不同点，他们被称为分散者。另外一些说话者倾向于发现事物之间的相似之处，他们被称为集中者。或许这是性格因素造成的。

如果说话者和倾听者处在分散-集中系统的两端，不同的思想风格会造成困惑或理解困难。一个过于分散的倾听者即便是同意说话者大部分的观点，仅仅不同意细微差别或强调点不同，他们也会无意地表现出他不同意说话者对任何事情的看法。这会产生噪音，并干扰对话的流畅性。同理，一个过于集中的倾听者可能会忽略观点之间的重要差异，而这会造成之后的严重误解。说话者会错误地认为倾听者已经理解了他的看法或对其表示同意。

达到分散（批判性思维）和集中（隐喻性思维）的良好平衡是重要的。更重要的是，当说话者是分散化的而他自己是集中化的时，倾听者要能意识到这点。

在倾听时克服这一障碍的方法就是去问问题，以确认你同意或不同意的地方，然后在适当的时候明确提出你的看法。例如，你可以说“我认为我们在一些地方可能看法不同，但至少我们都同意……是吧？”或者“我们大部分看法都是一致的，但我认为我们这个地方可能看法不一……”通过主动指出观点的相同点和相异处，倾听者可以对说话者的想法获得更准确的心理模型。这会减少对话噪音。而如果说话者和倾听者没有意识到他们的想法哪里一致哪里不一致，这些对话噪音就会产生。

不同的障碍可能经常会同时出现。例如，说话者是一个过于分散的人，同时也看不到森林，与此同时，倾听者则是一个过于集中的人，只看得见森林，看不到树木。如果他们中的一个甚至两个有“已经知道答案”或“将讨论看作是竞赛”的习惯，那么交流就会变得更加困难。

在当今复杂的世界中，良好倾听无疑是最重要的沟通技能之一。家庭需要良好倾听来共同面对复杂的压力源。公司员工需要良好倾听来迅速解决复杂的问题并保持竞争性。学生需要良好倾听来理解相应领域的复杂问题。提高倾听技能，我们可以收获很多。

当谈到如何改善交流时，大部分人会关注如何成为更好的说话者或写作者（交流链的供应方），而不是成为更好的倾听者和阅读者（需求方）。

我们更多地依赖倾听而不是说话。一个非常有技巧的倾听者知道如何解决说话者言辞当中的模糊不清或混乱无序。相反，不管一个说话者多么巧舌如簧、令人信服，如果倾听者没有注意听那也白搭。为确保交流的质量，倾听者相比说话者无疑承担了更多的责任。

二、为沟通而倾听

人们每天做得最多的事应该是沟通。工作时，与同事沟通，与客户沟通；在家时，与父母沟通，与配偶沟通，与子女沟通；一般时候，还会与朋友沟通，也可能与陌生人沟通。沟通无时无刻不在进行着，而沟通对于工作是否顺利、家庭是否和睦、做人是否成功等，都扮演着相当重要的角色，甚至可以这样说，一个人的成败，完全取决于他对外沟通的能力。

西方有位哲人说过：“世间有一种成就可以使人很快完成伟业，并获得世人的认可，那就是讲话令人喜悦的能力。”可见掌握沟通的技巧是多么重要。通观古今中外，凡是有作为的人，都把语言表达作为必备的修养之一，如古罗马共和国末期的政治家西塞罗就是一个雄辩家。毫不夸张地说，一个人只有掌握了沟通的技巧，才可以在与人打交道的时候占尽先机，达到自己的目的，所以每个人都应该重视、培养自己的沟通能力。

但是，如果你真正用心体味每一次与人的沟通就会发现，完美的沟通是有难度的。我们常常会懊悔“当时为什么讲了那句话”“当时怎么没这么说”“人家怎么讲得那么巧妙”，等等。这些懊悔、自责、羡慕是令人痛苦的，它让我们通过对比看到了自己的不足，甚至会因此怀疑自己的能力，感到自己有些无能。而实际上，真正的沟通能力除了好口才之外，还需要另一种能力，那就是倾听。只要把良好的沟通和不理想的沟通作一比较，自然就会明白，如果参与沟通的是善于倾听他人意见的人，沟通就越理想，因为聆听是褒奖对方谈话的一种方式。你能够耐心地倾听对方的谈话，等于告诉对方“你是一个值得我倾听你谈话的人”。这样在无形之中就能提高对方的自尊心，使沟通进行得更加顺利，也加深了彼此的感情。

历史上和现实中的许多实践表明，在事业上有成就的杰出人物往往是优秀的沟通者，善于倾听他人的意见。他们总是宾客盈门，朋友众多，因为人们总是喜欢与尊重别人、平易近人的人交往。假如你也想成为一位善于与人沟通的人，就应当先成为一位善于专心听别人讲话、鼓励别人多谈他自己成就的人。

> 索尼公司总裁曾讲述过一个有趣的故事。
>
> 有一次，盛田昭夫在一位朋友举行的宴会上结识了一位著名的出版商。他以前从来没有和这位出版商交谈过。后来，盛田昭夫写下了这次交谈的经历：
>
> “我发现此人非常有魅力。老实说，我是恭恭敬敬地坐在椅子上聆听他讲述约稿和退稿的事情。他还跟我讲了关于那些不屑一顾的排版的事情。正如我说的，我们是在参加一个宴会，那里当然有几十位客人，但是我违背了所有客套礼俗，对其他客人好像视而不见，只是一个劲儿地同那位出版商一连谈了好几个小时。
>
> “午夜来临，我同所有的客人道了晚安之后，就离开了。那位出版商转过身去对主人说了几句恭维我的话，说我‘最富于魅力’，说我如此如此、这般这般。最后，他说今晚和我聊得很开心，度过了一个愉快的夜晚。”
>
> 盛田昭夫后来回忆说：“我几乎什么也没说。”

几小时内什么都没有说的人，竟然会成为很投机的交谈伙伴，并成为终身朋友。而且日后，那位出版商经常为索尼公司出谋献策，牵线搭桥，为索尼公司的功成名就立下了汗马功劳。这实在是出人意料，但事实上又在情理之中。从出版商来看，盛田昭夫是把他作为意气相投的话友；而从盛田昭夫的角度来看，他本人只是一名忠实的听众，只是不断地鼓励他说话。盛田昭夫谦逊地倾听是在告诉那位出版商，他受到了极大的款待和极大的收益。事实上也是这样的。

倾听对方谈话，有时候会很容易地得到对方的信任和好感。善于倾听会使对方心情愉快，会换来对方的理解、信任和欢乐，会使对方吐露出心里的苦恼和喜悦，最重要的是，它还能使说话者感到自身价值的存在。俗话说："会说的不如会听的。"只有善于倾听他人谈话，才能更准确地把握谈话者的意思、流露出的情绪、传播出的信息，更好地促使对方继续交谈下去，这也是沟通能力中很重要的一个技巧。

但是，许多人没有耐心听别人讲话，因为他们是"事业家"，是"大忙人"，生活节奏太快。不可否认，现代社会竞争激烈，一个想成功的人要做的事情太多了，整天忙于奔波，疲惫不堪，时间一久，性格也就变得急躁，对"倾听"显得腻烦，甚至别人刚一开口，还未等对方把话讲完，就会予以否定，然后以十分武断的口气来阐述自己的观点。这类人往往是想通过"短、平、快"的方式，以雄辩的口才显示自己的能力，在公开场合打下根基。但是如此沟通的结果，表面看来目的达到了，事实上，却得不到别人的认同，无法建立真正的友谊，达不到心灵的沟通。

所以，全面的沟通能力就是说与听的完美结合，只有做到这一点才真正掌握了沟通能力，才能运用沟通为自己赢得机遇和成功。沟通能力的强弱并不是天生注定的，它完全可以通过后天培养锻炼取得，所以只要用心学习实践，可以在较短的时间之内掌握它，并且熟练地运用它。

在人际交往中，我们要牢记自己不是唯一的主角，心中时刻想着他人。耐心的倾听是打开心房的钥匙。在交谈中不要喧宾夺主，有时候，把说话的机会让给别人，反而是一种更高明的手段。沟通的最终结果不取决于你说了什么，而是对方听到了什么，听进去了多少。说话时，要简明扼要，不要反复啰唆，喋喋不休，东扯西拉，让人听了不知所云。

三、如何学会倾听

有些人以为，说话很困难，倾听很简单，这其实是一种误解，因为倾听需要的能量比说话多，而且想要擅长倾听，也是需要技巧的。

首先，你必须怀着一颗真诚的心，不要敷衍他人，更不要敷衍自己。有的人说，我只要做出倾听的样子就好，即便走走神，对方也不一定会发现。

实则不然。如果在对方说话的时候你没有用心听，只是做出倾听的样子，那么你很难根据对方的言语进行相应的互动，这样，你的心不在焉不就一目了然了吗？此外，倾听最重要的作用不是用来表现你对对方的尊重，而是通过倾听来获得有效的谈话信息。

其次，在倾听的过程中，你要积极主动地加入一定的表情和肢体动作。倾听并不意味着你就该坐着不动。事实上，在对方倾诉的时候，你的表情和肢体动作都在向对方传达信息。如果你的表情是厌恶的，你会不由自主地抓耳挠腮、左顾右盼，那么你虽然看上去在听对方说话，可是对方却可以清晰地认识到你的心不在焉，这样会激怒对方。因此，在倾听时，你可以通过点头、微笑或者适当的话语来肯定对方的发言，对方可以通过你的反应认识到你在用心听他说话。

最后，在比较正式的谈话过程中，可以做记录。你在倾听的同时，可以做一些记录，将对方言语中的重点记录下来。这样可以体现出你对对方发言的尊重，也有助于收集更多的信息。

1. 倾听的秘密

（1）身体前倾，表示对谈话感兴趣。

（2）要“所答即所问”，这表示你在与人交流。

（3）在倾听的过程中，适时加上自己的见解，以使给予和吸收两个方面平衡。

（4）以头部动作和丰富的面部表情回应说话者。

2. 倾听的注意事项

（1）克服自我中心：不要总是谈论自己。

（2）尊重对方：不要打断对话，要让对方把话说完。千万不要为了深究那些不重要或不相关的细节而打断人。

（3）不要激动：不要匆忙下结论，不要急于评价对方的观点，不要急切地表达建议，不要因为与对方见解不同而产生激烈的争执。要仔细地听对方说些什么。

（4）尽量不要边听边琢磨他下面将会说什么。

（5）问自己是不是有偏见或成见，它们很容易影响你去听别人说。

（6）不要使你的思维跳跃得比说话者还快，不要试图理解对方还没有说出来的意思。

（7）注重一些细节：不要了解自己不应该知道的东西，不要做小动作，不要走神，不必介意别人讲话的特点。

3. 倾听的要点

（1）要抓住主要意思，不要被个别枝节所吸引。善于倾听的人总是注意分析哪些内容是主要的，哪些是次要的，以便抓住事实背后的主要意思，避免造成误解。

（2）要注意反馈。倾听别人的谈话要注意信息反馈，及时查证自己是否了解对方。你不妨这样："不知我是否了解了你的话，你的意思是……"一旦确定了你对他的了解，就要进入积极实际的帮助和建议性的谈话。

（3）要体察对方的感觉。一个人感觉到的往往比他的思想更能引导他的行为，愈不注意人感觉的真实面，就愈不会彼此沟通。体察感觉，就是将对方言语背后的情感复述出来，表示接受并了解他的感觉，有时会产生相当好的效果。

（4）要关怀、了解、接受对方，鼓励他或帮助他寻求解决问题的途径。

第二节　交谈技巧与艺术

交谈是一门艺术，而且是一门古老的艺术。"一人之辩重于九鼎之宝，三寸之舌强于百万之师。"在人类发展史上，交谈作为一种社会现象，是和人类劳动、生活、交际活动一起发展起来的。交谈的艺术性体现在：尽管人人都会，然而效果却大不一样。所谓"酒逢知己千杯少，话不投机半句多"，正说明了交谈的优劣直接决定着交谈的效果。与人进行一次成功的谈话，不仅能获得知识、信息的收益，而且感情上也会得到很多补偿，会感到是一种莫大的享受；而参与一场枯燥无味、死气沉沉的交谈，除了是时间上的浪费之外，还会有一种受折磨的感觉。

一、交谈前的准备

成功的交谈离不开充足的准备，首先是了解交谈礼仪规范；其次是有谈话目的，要围绕一定的主题开展谈话；最后还要清楚有关禁忌。

1. 了解交谈礼仪规范

交谈礼仪是人们用于交流思想和表达情感最直接、最快捷的途径和人际往来中最迅速、最直接的沟通方式的一种行为规范。

在人际交往中，因为不注意交谈礼仪规范，或用错了一个词，或多说了一句话，或不注意词语的色彩，或选错话题等，都会导致交往的失败，甚至会影响人际关系。

美国哈佛大学校长伊立特曾这样说过："造就一个有修养的人的教育中，有一种训练必不可少，那就是优美高雅的谈吐。"因此，在交谈中只有遵从一定的交谈礼仪规范，才能达到双方交流信息、沟通思想的目的。

2. 交谈主题

（1）约定的主题，如交谈双方约定的主题。

（2）轻松的主题，如风土人情、旅游观光、文艺演出、流行时尚。

（3）擅长的主题，说一些和对方职业相关的话题。

（4）高雅的主题，如文学、艺术、哲学。

注意：对于不懂或者模棱两可的东西，千万不要不懂装懂，闹出笑话。

3. 不宜交谈的内容

（1）涉及个人隐私的内容。特别是双方初交，如果不是对方主动提出来，就不要谈论。

（2）带有错误倾向的内容。当前社会认为倾向错误的主题，如违背社会伦理道德、生活堕落、政治错误的主题，要避免谈及。

（3）令人反感的内容。如不小心谈到一些让对方伤感、不快的话题，要立即将其转移，必要时向对方道歉。

二、交谈的技巧

交谈，指以语言方式来交流各自的思想状态，是表达思想及情感的重要工具，是人际交往的主要手段。交谈还是人们学习知识、增长才干的重要途径。善于同有思想、有修养的人交谈，就能学到很多有用的知识，"与君一席谈，胜读十年书"就是对交谈意义深刻的总结。英国文豪萧伯纳曾经说过："你我是朋友，各拿一个苹果，彼此交换，交换后仍各有一个苹果；倘若你有一种思想，我也有一种思想，而朋友相互交流思想，那么，我们每个人就有两种思想了。"可见，广泛地交谈可以交流信息、深化思想、增强认识能力和处理问题、解决问题的能力。因此，掌握交谈的礼仪要求、提高交谈的语言艺术，对于提高工作水平和工作效率，具有极其重要的作用。

1. 言之有序

言之有序，就是根据讲话的主题和中心设计讲话的次序，安排讲话的层次，即交谈要有逻辑性、科学性。“使众理虽繁，而无倒置之乖；群言虽多，而无棼丝之乱。”（刘勰《文心雕龙》）有些人讲话，一段话没有中心，语言支离破碎，想到哪儿就说到哪儿，东一榔头西一棒槌，给人的感觉是杂乱无章，言不及义，不知所云。所以，交谈时，先讲什么，后讲什么，思路要清晰，内容要有条理，布局要合理。

2. 言之有物

交谈的双方都想通过交谈获得知识、拓宽视野、增长见识、提高水平。因此，交谈要有观点、有内容、有内涵、有思想，而空洞无物、废话连篇的交谈是不会受人欢迎的。没有材料做根据，没有事实做依凭，再动听的语言也是苍白的、乏味的。我们在交谈时，要明确地把话说出来，将所要传递的信息准确地输送到对方的大脑里，正确反映客观事物，恰当地揭示客观事理，贴切地表达思想感情。

3. 言之有礼

交谈时要讲究礼节礼貌，主要是指真诚和相互尊重。知礼会为你的交谈创造一个和谐、愉快的环境。讲话者态度要谦逊，语气要友好，内容要适宜，语言要文明；听话者要认真倾听，不要做其他事情。这样就会形成一个信任、亲切、友善的交谈气氛，为交谈获得成功奠定基础。

交谈中要真诚是人际交往的基本原则。真诚是做人的美德，也是交谈的原则。交谈双方态度要认真、诚恳，有了直率诚笃，才能有融洽的交谈环境，才能奠定交谈成功的基础。要认真对待交谈的主题，坦诚相见，直抒胸臆，不躲不藏，明明白白地表达各自的观点和看法。“出自肺腑的语言才能触动别人的心弦”，真心实意地交流是自信的结果，是信任人的表现，只有用自己的真情激起对方感情的共鸣，交谈才能取得满意的效果。

交谈中相互尊重也是非常重要的。交谈是双方思想、感情的交流，是双向活动。要取得满意的交谈效果，就必须顾及对方的心理需求。交谈中，来自对方的尊重是任何人都希望得到的。交谈双方无论地位高低，年纪大小，或长辈晚辈，在人格上都是平等的。切不可盛气凌人、自以为是、唯我独尊。

所以，谈话时，要把对方作为平等的交流对象，在心理上、用词上、语调上，体现出对对方的尊重。尽量使用礼貌语，谈到自己时要谦虚，谈到对方时要尊重。恰当地运用敬语和自谦语，可以显示个人的修养、风度和礼貌，有助于交谈的成功。

交谈中要切记：

（1）不要使用难懂的词、已废弃的词句或专业词汇。这些词汇不会给别人留下好的印象，只会使别人感到讨厌。

（2）不要做些令人讨厌的举动。如在谈话时从不看对方眼睛，而是看你身后或你周围是否还有其他更重要的、更值得与其交谈的人物，或是盯着人家的服饰漫不经心地说话。

（3）不要用比你年轻得多的人常用的俚语，不要夹杂着外语。

（4）一个话题不要谈得太久，话题像房间一样，需要经常通风。

（5）不要刚走到某人面前就嘲笑他，如“我敢打赌，你忘了我叫什么名字了”。

（6）还要在交谈中善于觉察，如果对方急促不安，也许另外有事，只是出于礼貌没打断你的话，那么就应立即停止自己的话。

三、交谈的障碍及其克服

交谈是人际关系中最重要的内容。一个想法、一个信息，在传递、解释、理解中，往往通过你自己的习惯方式表现出来，而如何让对方与你互相接受，真实反映各自的感受，达到妥协或一致的目的，就是沟通的艺术。

为了提升我们个人的竞争力，获得成功，就必须不断地运用有效的交谈方式和技巧，随时有效地与人接触沟通，只有这样，才有可能使你事业成功。但在日常的交谈行为中，常常因为一些“意外”而使沟通无法实现，更要命的是甚至会出现相反的效果。这些情况都表明，交谈出现了障碍，有一些因素影响了信息的有效传递。

1. 实现有效交谈的主要障碍

（1）语言表达、交流和理解造成交谈的障碍。同样的词汇对不同的人来说含义是不一样的。在一个组织中，员工常常来自不同的背景，有着不同的说话方式和风格，对同样的事物有着不一样的理解，这些都造成了交谈的障碍。

（2）个人的个性特征差异引起交谈的障碍。在组织内部的信息沟通中，个人的性格、气质、态度、情绪、兴趣等差别，都可能引起信息交谈的障碍。

（3）人们对人对事的态度、观点和信念不同造成交谈的障碍。知觉选择的偏差是指人们有选择地接受，例如，人们在接收信息时，符合自己利益需要又与自己切身利益有关的内容很容易接受，而对自己不利或可能损害自己利益的则不容易接受。

（4）交谈的准确性、交谈双方的相似性与有效交谈有着直接的关系。交谈双方的诚意和相互信任至关重要，在组织交谈中，当面对来源不同的同一信息时，员工最可能相信他们认为最值得信任的那个来源的信息。上下级之间的猜疑只会增加抵触情绪，减少坦率交谈的机会，也就不可能进行有效的交谈。

2. 如何克服交谈的障碍

（1）承认真实的自我，并将它展示在众人面前，即老老实实地承认自己反映在别人心目中的形象。心理学研究认为，人们并不喜欢一个各方面都十分完美的人，而恰恰是一个各方面都表现优秀却又有一些小小缺点的人最受欢迎。所以你不用太在意自己的缺点，对这点要有足够的信心。

（2）争取多沟通多交流。不要因为大家有些误解而避免交流和沟通，而应主动与大家沟通，参与大家的讨论与活动。只有这样才能更好地了解自己和他人，消除彼此之间的误会，加强相互的理解和信任。

（3）要抽时间多参与集体活动。这样既可以培养自己多方面的兴趣爱好，以爱好结交朋友，也可以互相交流信息、切磋思想和体会，达到广泛交往与融洽人际关系的目的。

（4）要掌握沟通的技巧。与人沟通时，要注意倾听，倾听的时候，要面带微笑，最好别做其他的事情，并给予表情、手势、点头等方面适当的反馈，特别是当对方有怨气和不满需要发泄时的倾听，更能显示一个人的素质和修养水平。在表达自己的思想时，要讲究含蓄、幽默、简洁、生动。给他人提意见、指出错误时，要注意场合，措辞要平和，以免伤及他人自尊心。与他人谈话时，要有自我感情的投人，这样才会以情动人。

（5）要时时处处站在他人的角度来考虑问题。要经常与别人合作，在取得成绩之后，要与他人共同分享；给他人提供机会，帮助其实现生活目标；当他人遭遇困难、挫折时，伸出援助之手，给予帮助。

（6）多吸收别人的优点，对他人的缺点应多加理解和包容。平时对一些生活中出现的鸡毛蒜皮的纠纷，不要耿耿于怀，该忘的忘，该原谅的原谅，该和解的和解，不要太放在心上。所谓“大事聪明，小事糊涂”，要把有限的精力用在做主要的事情上。

（7）要胸襟豁达，乐于接受他人及自己。当别人取得成绩时，要不失时机地给予赞扬和祝贺。这种赞美的话语会给被赞扬者带来快乐，引起积极的情绪反应。情绪具有传染性，会传染给周围的人，给周围所有人带来快乐。快乐会消融人际关系的僵局，使人际关系变得融洽。

总之，交谈是建立良好人际关系的重要途径，是连接人与人之间思想感情的桥梁，是增进友谊、加强团结的一种动力。“良言一句三冬暖，恶语伤人六月寒”，说明交谈在交往中的作用是举足轻重的。一个人善于交谈就能广交朋友，给人带来友爱，为社会增添和谐，就能享受到社会特有的友情与温暖。在现实生活中，我们经常看到不少人因话语不得体，伤害了亲友，得罪了同学、同事，甚至有些人因言语失误结怨结仇，操刀动斧，酿成生活悲剧。所以，我们要克服交谈的障碍，学会如何与他人正确地交谈。

四、电话交谈技巧

1. 电话交谈的重要作用

现代社会，各种高科技的手段拉近了人与人之间的距离，即使远隔天涯，也可以通过现代通信技术近若比邻。事实上，我们在日常的沟通活动中，借用的最多的工具就是电话。电话使人们的联系更为方便快捷，但与此同时，电话沟通也有其自身的缺陷。一个人接听、拨打电话的沟通技巧是否高明，常常会影响到他是否能顺利达成本次沟通的目标。因此，应该多动脑筋，让对方从声音中感受到你的热情友好。要想给对方留下诚实可信的良好印象，学习和掌握基本的电话交谈技巧是很有必要的，同样也是为了避免人为阻碍，使双方的信息传递更为顺畅。

在信息经济社会仍有太多的人不知道如何有效地使用电话，不知道如何控制电话时间，不知道如何利用电话树立良好的形象，不知道如何正确且完整高效地传递信息，不知道如何在使用电话的时候不去侵害他人的权益，不知道……

电话是公共关系的重要工具，电话也是个人公共关系的工具，电话更是现代人最常用的通信工具。由于通话的双方不见面，全靠声音来沟通，所以怎样使用电话就很重要了。如果做得不好，别人会因为你不懂电话礼仪而不愿意同你往来。电话是个人留给别人的公关形象媒介，关系到别人是否愿意和你交朋友，别人是否愿意和你做生意。

2. 影响电话交谈的主要因素

心理学家指出，通过电话与人交谈时，声音的质量在第一印象中占 70%，话语只占 30%。电话另一端的人对你的看法不仅仅取决于你说话的内容，还取决于你的表达方式，以及你说话的语气和语调。面对面交流时，大家都可以彼此看到对方的表情和身体语言等，但在电话里却无法感受到这一切，只有通过电话里的声音和交谈的过程去体验对方的反应。影响电话交谈质量的因素主要有：说话速度的快慢、说话语调的高低、通话时的措辞、双方所处的环境、双方表现出来的态度。

（1）说话速度的快慢。说话速度太快，体现出说话的人是个急性子，希望把事情马上说完。急促，让人感觉你很忙，没有时间或没有耐心。而说话速度太慢，则容易让人感到你在打官腔，办事拖拉等。这一切都无助于双方的沟通。最好在和对方通电话后，判断其语速，调整自己的语速。采取相似的语速容易引起共鸣，给对方留下好感。

（2）说话语调的高低。打电话时的语调要高低适中，不可声音响得震耳欲聋，也不要太低，以至于对方听不清楚。声音的成熟度反映出说话者的某些情况。音量大的人往往精力较充沛，中气足，性格强硬，不容易退让；而那些轻声细语的，则较为温和、中庸。所以我们在打电话时，首先要清一下喉咙，最好先吸一口气，然后以适当的声音开始说话。

（3）通话时的措辞。注意在电话中使用的词语，不要产生歧义，以免引起不必要的误会。如平时我们常会听见人们在电话里说："有什么事吗？"这句话在很多时候给别人的感觉就是：我没有事干吗打电话？真是废话。或者认为：你是否在催着我快快结束电话，我的电话不受你欢迎，你显得不耐烦。还有如"你是谁？"这句话也容易引起别人的不快。你问我是谁，那你是谁？你是哪一位？你有什么资格审问我？

（4）双方所处的环境。你或对方在通电话时的周边环境也会影响交谈的质量，嘈杂的环境会影响声音的清晰度，从而影响对通话内容的理解。如你旁边的同事讲话比你的电话声还大，对方不知应听你的讲话，还是听你同事的讲话。此外，嘈杂的环境还容易产生意思上的歧义。

（5）双方表现出来的态度。我们接听电话时是否具备服务的态度是马上就能测试出来的。也许对方并非找你或所问的问题并非你个人能解决，但此时你是拒绝，还是设法帮助对方，这些在电话中都会暴露无遗。

3. 正确地接听电话

我们应该如何正确地接听电话？如何更好地进行电话交谈？

电话铃响后，应尽快接听，而不要故意延误。提起听筒以后，不要和周围人闲谈，把来电者晾在一边。还应该做到以下方面：

（1）准备笔和纸。很多人接听电话没有准备笔和纸的习惯，认为事情可以在电话中马上解决，而不必要用笔和纸。但作为接听电话者，其宗旨就应该是宁愿麻烦自己也不能浪费对方的时间，在任何时候都应该尽力做到准确迅速地了解对方的需要，而不是让对方等待。因此，为了做到这一点，我们应该做的准备是在电话旁随身携带笔和纸，将此作为一种习惯。否则不仅失礼，还会给对方留下不好的印象。

（2）把握适当的节奏。人类的耳朵对声音是非常敏感的，在电话中需要10到30秒钟来适应声音，因此接听电话时须给来电者一定时间去适应我们的声音。如在说完“你好”后，给对方一点调整的时间，以便对方能接收我们提供的信息，而不仅仅是听到我们提供的信息。同时给来电方一点调整的时间是良好礼仪的表现，能产生较好的通话效果。

（3）讲究电话礼仪。在日常生活当中，我们朋友相互见面的礼仪大多是握手，表示非常高兴见到对方。在电话中也应表现出这样的风度：非常高兴听到您的电话。那么怎样才能达到这样的效果？

① 接起电话时，假设来电者就在你的面前，在表达问候、报单位名称及姓名时，应一气呵成。

② 稍为停顿，也就是给对方一点调整的时间，这相当于握手时摇几摇，没有说话，让对方感受这种“握手”的氛围。

③ 进入电话交谈的主题后，灵活运用倾听、交谈的技巧。

④ 电话交谈结束，通常由打电话过来的一方提出挂电话，同时说“谢谢”和“再见”等礼貌用语。

第六章　团队沟通技巧

【开篇案例】

蚂蚁驻地遭到蟒蛇的攻击。蚁王在卫士的保护下来到宫殿外，只见一条巨蟒盘在峭壁上，正用尾巴用力地拍打峭壁上的蚂蚁，躲闪不及的蚂蚁无一例外丢掉了性命。

正当蚁王无计可施时，军师把在外劳作的数亿只蚂蚁召集起来，指挥蚂蚁爬上周围的大树，让成团成团的蚂蚁从树上倾斜下来，砸在巨蟒身上。转眼之间，巨蟒被蚂蚁裹住，变成了一条黑莽。它不停地摆动身子，试图逃跑，但很快动作就缓慢了下来。因为数亿只蚂蚁在撕咬它，使它浑身鲜血淋漓，它最终因失血过多而死亡。

一条巨蟒，足够全国蚂蚁一年的口粮了，这次战争虽然牺牲了两三千只蚂蚁，但收获也不小。蚁王命令把巨蟒扛回宫殿。在军师的指挥下，近亿只蚂蚁一齐来扛巨蟒。它们把巨蟒扛起来了，并且每一只蚂蚁都很卖力，但巨蟒没有前移。因为虽然有近亿只蚂蚁在用力，但它们行动不协调，有的向左走，有的向右走，有的向前走，有的向后走。结果，表面上看到巨蟒的身体在挪动，实际上是原地摆动。于是军师爬上大树，告诉扛巨蟒的蚂蚁：大家记住，我们的目标是一致的，那就是把巨蟒扛回家。统一了大家的目标，军师又找来嗓门最高的一百只蚂蚁当指挥，让它们站成一条直线，其余蚂蚁也站在一条直线上。然后，指挥者们让最前面的蚂蚁起步，并喊着口号，后面的依次跟上。蚂蚁们迈着整齐的步伐前进，很快将巨蟒扛回了家。

【案例分析】

小蚂蚁能够打败巨蟒并将其扛回家，发挥的就是团队的力量。根据管理学中的系统原理，由个体成员构成的团队围绕既定的目标，能够创造远远超出个体力量之和的力量，即 1+1>2。然而，如何将不同的个体整合成能发挥最佳战斗力的团队？我们所依赖的就是沟通，即团队内部与外部的沟通、团队个体成员与领导的沟通、团队个体成员之间的沟通。

第一节　团队沟通概述

一、团队概述

团队是由成员和领导者组成的一个共同体，该共同体合理利用每一个成员的知识和技能协同工作，解决问题，实现共同目标。

团队的发展阶段：成立期（依赖团队，矛盾少，技能低，期望值高，工作热情高，工作态度好但业绩较差，领导强势）→动荡期（冲突团队，矛盾多，技能相对提高，工作意愿大幅降低，跳槽率高，教练式领导）→稳定期（融合团队，技能大幅提高，工作意愿不稳定，顾问式领导）→高效期（高效团队）。

团队精神：具有明确的目标和良好的团队规则，营造很强的团队凝聚力。

两个需注意的问题：随时积累人脉关系，充分整合资源。

二、团队合作和团队沟通

（一）团队合作的基本认识

团队合作是一种为了达到既定目标所显现出来的自愿合作和协同努力的精神。

1. 团队合作的发展阶段

托马斯—基尔曼模型展现了合作的几个发展阶段。值得注意的是，托马斯—基尔曼模型的前提是人际的两种行为方式，即人的合作性行为和武断性行为。由于人际行为的不同，要让人与人之间达成真正的合作关系需要一定阶段和磨合，需要经历竞争、回避、迁就、妥协和合作五个阶段。竞争阶段，团队各方都采取高度武断行为，互相敌视，暗自较劲，希望展现自己最好的一面。回避阶段，各方有合作意愿，但谁都没有跨出第一步去争取合作的意愿。迁就阶段，一方高度合作，愿意牺牲自己的部分利益，以协调全局，但另外一方却只考虑自身利益。妥协阶段，冲突双方存在部分合作，双方在要求和利益上都有所让步，但同时又坚持一部分要求和利益。真正的合作阶段，冲突双方高度合作，并且高度武断，即团队成员考虑和维护自己及对方的要求和利益，他们会积极展现并贡献自己的智慧，也会用自己的才智与资源来帮助队友完成预定的目标，使团队的总体水平提升。

2. 团队合作动力来源

企业以追求利润最大化为目标，它的实质就决定了企业内部人的存在与合作肯定也有追求利益的目的和需求。

从博弈论的角度可以解释，为什么团队的成员有时候愿意牺牲自己的利益来帮助其他成员，最终形成有效合作的良性循环。在囚徒困境中，一次博弈的唯一均衡是不合作（即坦白）。在一次博弈中，双方没有再次的利益相关关系，所以双方都会选择背叛。重复博弈理论的最大贡献是对人们之间的合作行为提供了理性解释，如果博弈无限重复，合作就可能出现。因为如果是无限或者多次的重复博弈中，一旦有人先牺牲自己的利益以显示合作的诚意后，另一方在下一次会因为感激或者追求合作时的更大利益而选择合作。

从微观经济学的角度看，人们之间的合作行为也是可以预计的，格里高利·曼昆认为理性人更多地会考虑边际变动。理性人都知道，生活中的选择很少是黑与白的选择，而往往是介于其间。当考试临近时，你的决策不是放弃考试和一天学习 24 小时之间的选择，你考虑的是是否多花一个小时复习功课而不是看电视或睡觉。

同样的道理，在实际工作中，某些类型的工作靠自己一己之力是很难完成的，你的选择也不可能完全放弃或一个人拼死去完成，而是怎样在团队合作中付出一分努力。“合作”意味着“双赢”，进行合作不是简单的“1+1=2”，合作使竞争力发生了聚合，达到了“1+1>2”的效果。

从竞争动态的战略管理角度看，企业集团内部成员之间的独立合作关系可被称为“半结合”，基于半结合关系形成的战略则为半结合战略。拜德勒克认为，半结合战略有利于可交流知识的流动，从而创造效益。从某种程度说，合作也是竞争的结果。

3. 影响团队合作的因素

（1）决策者的影响。人都是经济的，面对激励都会做出一定反应。经济学家佩兹曼对于汽车安全的分析有一项经典研究，其说明了美国汽车安全法的实际效果是减少了每次车祸死亡的人数，但增加了车祸的次数。因为决策或制度可能改变员工面临的成本和利益，所以管理者在分析每种决策时，不仅要考虑它的直接影响，还要考虑通过激励产生的不太明显的间接的影响。如果政策改变了激励，员工便会改变自己的行为。正如声誉既可能诱导出合作行为，也可能引发机会主义行为，群体的演化在这两种动机的作用下会引发合作的危机。

（2）利益群体的动态合作竞争。在合作过程中，利益群体对关联目标的识别和集成有助于各利益主体价值的定位，并利用他们目标的正相关性来提高公共利益，同时也增加各利益主体的利益；明确的集成目标也能使各利益主体的合作效率提高，合作关系加强，并能修正他们的态度。合作不是基于利他，而是利益主体认识到如果他们有确定相关的目标，自利需要伙伴；合作性的工作能把自利整合成为实现相关目标的联盟，而竞争性工作能把自利演变成一场为了一争输赢的斗争。

（3）利益改变合作意愿。合作是现实各个方面、各个领域存在的主流现象，为实现某些共同的目标，一些成员集结成群，有效地将资源（人、物或理念）投入并组合。但该群体成员在一次合作之后，由于在一定规则下各成员的实际分配收益与该成员进入群体前的先验基准收益存在偏差，就导致有些成员行为发生改变。实际收益低于基准的成员就会降低自己的合作意愿而部分地选择非合作战略，这就势必减少了群体收益，减弱群体的竞争力及决策效能。

不难推测，如果团队合作是出于团队成员的自觉自愿，它必将会产生一股强大而且持久的力量。

4. 团队合作的基本要求

（1）对团队目标有清晰理解。

（2）对每位成员的角色和职责有明确期望。

（3）目标导向。

（4）高度的合作互助。

（5）高度信任。

5. 团队合作与建设

团队的管理很大程度上需要管理者维护好团队成员的合作关系，即团队建设。企业团队建设成功与否，决定企业的经营目标是否能实现，企业有无核心竞争力，企业的知识能不能共享，企业有没有共同的奋斗目标，因此，团队建设越来越重要。加强团队合作与建设，需要从以下方面入手：

（1）优秀的组织领导。所谓“小胜靠智，大胜靠德”，一个好的团队离不开好的领导。一个让团队成员们信服的团队领头人必须具备高素养、强能力和好品德，他做得更多的是领导而不是管理，如此才能提高团队成员合作的意愿程度，让他们紧密团结在一起。

（2）共同的事业愿景和目标。组织存在并让人认可的价值和意义赋予了团队生命力，因此要制定团队组织经营的目标，明确具体的工作质量、范围、工期、成本等目标约束；还要明确各团队成员的角色和责任分工，充分发挥团队成员各自的作用，增强竞争聚合力，从而加强团队的合作。

（3）做同伴而不是同伙。团队内部的制度上或管理决策上往往存在偏差，很难得到全体成员一致的同意。这种情况下可以提出建议，但不能固执理论或者拉帮结派敷衍工作，不然，这些影响执行力的做法会严重降低工作效率。作为同伴，要互相学习，共同进步。在某些问题上要帮教而不是帮做，要有乐于分享经验的心胸，在团队工作中必须要自我调整，协调好工作中竞争与合作的利益天平。

（4）合理的考核与奖惩。薪酬考核体系要合理而有挑战性，才能稳定团队利益群体动态合作竞争的状态。此外，团队的利益分配的度是激励制度的关键所在。惩罚制度则要增加影响团队合作与利益的机会成本，以减少非合作的战略行为。

（二）团队沟通的基本认识

所谓团队沟通，是指按照一定的目的，由两个或两个以上成员组成的团队中发生的所有形式的沟通。团队成员之间和谐的关系有利于团队任务的完成，而他们之间的沟通则有利于关系的建立和维持。

1. 团队沟通的构成要素

（1）团队成员的角色分担。每个团队都是由若干个成员组成，这些成员在团队成立之后到团队解体之前都扮演着不同的角色。我们按照团队成员扮演的角色是否能对团队工作起到积极的作用，将角色分成两大类：积极角色和消极角色。

第一，积极的角色：

领导者——能确定团队目标任务并激励下属完成任务的成员；能为团队工作设想出最初的方案的成员。其行为包括明确问题，为解决问题提出新思想、新建议。

信息搜寻者——能为团队工作不断澄清事实、证据，提供相关信息的成员。

协调员——能协调团队活动、整合团队成员不同思想或建议并能减轻工作压力、解决团队内分歧的成员。

评估者——分析方案、计划的成员。

激励者——起到保持团队凝聚力作用的成员。

追随者——按计划实施的成员。

旁观者——能以局外人的眼光评判团队工作并给出建设性意见的成员。

第二，消极的角色：

绊脚石——固执己见、办事消极的成员。

自我标榜者——总想通过自吹自擂、夸大其词寻求他人认可的成员。

支配者——试图操纵团队，干扰他人工作以便提高自己地位的成员。

逃避者——总是跟他人保持距离，对工作消极应付的成员。

团队中一个成员可能扮演好几个角色，也有可能几个成员扮演同一个角色。另外，各成员所扮演的角色不是一成不变的。

（2）团队内成文或默认的规范、惯例。规范是指团队成员所共同遵守的一套行为标准，其可以以明文规定的方式存在。

（3）团队领导者的个人风格。领导者角色在团队中的作用举足轻重。领导者个人的性格特征、管理风格同团队沟通是否有效密切相关。

2. 团队沟通的类型

（1）语言沟通。团队成员必须进行对话，即成员们必须交换和适应相互的思维模式，直到每个人都能对所讨论的意见有一个共同的认识。语言沟通应注意以下几点：

第一，坦诚。坦诚指的是开放性的沟通，要了解自己，关注他人，关注你的需求或明确要他人知道的事情。坦诚的陈述通常很直接，同时又谦恭有礼，顾及他人的感情，而不是攻击他人。坦诚是为你自己的沟通负责，不让别的什么人来操纵你的反应。

第二，负责的语言。如果每个人都能对团队共同的感受和想法负责，一切都会容易得多，因为负责的语言为他人改变其观点或想法留下余地。

第三，肯定。当别人通过承认你的想法和感受，真正倾听你并做出回应时，你会有被认可的感觉。而当你被肯定时，就容易坦诚，容易出效率，也容易对团队做出贡献。

第四，恰当。恰当是指使用适合团队成员、你自己以及团队情况的语言。选择恰当的语言取决于你是否对他人敏感，以及你如何判断你想要达到的目的。恰当包括你能考虑到的知识层次、背景和感受。

（2）非语言沟通。所谓非语言沟通，是指人们从语言中包含的指示或语言之外的提示中解析出的含义。这种沟通非常复杂，要解析其中的含义有时会非常困难。非语言沟通往往有以下表现：

第一，运用肢体语言，促使团队成员参与沟通。沟通中你保持目光接触和用让他人感到舒服的姿势，为他人着想，面向说话人，往前靠，通过这样的方式对成员表示你的反应。

第二，表现出强烈的自信心，使同伴倾听于你。当你沟通时，需要你的脸、身体、声音、演讲能力的全力支持，使你传递的信息有趣、可信。

3. 团队有效沟通的条件

（1）倾听和提问。语言沟通和非语言沟通在传递信息的同时，通过倾听和提问提供一些必要的及时的反馈，使人理解别人传达的信息。倾听和提问可以为个人及团队进行成功的沟通引发对话，创造氛围，并互相合作。毫无疑问，团队成员的倾听和提问能力是保持团队有效沟通和旺盛生命力的必要条件。

（2）构建团队规范。有效的倾听在团队中特别难以实现。在一对一的对话中，你可能有一半的时间在倾听，而在团队中，你倾听的时间可能会达到65%~90%。如此多的人在交流，倾听就会变得较为困难，而让别人倾听却较为容易，因此，团队沟通需要形成一些清楚的沟通惯例，以便让团队成员在交流时遵循。这些惯例包括轮流发言、倾听、提一些问题来帮助他人理清想法和信息、以支持的立场提问题。遵循这些惯例，你就可以创造一个有益的沟通氛围。

（3）排除障碍。许多因素会妨碍有效的沟通和提问。要求你做一个听众，这本身就是一个难题。信息超载和需要理清多个头绪会妨碍你整理、加工和保留你所听的内容；焦虑或者为某事、某个信息或生活中的其他事情担忧也会影响你倾听；积极做出反应的倾听和提问需要开动脑筋，还要动用体力。

4. 团队沟通中的冲突管理

冲突是指两个（含）以上相关联的主体因互动行为所导致的不和谐的状态。冲突常会使人们惊慌失措，其发生是难以避免的，并且具有周期性。冲突的性质可能会随着团队向目标的迈进而有所变化。好的领导常常使冲突明朗化，这样做不是为了让人们进行正面交锋，而是弄清冲突双方不同的观点和方法，以及其想法、信息和价值观是如何产生冲突的，进而处理冲突。

（1）产生冲突的原因。冲突的起因可能很简单，也可能很复杂。冲突之所以发生，可能是因为利害关系人对若干议题的认知、看法不同，需要、利益不同，或是基本道德观、宗教信仰不同，等等。

（2）冲突的分类。当两人或更多的人发现他们个人目标互为排斥，也就是说，如果他们发现个人目标会妨碍另外一个人实现其目标时，冲突就出现了。分歧可能会通过互相协商来解决，但也可能演变成一场毫无意义的冲突。因此，我们可以把冲突分为两类：有成效的冲突和失去功用的冲突。有成效的冲突有其典型特点，往往是积极的、非个人化的、实质性的、合作的；而失去功用的冲突则为消极的、个人化的、有影响的、竞争的。

（3）化解冲突的方法——直接处理法。直接处理法强调问题解决要通过面对面的交流，鼓励团队成员不通过管理部门而直接解决他们的问题。这样可以避免纠纷，节省时间和精力，并最大可能地减少对问题的曲解。直接处理法主要遵循以下步骤：

第一，告诉你的同事，你对他（或她）所做的事有些疑问，暗示这一问题可能是误解并表示你听他（或她）的解释。要认真听，不要做出任何争论。

第二，计划与团队伙伴开会详细讨论该问题，采用直接处理法的指导方针。

第三，面对你的团队伙伴，假设他（或她）在处理这一问题时会需要哪些帮助。

第四，将这一问题提到整个团队面前，向所有的团队成员征询意见。

直接处理法授予团队成员一定的权利，他们通过个人承担责任、个人成长以及有关决策工具来做出许多有价值的决定。

（4）减少冲突。直接处理法是化解冲突的一个非常好的方法，但一般来说，冲突本身表明了组织内部的机能失调，会造成消极影响，应尽量减少或避免冲突。团队成员应该了解冲突产生的原因并知道他们的行为是会减缓还是会加剧冲突。这就要求团队成员在处理问题时做到以下几点：

第一，为他人和团队着想。考虑他人倾向，考虑为每个人带来双赢的结果，坚持互利互惠。

第二，公平和平等。如果团队成员在为平等、正义和公正而努力，他们会感觉良好，知道一套职业道德在起着约束作用，而且能够彼此很好地相互适应。

第三，好情绪。好情绪是一种态度，是指乐意使他人感到轻松。好情绪可以影响他人，使其仁慈慷慨，助人为乐；可以增加亲和力；可以减少故意和挑衅性；还能有助于产生创造性的解决方法。

第四，幽默感。它与好情绪有关，但两者不同。幽默感是一种在具体情况下发现幽默的能力，一种欣赏反话的能力，以及适当地以轻松的方式缓解压力的能力。需要指出的是，开玩笑也会被用来掩盖人们的挑衅性，或避免冲突。在这种情况下，就需要有人找出问题并使团队将注意力集中到处理问题上。

第二节　团队沟通的技巧

一、团队领导的沟通技巧

（一）必要的沟通技巧

现代的领导者，要激发下属的工作热情，并使管理卓有成效，唯有沟通，别无他途。为使与下属的沟通达到预期目的，领导者需要掌握一些沟通艺术。

（1）目的明确，思路清晰。重要的沟通最好事先征求他人的意见，每次沟通解决什么问题，达到什么目的，不仅沟通者清楚，还要尽量使被沟通者也清楚。

（2）以诚相待，相互尊重。领导者在沟通中必须把自己放在与下属同等的位置上，“开诚布公”“推心置腹”“设身处地”，始终保持一种平等的心态，更多地强调下属的重要性。下属感到自己受到尊重，会激发出与组织同甘苦的工作热情。

（3）把握时机，因势利导。影响沟通的环境因素很多，如组织氛围、沟通双方的关系、社会风气等。在不同情况下要采取不同的沟通方式，要抓住最有利的沟通时机。时机不成熟不要仓促行事，贻误时机则会使某些信息失去意义。

（4）用心倾听，积极聆听。沟通要讲究“听”的艺术。领导者在与下属沟通时，应该主动听取意见，善于聆听。只有善于听取信息才能成为有洞察力的领导者。倾听是取得成功的第一步，有智慧的人都是先听再说。

（5）用好体态语言。在沟通过程中，领导者除了用语言技巧之外，还要善于运用体态语言。一般应注意的是：一是目光接触。诚恳而沉稳地看着对方。二是姿势与动作。保持良好的坐姿，手放置椅背上，不要随意滑动。站立时要昂然站立，放松自己。切记不要双臂环抱、两手交叉，这些都是封闭和防御的肢体语言。三是脸部表情。谈话时要轻松自然，记得要微笑。微笑表示友善礼貌，皱眉表示怀疑和不满意。四是声音与语气。将你的声音当成工具。带着精力与热忱，设法让语调、节奏和声音的大小有所变化。为吸引注意力，要使用合适与清楚的语言，间或有停顿，抑扬顿挫表明热情，突然停顿是为了造成悬念。

（6）畅通渠道，完善机制。要摒弃那种只是由组织领导层向下属发布命令，下属的反馈和意见却很少有人倾听的单向沟通模式，这样的沟通方式不仅无助于监督与管理，长此以往还会严重挫伤下属的积极性。

以上是团队领导与团队成员沟通时通常运用的方法与技巧。基于这些方法和技巧，下面着重介绍以心交心、善于倾听两种沟通技巧。

（二）以心交心

对领导者来说，愈能与别人合作无间，就愈能收到良好的效果。而如果没有良好的工作关系，整个组织就会出问题，成为一盘散沙，无法有效地协同作战。

在一个组织内部，要建立一种良好的人际关系，就需要领导者与部属之间以心交心，用“心”沟通。要与部属进行心贴心的沟通，领导者在沟通中必须把自己放在与部属同等的位置上平等对话。

实际生活中，影响对下沟通的主要因素就是领导没“心”，缺少热忱。一些领导者也注意跟同事及部属的沟通，但是没有用心，只是隔靴搔痒，沟通的效果也就大打折扣。有些领导者善于使用威逼利诱、软硬兼施，但威逼利诱只能使人屈从于现实利害关系；软硬兼施往往使人屈从就范，而非心悦诚服。现实生活中，阳奉阴违就是常见的情形。虚情假意总是会被人一眼看透的，人们能够认出伪君子，且不会信任他。领导者必须学会用“心”真诚对待他人，而不是为了获利去算计、操纵他人。上级对下沟通，关键是一个“心”字。应该做到：

（1）要有尊重的心。领导者应像尊重自己一样尊重部属，始终保持一种平等的心态，要将尊重贯穿在管理过程中。尊重体现了领导者的素养，也体现了组织的素养。

（2）要有合作的心。领导者与被领导者的利益矛盾是无法改变的，但是通过合作关系的确立，可以形成良好的工作氛围。

（3）要有服务的心。领导者是为部属提供服务的供应商，把部属当成自己的内部客户，只有让内部客户满意，才可以更好地服务外部客户。

（4）要有赏识的心。学会欣赏自己的部属是领导者的美德。当一个人被赏识的时候，他可以受到极大激励。

（5）要有分享的心。分享是最好的学习态度，也是最好的组织文化氛围。领导者与部属在工作当中，要不断地分享知识、分享经验、分享目标，分享一切值得分享的东西。

孙子强调"攻城为下，攻心为上"，孔明七擒七纵孟获，在于攻心——这都说明一个共同的道理，对部属要用心领导。首先，在部属困难时，要拔刀相助。有时一千句鼓励比不上困难时对他举手之劳的帮助。其次，要以诚相待，赞赏鼓励。对部属坦诚相待，才能换回部属的一片忠心；当部属取得成绩时，赞赏鼓励，使其感到自己的劳动并未白费。最后，对部属的生活要多加关心。上班时，自然公事公办，但聪明的领导会利用闲暇的时间来达到攻心的目的。

用心沟通的目的是增强下级对领导者的信任度。下级对领导者是否信任，信任程度如何，对于改善沟通有很重要的作用。一般来说，只有受到下级高度信任的领导者发出的信息，才可能完全为下级所接受。

（三）善于倾听

领导者与部属沟通是一个双向交流的过程。这个过程中，领导者肩负着说给部属听和听部属说双重责任。在实际工作中，许多领导者或者是重视了前者而忽视了后者，或者是善于自己说而不善于听部属说，在一定程度上影响了沟通的质量和效果。

倾听与听是有区别的，倾听虽然以听到声音为前提，但更重要的是我们对声音必须有所反应。倾听必须是人主动参与的过程，在这个过程中，人必须思考、接受、理解，并作出必要的反馈。

可见，在我们倾听时，不仅仅要接受、理解别人所说的话，而且同时也要接受、理解别人的手势、体态和面部表情。倾听就是通过视觉、听觉来接受、吸收和理解对方思想、信息和情感的过程。

松下电器创始人松下幸之助把自己的全部经营秘密归结为一句话：细心倾听他人的意见。由于他能充分认真听取各个层次的意见，所以处理问题时总是胸有成竹、当机立断，表现出敏锐的判断力。

那么，怎样才能实现倾听的最佳效果呢？

（1）神情专注，兴趣盎然。部属愿不愿意讲，敢不敢大胆讲，关键看领导者是否认真听。如果领导者在部属说话时表现出心不在焉的样子，或闭目后仰似听非听，或神情木然呆坐呆听，就会使部属觉得自己的话领导不感兴趣，从而感到沮丧，很容易伤害部属的自尊心。

（2）适时引导，呼应自如。领导者在与部属沟通时，要能够根据部属陈述的内容，采用恰当的方式表达出对他的理解、信任、支持以及不同的意见、见解等，以便形成一种交互对话的氛围，让部属感到像是在与老乡、朋友唠嗑那样轻松自如。

（3）耐心冷静，控制好不良情绪。部属在发言时，由于受自身的认知水平、性格、语言表达能力和心情好坏等因素的影响，说出的话有时难以得到领导者的认同，甚至会引起领导者的不悦和反感，这都是常有的。这种时候，高明的领导者一定会控制和调节好自己的情绪，使自己始终处于平心静气、和颜悦色的状态。

（4）诚恳实在，给部属以可信赖感。首先是说理要实在。领导者能否说服部属，关键要看其所说的话是否符合客观实际，是否能把话说到点子上。其次是反馈要实在。有能力解决的要当场拍板，尽快抓好落实，不能解决的要做好解释工作。最后是做人要实在。领导者要厚道一些、朴素一些，如果领导者小肚鸡肠，稍不如意就加以"颜色"，抓辫子整人，部属对你只会敬而远之、怕而躲之、恨而忍之，又怎能推心置腹地与你交谈呢？

二、团队成员的沟通技巧

与领导沟通的技巧：让领导有效（领导的决定不会错，服从总是没有错）；让领导轻松（了解领导的语言，领会领导的意图）；让领导放心（承上启下，不议论领导是非）；让领导知道（主动汇报工作进度）；让领导省事（同样的错误不犯三次）。

与同级沟通的要领：面子第一，道理第二；高调做事，低调做人；让于名利，无欲则刚；予人玫瑰，手留余香。

十种有利于沟通的行为：尊重自己、言行一致、态度积极、表现亲和、谈吐有节、处事周详、关怀他人、简洁干练、注意细节、"礼"字当先。

第七章　网络沟通技巧

【开篇案例】

网络带来了沟通模式的变革，全球性邮递快件及电子邮件比“鸡毛信”的速度不知提高了多少倍。网络拉近了人们之间的距离，真正实现了“天涯若比邻”童话般的预言。地球正在迅速地变成“地球村”，而村民们的交往模式和心态也已发生变化。

大众传媒的迅速发展把人类带入了“顺风耳”和“千里眼”的神话世界，在这里人们只要拥有一台多媒体计算机，就可以随时了解世界发生的事情并能及时进行沟通。

有这样一则故事：一天，美国微软公司总裁比尔·盖茨走进西雅图的一间餐馆，一个流浪汉伸手向他讨钱，盖茨随手给了他10美元，没想到流浪汉竟然将他的E-mail地址留给了盖茨。盖茨大吃一惊：“这是什么世界？流浪汉也有E-mail地址？”后来发现原来是收容所配给他的E-mail地址。

时代真的不同了，电脑改变了人们的沟通方式。过去，我们经常听到人们在告别时说：“记住给我写信。”后来又常听到：“再见，有事打电话。”而今天人们的告别语是：“记住给我发 E-mail，有话网上说。”可见，网络沟通已成为一种重要的沟通模式。

【案例分析】

在网上，人们可以用文字交流，也可以打电话，这叫网络电话。网络电话的费用要比线路电话低廉得多。视频通话也已广泛应用，它不仅让人听到声音，还可看到真人，给人以面对面沟通的感受。

第一节　大学生网络沟通的特点

一、互联网概述

互联网代表一种新的经济形态，社会各行各业都在充分发挥互联网在生产要素配置中的优化和集成作用，深度融合互联网的创新成果，提升实体经济的创新力和生产力，形成更广泛的以互联网为基础设施和实现工具的经济发展新形态。互联网行动计划将重点促进以云计算、物联网、大数据为代表的新一代信息技术与现代制造业、生产性服务业等的融合创新，发展壮大新兴业态，打造新的产业增长点，为大众创业、万众创新提供环境，为产业智能化提供支撑，增强新的经济发展动力，促进国民经济提质增效升级。

二、大学生网络沟通与交流特点

大学生是接受互联网最快、受其影响最深的特殊群体。随着互联网在高等学校的普及，尤其是它对大学生正反两方向影响的日益显现，大学生的网络行为逐步引起人们的广泛关注。根据行为科学的基本理论，行为是人与环境交互作用的产物。以数字化、信息化、交互性、虚拟性为特征的网络社会是一个与现实环境有着本质区别的虚拟社会。作为大学生与网络虚拟环境交互作用的产物，大学生网络行为除具有人类行为的共同特点之外，在行为的动机、目的、强度、监控等方面与大学生网下行为相比，由于环境的不同，具有显著的特征。准确、全面地把握大学生的网络行为特征，对有的放矢地开展大学生网络思想政治教育具有极其重要的作用。大学生网络行为特征归纳起来表现为“六弱六强”。

1. 约束力减弱，自由度增强

虚拟性是互联网的特征之一，它表明互联网的存在状态是无形的，它以知识、信息、声音、图像、文字等作为自己的形式，随着三维动画及虚拟现实技术的不断完善，在互联网世界创造了越来越多逼真的现实环境，形成了另一个时空概念。有句名言：“在互联网上没有人知道你是一条狗。”它形象地刻画出了互联网的虚拟性特征。

在虚拟的互联网世界，每个成员都是虚拟的一员，网民采用匿名方式，以面具化形式出现，可以从事各种虚拟行为，如网聊、网恋、网婚，甚至成为虚拟国家的公民。同时由于互联网的开放性、娱乐性等特性，网民在网上的行为常常不受限制，更加自由。现实社会对人类行为起规范、监督、控制作用的因素，如道德、法律、习俗、礼仪、舆论等，对大学生网络行为的约束力明显减弱。很难想象一个大学生可以跑到校长办公室把校长大骂一番，而在互联网上完全有可能出现。在现实环境中，大学生的行为不仅受到法律、道德、宗教、礼仪、习惯等形式多样的规范约束，还受到来自学校、家庭的监管，其网下行为的自由度明显弱于网上行为。

2. 道德责任减弱，游戏心态增强

道德作为人们对是非善恶的一种评价，是调整人们相互之间关系行为规范的总和，它由道德规范、道德情感、道德行为构成，是人们经过磨砺、体验之后形成的共识。现实社会中，除个别人外，大学生的行为是认真的，能对己对人对社会负责。一方面，多年的教育培养了大学生的道德情感和道德规范，大学生已基本具备了社会主义道德素养，能按照道德的要求来规范自己的行为；另一方面，现实社会在一定意义上是一个“熟人社会”，交往对象大多是熟识的人（朋友、亲戚、邻里、同学等），依靠熟人的监督，慑于道德纪律手段的约束，传统道德能得到较好的维护，从而使大学生的行为具有较高的道德责任感。

由于人们的道德行为常常是做给他人，特别是可能对自己有影响的人“看”的，所以一旦进入“反正没有人认识我”的虚拟网络社会中，那条由熟人的目光、舆论和感情筑成的防线便很容易崩溃，传统道德存在的基础逐步瓦解。在现实社会中，人的年龄、性别、表现等特征起着重要的作用，但在网络中这一切统统变得没有意义，网民是被虚拟化了的人，其网名是不可信的，其行为亦是不可信的。在网络中，部分大学生逐渐变得道德情感冷漠、道德行为失范、道德责任感减弱。

网络社会尚处在婴儿期，大学生网民还缺乏建立网络道德的知识和经验。道德意识淡薄、道德责任感减弱带来的直接后果是游戏心态的滋生。在网上，说假话、发布假消息、谩骂、欺骗甚至恶意攻击等行为屡见不鲜，对自己的网络行为不负责任。一些大学生的游戏心态越来越重。由于迁移作用，这种游戏心态还会迁移到日常学习生活中来，严重影响了大学生的健康成长。

3. 目的性减弱，盲目性增强

行为目的是行为体系中的重要一环。行为动机规定、说明和提出行为目的，而目的是动机所要达到的结果。资料表明，在对湖南五所高校 800 名学生的调查中，大学生的上网目的为 10%玩游戏、44%收集信息、46%聊天。大学生上网虽然积极，但其目的性不强，或虽然有目的而为之，却是短期的，没有与自己的成长、前途联系起来。大学生对网络能给自己带来什么，自己上网到底是为了什么还存在模糊的认识。

4. 群体性减弱，个性化增强

当代大学生基本上是在传统教育思想和模式下成长起来的，而以往的教育更多的是强调共性的发展，对学生的要求是统一的标准，群体的一致活动，学生在特定的学校、特定的班级过着一种群体化的生活。而在网络时代，大学生行为的群体性倾向正在减弱，相反，个性化倾向日益增强。

作为工业文明代表性产物的班级制，由于其强调同年龄、同课程、同时空、同步调，已难以适应网络时代的要求。网络的发展促使大学生网络行为的非群体化，即个性化倾向的产生。

在网上，大学生可以直接访问数千个领域的资深人士或专家，可以针对自己所关心的问题，定期收到最新的信息，可以在网上寻找与自己志同道合的合作伙伴，建立工作小组——一种全新的、完全不同于班级制时代的群体关系正在形成。互联网的个性化行为不仅仅表现在大学生可以自由分享他人的知识和资源，而且还表现在每个大学生都可以成为有鲜明个性和独特价值的虚拟个体。

5. 依赖性减弱，独立性增强

一方面，学生在父母的养育下长大，即使到了大学仍然对家庭及父母有着强烈的依恋与依赖感，未能形成独立的人格；另一方面，学生在儿童到青年这段时期，由于知识的缺乏与能力的限制，面对纷繁复杂的社会，往往感到自卑，其行为表现上多为顺从。随着年龄的增长，到了青年期，他们喜欢标榜个性，不愿随俗，行为上表现出标新立异，对成人的束缚与社会习俗的拘束常有反抗现象。互联网的出现，由于其特有的功能，促使大学生行为上依赖性减弱，独立性增强。许多大学生把自由的网络空间当作实现自身人格独立的天堂，天马行空，独自翱翔，仿佛要把十多年来对家庭、父母、社会的依从斩除了断，从此独立地应对自己所面临的问题。因此，部分大学生的行为不但偏激，而且具有强烈的逆反心理，产生了反抗行为，反抗来自社会、家庭、教师的束缚，个别的甚至出现越轨行为。在网络上出现的大学生谩骂校领导和教师的言论就是这种特征的表现。

6. 保守性减弱，创新性增强

“创新”一词近年来被频频提及。目前，我国相当一部分大学生保守性强，而创新性弱，过多地表现为顺从、保守，这当然是由多方面的原因造成的，但教育的影响无疑是首因。阿尔温·托夫勒这样说：第二次浪潮以后的学校崇尚的德性是“守时、顺从、保守”。而在以自由、开放、平等为特点的虚拟网络空间里，大学生不仅得到了极好的学习机会，而且心理上得到了解放，人格上得到了独立，其主体意识得到了空前的提高，迸发出了无限的创新激情，产生了许多令世人惊奇的、前所未闻的创新观念和创新行为。

第二节 网络沟通的主要形式

一、网络工具及其行为素养

1. 电子邮件

电子邮件的礼仪体现出一个人的职业素养和个人修养，而且因其不同于纸质信件的独特性，其礼仪也有独特之处。电子邮件的行为素养主要包括以下几方面：

（1）注意电子邮件的格式礼节。要恰当地称呼收信者，并且在信尾签名。电子邮件的格式应该类似于书面交谈式的风格，开头要有问候语。问候语的选择比较自由，如“你好”“Hi”，或者仅仅是一个简单的称呼即可。结尾也可随意一些，比如“以后再谈”“祝你愉快”等，也可什么都不写，直接注上自己的名字。但是，如果你写的是一封较为正式的邮件，开头要用“尊敬的”或者是“先生/女士，您好”，结尾要有祝福语，并使用“此致/敬礼”这样的格式。

在邮件中注明收信者及寄件者姓名仍是必需的礼节——包括在信件开头尊称收信者的姓名，在信尾也注明寄件者的姓名以及通信地址、电话，以方便收信者以后与你联系。另外，重要的机密和敏感的话题不要使用电子邮件。接收到邮件，应当在最短的时间内给予回复，表示已经收到，如“邮件已经收到，我会尽快安排，谢谢！”

（2）注意内容简明扼要。电子邮件似乎没有纸质书信正式，但是已成为大学生常用的沟通工具。电子邮件的写法有其独特的要求。电子邮件和信笺的一个主要不同之处在于，电子邮件需要添加邮件主题，在主题栏里用短短的几个字概括出整个邮件的内容，会便于收件人权衡邮件的轻重缓急，分别处理。尤其是回复的信笺，重新添加、更换邮件主题是需要格外注意的环节，最好写上来自××的邮件，写上年、月、日，以便对方既能尽快了解信件主要内容，又便于日后查阅。标题要注意提纲挈领，不要使用含义不清、有戏谑意义的标题，例如“嘿!”或是“收着!”等。

针对需要回复及转寄的电子邮件，要斟酌写在电子邮件里的每一个字、每一句话。如果是英文邮件，切忌全文使用英文大写字母，这样的邮件显得过于强势，甚至暗示寄件人你懒得使用正确的文法。电子邮件是一种文字沟通方式，遵守标准的文书规范是一种礼貌。

（3）注意回复技巧。当回邮件答复问题的时候，最好只把相关的问题抄到回件中，然后附上答复的内容。不要用自动回复键，那样会把来件所有内容都包括到回件中，也不要仅以“是的”回复，那样太生硬，容易让人摸不着头脑。

2. 网络电话

网络电话（Internet Phone，IP）按照信息产业部新的《电信业务分类目录》，实现 PC TO PHONE，是具有真正意义的 IP 电话。系统软件运用独特的编程技术，具有强大的 IP 寻址功能，可穿透一切私网和层层防火墙。无论您是在公司的局域网内，还是在学校或网吧的防火墙背后，均可使用网络电话，实现电脑—电脑的自如交流，无论身处何地，双方通话时完全免费；也可通过您的电脑拨打全国的固定电话和手机，和平时打电话完全一样，输入对方区号和电话号码即可。

3. 网络传真

网络传真（Internet Facsimile）也称电子传真，英文称作 efax，融合了传统电信线路（PSTN）与软交换技术（NGN），是无须购买任何硬件（传真机、耗材）及软件的高科技传真通信产品。

网络传真是基于 PSTN（电话交换网）和互联网络的传真存储转发，也称电子传真。它整合了电话网、智能网和互联网技术。原理是通过互联网将文件传送到传真服务器上，由服务器转换成传真机接收的通用图形格式后，再通过 PSTN 发送到全球各地的普通传真机或任何电子传真号码上。

4. 网络新闻发布

网络新闻是突破传统的新闻传播概念，在视、听、感方面给受众全新的体验。它将无序化的新闻进行有序整合，并且大大压缩了信息的厚度，让人们在最短的时间内获得最有效的新闻信息。网络新闻的发布可省去平面媒体的印刷、出版，省去电子媒体的信号传输、采集声音图像等。

5. 即时通信

即时通信是指能够即时发送和接收互联网消息等的业务。自 1998 年面世以来，特别是近些年的迅速发展，即时通信的功能日益丰富，逐渐集成了电子邮件、博客、音乐、电视、游戏和搜索等多种功能。即时通信不再是一个单纯的聊天工具，它已经发展成集交流、资讯、娱乐、搜索、电子商务、办公协作和企业客户服务等为一体的综合化信息平台。

二、网络沟通的形式

随着互联网的迅速普及，网络交往已经成为现代社会人际交往的一种重要方式和实践，网络人际关系也成为一种新型的人际关系。具体地说，它是人与人之间思想、感情、观念、态度的交流过程，是情报相互交换的过程。网络沟通是指通过基于信息技术的计算机网络来实现信息沟通的活动。网络具有覆盖面宽、辐射性大、传播速度快、互动性强等特点。

网络沟通的主要方式有 E-mail（电子邮件）、BBS、网上论坛、同学录、即时聊天系统（QQ、ICQ、聊天室等）、在线游戏，此外还有语音聊天和视频聊天等。

1. E-mail 沟通

E-mail 是一种类似于传统的通信手段的人际沟通方式。其特点主要表现为：E-mail 传递较少受地域因素的影响，其传播速度往往比传统通信快得多。交流速度的加快，带来了交流频率的增加。E-mail 主要以文字为传播手段，也可以加入声音、图像等作为附件，因此也是一种多媒体交流。由于 E-mail 传递的信息都是数字化的，所以一些背景信息会消减。例如，一般用文本方式的 E-mail，不可能看到对方的笔迹，也就很难通过这类背景信息来揣测发件人的性格、情绪等。

2. 网上聊天

网上聊天工具目前主要有中国的 QQ、微信，以及国外的 Facebook、Twitter 等，可以发送文字、图片、文件等，也可以进行语音、视频聊天，这极大地方便了人们的交流和沟通，缩短了人与人之间的距离。

3. 上网安全建议

网络不仅是一种时尚和潮流的象征，更是一个国家整体科技水平甚至综合国力的集中体现。在计算机普及、网络诱人的时代，台式电脑、笔记本电脑、手机等电子产品成了青年学生闲暇时间使用最多的设备。网络正以它独特的魅力诱惑着青年学生不断地迷恋它、探索它。青年学生上网要做到绿色、健康、安全，通常需要注意以下事项：

（1）了解国际互联网的基础知识。包括如何在网络找寻资料、通信等。

（2）不将家庭地址、电话，父母工作单位、电话，学校校名、地址等资料随意告诉别人。

（3）不随便与网友见面。见面时一定要在公共场所，并与同学同往。

（4）上网要遵守网络伦理及网络礼节，发送信函要尊重别人，不探求他人隐私。

（5）在网上看到不适宜的信息时，立刻报告老师。

三、网络沟通的利弊

1. 网络沟通的优势

（1）大大降低了沟通成本。网络沟通可使信息和资源由整个机构共享，不受空间与时间的限制，打破区域之间的阻隔，让世界变得触手可及。网络还带来高效的生活协作环境，比如网上购物、网上交易、网上炒股等。

（2）使语音沟通立体直观化。它可以使两地之间的通讯更为便捷、及时、有效，我们可以在网上发布文字、图片、声音等，可以使两地的人进行面对面的视频对话。

（3）缩小了信息存储空间。在信息产业高度发展，并且人们对于信息的需求越来越多的今天，网络成了最好的传播媒体。

（4）使工作便利化。网络沟通不受时间、地域等自然因素影响，网络提供平台，让更多的人在各类平台加强交流和学习。网络给企业增加更多的竞争力，特别是网络在企业的应用，使企业的资源配置达到极致。

2. 网络沟通存在的问题

在正面沟通中我们可以通过言谈和行为举动更容易了解对方，而网络沟通中，双方较难建立信任，往往语言表达和文字表达都更有策略性，容易掺杂伪装的一面。

总之，我们在享受网络的同时，要有良好的网络礼仪。网络礼仪要遵循彼此尊重、容许异议、宽以待人、保持平静、与人分享的原则。网上的道德和法律要求与现实生活中是相同的，网上网下行为要一致。尊重他人的劳动和隐私权，不剽窃别人的作品。忽视网络礼仪的后果，可能会对他人造成骚扰或伤害，甚至引发违法行为。

第三节　网络沟通的技巧

网络沟通的方式有很多，比如电子邮件、博客、QQ聊天、微信、网上购物等。网络把天南地北的人联系起来了，同时还把各地的信息共享，方便人们工作。网络给我们的生活带来诸多方便，我们不得不承认，网络是个好东西。下面主要介绍电子邮件和微信的沟通技巧。

一、电子邮件的写作技巧

电子邮件是最基本的网络通信功能。进入国际互联网的用户可以方便地使用电子邮件交换信息，而且不用任何纸张就可以方便地写、寄、读、转发邮件，不受地域、国家的限制，是国际互联网内使用最普及、最方便的通信工具。同时，人们越来越重视电子邮件的礼仪，所以我们必须掌握电子邮件的写作要求。

收件人——电子邮件格式中，一般都是将收件人邮箱地址放在最上方，人们较习惯在写信之前就输入收件人的邮箱地址。建议最好能调整一下习惯，在“发送”前再输入地址，可以防止出现信件检查前错按“发送”而后悔自己的措辞不严密。

邮件主题——要求言简意赅、核心突出。不要连篇累牍，更不要省略不写，没有标明主题的邮件容易被对方当作垃圾邮件删除。主题明显也方便收件人日后查阅。

问候语——无论收件人是否与自己关系密切，都应在信件开头写上称呼及问候语。

邮件正文——书写邮件应该像对其他信函那样郑重，要严格遵守语法、标点符号和语言规则。通常电子邮件内容很短。不用太多的修饰语，以便对方在旅途中也能通过手机或商务通收取邮件。

署名——结尾时应署上自己的姓名、职务、公司名称、电话及传真号码等，除非与你非常熟悉，可以只署名字。署名的完整有利于对方及时回信，及时通过有效方法将信息反馈给你，同时还含有等待对方再联络的意思。

回复邮件——及时回复邮件不仅是礼貌，而且也是工作效率高的体现。回复时最好能谈到原邮件中提到的问题，这样能使回复具有连续性，就如人们在谈话一般。回复不及时尤其需要点一点原邮件的主要内容。还应注意，回复时要慎用“回复所有人”功能，更不能粗心地把他人的邮箱地址告诉第一个人。注意不要在临下班前给人发急需解决问题的邮件。如果你收到这种邮件，要克服困难，及时回复。

二、微信的功能及使用技巧

随着移动互联网的迅猛发展，作为网络媒介系统的一员，微信在人际沟通领域大放异彩。

微信是腾讯公司推出的一款支持 Symbian，BlackBerry，Windows Phone，Android 以及 iOS 平台的即时通信软件，可以通过智能手机客户端与好友分享文字与图片，并支持分组聊天、语音和视频对讲、广播消息、照片与视频共享、位置共享、信息交流联系的智能手机即时通信软件。除此之外，微信还提供多种语言支持。用户可以通过微信与好友进行形式上更丰富的类似于短信、彩信等方式的联系。微信是移动互联网时代的产物代表，依托了 QQ 庞大的用户群，契合移动应用“SNS+LBS”的发展趋势，创新与完善用户体验，是人际沟通的重要工具。微信带来了一种崭新的生活方式，在现代人中引领了一种新的时尚。

1. 语音对讲：沟通革命的实现

微信在 2010 年 5 月 2.0 版本升级中，首次加入了语音对讲功能，微信用户群第一次获得了较大幅度的增长。语音对讲是微信用户使用的最主要功能之一，用户只需要打开微信客户端，按住语音按钮录制简短的语音信息，然后发送给想要发送的人就可以了，使用起来十分快捷方便，因此其受到广大用户广泛欢迎也不难理解。这种短语音形式的信息相比于传统的文字信息，省去了使用键盘输入文字的过程，在沟通过程中极大地解放了用户的双手。

语音对讲可以说引领了一场“革命”，对于大学生的人际沟通具有十分积极的意义，但与此同时也不可避免地会产生一些弊端：

第一，语音信息比较琐碎，不具备电话沟通所具备的连贯性，容易造成信息的遗漏以及误诊等结果，从而影响正常的人际沟通。

第二，人们在发送文字信息时，往往经过更为周密的思考，即使做不到字斟句酌，也会相对比较谨慎。而语音信息在录制过程中思考时间十分有限，即兴的成分较多，往往缺乏深入考虑，因此更容易出现纰漏，影响信息的传递效率。

第三，语音对讲在某些场合不适合使用。大学生的日常生活中很大一部分时间在课堂度过，而如果在课堂上使用语音对讲功能，不论是录制还是接收语音，都会影响其他人乃至整个环境和氛围。因此，在类似的安静环境中，比如会议室、宿舍等，语音对讲功能便不适合使用了。

第四，语音对讲的礼节性有待商榷。对于大学生而言，与较为熟悉的人联系，语音对讲能够产生亲昵感，但相对于并不熟悉或老师、长辈一类需要敬重的人，语音对讲有时会产生适得其反的作用。在访谈中发现，很多同学的长辈和老师对语音对讲这类功能并不喜欢甚至比较反感，原因在于长辈们认为年轻人在与他们进行沟通时，直接发送语音信息显得随意，是不够尊重的表现。因此，大学生在针对不同对象进行人际沟通时，一定要多从礼貌的角度考虑，选择合适的信息类型，以避免发生不愉快的沟通行为。

2. 朋友圈：展示自我与个性沟通

朋友圈提供了一个类似于微博的平台，允许微信用户进行自我展示，包括发表文字、图片状态、转发文章、分享音乐和视频等。这充分迎合了大学生群体向他人展示自我的需求。从社会心理学的角度出发，这种需要可归结为自我呈现需要与从众心理共同作用的结果。朋友圈与传统的微博十分类似，甚至在功能层面也高度重合。朋友圈对于大学生群体人际沟通所产生的影响则可归纳为如下几点：

第一，为大学生提供了更加广泛的沟通渠道。微信中的沟通形式并不拘泥于聊天界面中的信息发送一种形式，朋友圈亦会有人际沟通行为出现。比如，当你在朋友圈中发布了一张自己喜欢的图片之后，收到了别人的评论，你针对评论回复对方，此时沟通行为便发生了，并且是一种具有主题（往往与发布的内容或评论有关）的沟通行为。这种沟通既有利于沟通双方发现共同的兴趣点，也能够帮助加深相互之间的了解，并为日后的沟通和交往产生一定的促进作用。

第二，使大学生充分展示自我，提升自信。这些展示包括个人信息以及朋友圈所发布的内容。用户通过完善个人资料使他人了解自己，并通过在个人相册中发布状态、图片以及转发文章、视频、音乐等来呈现个性的自我。这些行为尤其符合大学生的心理需求。当自己发布的某项内容得到他人——特别是自己喜欢的人——的肯定时（如获得积极评价、点赞等），便会获得一定的心理满足感，认为自己的行为受到了他人的认同，相应地，自己的形象也得到了提升。这种满足有利于提升大学生的自信心，使其认为自己拥有了更为良好的自身形象，从而提升其在人际交往和沟通过程中的自信。

除了上述的积极影响外，朋友圈也存在一些负面作用。首先便是安全问题。朋友圈在允许大学生进行自我展示的同时，也存在着一定的安全隐患。朋友圈允许非好友用户查看主页中十张以内的照片，有些大学生因为安全意识较为淡薄，将某些重要信息暴露在朋友圈中，并且未关闭朋友圈非好友查看功能，这就为那些不法分子留下了可乘之机。其次，虚假信息的产生与散布也是朋友圈中存在的一种不良现象。大学生由于尚处于心智未完全成熟的阶段，对于信息的鉴别和判断能力较为有限，因此容易受到虚假信息的误导，从而直接导致其认知上出现失误。在与他人沟通的过程中，由于并不知道这些虚假信息的本质，因而很容易将这些信息传递出去，造成扩散式的不良影响，使更多的人受到蒙骗。此外，朋友圈具有一定的闭合性，对不同的内容，用户只能够看到微信好友所发布的评论，而其他非好友的言论则无法看到，这就造成了信息的不完整性，同时，也在一定程度上制约了人们相互之间进行人际沟通的可能性。

3.“附近的人”搭建地缘性沟通桥梁

“附近的人”是微信率先推出的地缘性交友功能，也是其最具特色的功能之一。该功能允许用户看附近一千米内同时使用该功能的用户，并可针对性别进行筛选。可以说，这项功能对于大学生而言再适合不过。大学生身处校园之中，除了同班或邻班熟悉的同学，身边充斥的尽是身处同一校园却互不相识的陌生人。大学生由于未正式进入社会，人际交往的范围还比较有限，因此他们对于交往的渴望还比较强烈。而陌生人对于他们来说属于完全未知的存在，特别是陌生的异性，因此，“附近的人”功能可以说为大学生打开了一扇与陌生人进行人际交往和沟通的大门。其产生的影响有以下方面：

第一，“附近的人”拓展了大学生的人际沟通范围。原本素不相识的用户可以通过打招呼认识感兴趣的人，进而进行交流沟通而产生交集。这使得原本完全陌生的人之间产生了沟通的可能，几乎使得大学生可能的人际交往对象延伸到了无限大的范围。与陌生人进行交流沟通，对于大学生来讲，不仅是一种十分新奇刺激的体验，也是一个积累经验，提升沟通和交往技巧的过程，对于大学生人际沟通能力具有较为积极的影响。

第二，“附近的人”拉近了人与人之间的距离。这里的距离更倾向于心理距离而非物理距离。一般情况下，心理距离的缩短需要通过交流沟通来实现，这需要耗费较多的时间。而在“附近的人”中，人们由于互不相识，在沟通时往往不需要顾及自身背景，可以畅所欲言，比较坦白地说出内心所想而较少带有顾虑。这对于大学生而言，可以说是一条较为理想的发泄与自我调整渠道。大学生面对学业与未来的双重考验，往往会有比较大的心理压力，但在熟悉的人面前由于存在顾虑往往无法随心所欲地释放这些压力。相反，在陌生人面前，由于没有身份和关系的干扰，反而能够说出心中的真实想法，起到一定的减压作用。而与此同时，这种坦诚的沟通往往也是拉近人与人之间心理距离的最好途径。

此外，与附近的人交友所带来的安全问题也是不能被忽视的。陌生人毕竟是陌生人，即使经过沟通产生了一定的信任感，也无法保证某些人没有其他不良目的。近几年曝出多起歹徒利用“附近的人”进行犯罪的案件，手段多为打招呼后利用技巧骗取对方信任，然后通过进一步引诱等手段与对方见面，进而实施犯罪。因此，大学生在使用类似功能时，应提高警惕，加强安全意识，避免给不法分子以可乘之机，尽可能做到防患于未然，在享受新鲜交友功能的同时，保证自身安全。

第八章　日常生活中的沟通技巧

【开篇案例】

圣诞节的悲剧

那是一个圣诞节，一位美国男士为了和家人团聚，兴冲冲地从异地乘飞机往家赶。一路上幻想着团聚的喜悦情景。但恰恰老天变脸，这架飞机在空中遭遇猛烈的暴风雨，飞机脱离航线，上下左右颠簸，随时随地有坠毁的可能。乘务员脸色煞白，惊恐万状地吩咐乘客写好遗嘱放进一个特制的口袋。这时，飞机上所有人都在祈祷。也就是在这万分危急的时刻，驾驶员冷静驾驶，最终让飞机平安着陆，于是大家都松了口气。这个美国男士回到家后异常兴奋，不停地向妻子描述飞机上遇到的险情，并且满屋子转着、叫着、喊着。然而，他的妻子正和孩子兴致勃勃分享着节日的愉悦，对他经历的惊险没有丝毫兴趣。男人叫喊了一阵，却发现没有人听他倾诉，他死里逃生的巨大喜悦与被冷落的心情形成强烈的反差，在他妻子去准备蛋糕的时候，他却爬到阁楼上，用上吊这种方式结束了从险情中捡回的宝贵生命。

【案例分析】

一个在飞机上遭遇惊险大难不死的人回到家反而自杀了。我们设想：如果当时他的家人能够仔细倾听他的遭遇，并给予他及时的关心和安慰，这场悲剧是否可能避免？

第一节　家人间的沟通

一、家人间的相处

家是人生的避风港，一个美满的家庭，往往有如沙漠中的甘泉，涌出宁谧与安慰，让人洗心涤虑。然而要让这个避风港风平浪静，永远都风和日丽，除了需要我们的智慧外，有时还需要我们的“花言巧语”。

（1）家庭是港湾，不是战场。一家人、夫妻之间应该学会宽容和豁达地看待对方，说错了一句话，做错了一件事，都应该要学会乐观地去看待。如果一件小事就弄得剑拔弩张，一定要弄出个输赢，家庭气氛就会变得非常紧张。偶尔发脾气来引起对方的注意，这是生活必要的调节和情感的正常宣泄，没有关系；但是频繁地发脾气，就会产生很大的负面作用，会伤害两个人的感情。每一对夫妇的感情都是一张白纸，用心去珍惜彼此的感情，这张白纸就会成为精彩的生活画卷；如果不珍惜已经拥有的感情，这张白纸就会被扯碎。

（2）夫妻一定要学会角色的转变。妻子和丈夫都需要彼此的呵护和滋养，健康的夫妻关系应该是：生活的伴侣、事业的帮手、父母懂事的孩子、孩子们成熟的父母。

（3）懂得珍惜和感恩。中国的父母是世界上最无私和最有献身精神的父母，可以自己节约，但是要把最好的东西留给自己的孩子。孩子有了自己的家庭以后，应该努力学会回报双方的父母，而不是继续做任性的小皇帝和小公主。这些回报可以是一些细节，比如帮着爸爸妈妈做饭、洗碗，主动地和爸爸妈妈联系，他们生病了，多去照顾一下他们，让他们体会到子女对于父母的重视和牵挂。如果有能力的话，也可以为爸爸妈妈多分担一些事情，让他们有一个情感和生活的依靠。

（4）学会快乐和幸福。快乐是发自内心的，拥有快乐心态的人，在逆境的时候，都是微笑的；拥有悲观心态的人，在美满的时候，都是郁闷的。快乐和幸福、悲观和抑郁是可以传染的，所以一定要学会快乐。有了快乐的心，即使身体不舒服，即使遇到了不愉快的事情，都能够和自己的伴侣一起解决；如果有一方总是很悲观，两个人很难天长地久地走过人生那么多风雨。

（5）性格和气质是维系长久婚姻的重要条件。很多新婚的夫妇最早都是因一些外在的相貌和技能彼此吸引而建立家庭。但是外貌和技能只是生活的开胃菜，不是主食。人格魅力是最关键的。有些婚姻能够天长地久，就是除了这些外在的东西之外，两个人加强自身的内在修养，平和豁达、与人为善、相敬如宾，这样感情会越来越深。再漂亮的女生，再帅气的男生，如果没有这样的人格魅力，也会慢慢让自己的伴侣失去兴趣。

二、家人间的沟通技巧

钱钟书在《围城》里说：“婚姻就像一座围城，外面的人想进来，里面的人想出去。”对于刚刚突破围城，建立家庭的年轻夫妻，往往太轻易地放弃恋爱时采取的各种赢得爱情的措施，开始松懈，于是引发大大小小的矛盾。然而，组建家庭不是一段感情的终结，而是另一段人生旅途的开始，我们还有太长的路要走，有太多东西要学习。家庭如同一棵树，只有夫妻双方共同辛勤培植，才会枝繁叶茂，焕发勃勃生机。其中，学会与家人沟通是至关重要的。那么我们怎样才能掌握与家人的沟通之道呢？

（一）夫妻之间的沟通

1. 幽默笑语自然生，轻松活跃好气氛

夫妻间能够营造幽默气氛，往往难得，这样的夫妻一定性情相融，浑然天成，或是经历磨合而达至境。有些夫妻天生容易陷入争吵、冷漠或是平淡之中，这种夫妻之间，幽默气氛难形成，败趣常有，话不投机，心生厌烦，甚至恶语相向。因为幽默是天然的，也是来自一种共同享有的境界，比如，共过患难的夫妻或是素质好、心态好、磨合得好的夫妻，往往容易自然产生幽默。幽默是一种素质，更是对生活、人生、社会等喜剧意味的敏感。境由心生，懂幽默的夫妻，往往少了许多的争吵和自寻烦恼。

2. 嘘寒问暖常有心，相助相济因有情

夫妻间应当是有情有义的互助共济的关系。在漫漫的人生长河中，我们可以脱离父母，远离亲戚朋友，唯独这夫妻才能做到日夜相伴，终生相携。关系不和谐的夫妻可能互不关心，相互恶视，但关系好的夫妻却总会贴心知意，互相关心，互相爱护，相携相拥。事实上，许多男女在恋爱时，会情不自禁或是有意要表达自己对另一方的关心爱护，但结婚后，就懒散懈怠或是倦于如此，或是压根儿就认为这样做多余，这样的夫妻相互间的联系必然松散，甚至会把婚姻真当成了爱情的坟墓、人生的屠城。好夫妻会经常性地相互嘘寒问暖，这不是有意地讨好，而是发自内心的情感需求。因为当一方关心对方时，她（他）内心的情感才能得到一种自助式的满足。

3. 三病四痛多照顾，关心对方胜自身

夫妻间要能同甘共苦，患难与共。特别是当一方有病痛时，健康的一方必须要多付出一些，要把对方照顾好，不仅要在吃药、打针、陪伴、饮食等方面细心周到，有时还得不怕苦，不怕脏。好夫妻总是在这种时候把一切做得自然而然，自己病了会相对的无所谓，而对方病了，必须高度重视。那种

对对方的病痛不关心的夫妻，又怎么能不陷入冷漠，最后落得同床异梦、离心离德的结局呢？付出了才能得到。许多时候，我们只想贪婪地想得到更多，自己却不愿真心付出。

4. 劝导对方讲方法，避免伤害辱自尊

人生不如意者常八九。并不是说关系好的夫妻必定都是处于顺境之中，要风得风，要雨有雨。但这样的夫妻更懂得共同面对失意、失败、灾难等，特别是一方在人生或事业上失意，另一方勇于担待，大度包容。劝导对方要讲究方法，而不是凭自己好恶，埋怨、挑刺，甚至咒骂，横挑鼻子竖瞪眼，随口说出打击人的话、让对方丧气的话、轻看对方的话。要讲究方法，开导对方，用实际行动支持对方，给对方信心和勇气，在说话做事上，避免伤害对方自尊，宁愿自己多受一些委屈。

5. 性情有异多磨合，互谅互让多忍耐

有些夫妻性情本来不合，结婚之初也会打闹，甚至出现过严重的婚姻危机，但随着时间的推移，夫妻通过共同生活，逐渐地加深了感情，在相互了解的基础上，建立了一套行之有效的关系处理模式。这种性情原本不合的夫妻能够发展成为好夫妻，关键在于加深对婚姻生活的认识，面对现实，转变态度，达到凡事忍让为先，互谅互让，互避锋芒，掌握做事说话分寸，以大局为重，用情感化解矛盾。

6. 财务支出多商量，不为琐事挑纷争

夫妻之间，尤其是贫贱夫妻，常常会为一些鸡毛蒜皮的事闹意见。特别是财务支出上，没钱也会闹，有钱更会闹。比如，夫妻一方在花钱上先斩后奏，或偏向己方亲人，或是隐匿支出或收入等，夫妻双方会为之争吵不断。好夫妻常常把为对方花钱放在首位，所以避免了争吵，花钱的方式常常让对方感动。有大笔支出时常常会相互商量着办。这种处理方式让夫妻双方不但显得大度宽容，更能用情意的眼光来看待婚姻生活，促进婚姻的持续良性。

7. 意见相左避争执，多讲道理别蛮横

就是牙齿也还常常咬了舌头，何况还是两个独立个体呢？就是好得像一个人的两口子，也会有意见不一致的时候，这是再正常不过的事了。好夫妻不是说不会产生矛盾，关键是如何对待矛盾。好夫妻之间，总是有什么直接说，不弯弯绕绕，不搞人身攻击，不搞扩大化，也不钻牛角尖，多讲道理，而少要蛮横，有时争一两句就算了，也不赌气，该干什么干什么，该关心对方还是关心对方，并不把这些放在心里当回事儿。

（二）父母与孩子之间的沟通

1. 利用类比讲明道理

在说服过程中，晚辈可以巧妙地把长辈的经历和自己目前的状况相类比，以求得他们的理解，使他们没有反对的理由。比如，有一位大学毕业生想到南方去闯一闯，家长不同意，他这样找理由说服："爸，我常听你说，你 16 岁时就离开家到外地上学，又找到工作，自己奋斗到今天！我现在出去比你当时还大两岁呢，我这是受你的影响才做出这样决定的，我想你会理解支持我的。"听了这话，父亲没有再坚持自己的意见，他终于说了这么一句："好，你长大了，像我的儿子。"儿子成功地说服了父亲。

一般情况下，做长辈的都有自己认为辉煌的过去，他们免不了要以这些为资本对子女进行教育，要他们效法。对于已成年的子女而言，如果你想干一番事业却受到长辈阻挠时，你就可以拿长辈的经历作为论据，进行类比，这种方式有很强的说服力。

2. 以长辈的期望作为自己的旗帜

长辈对子女的未来都寄予厚望。望子成龙、望女成凤是他们梦寐以求的，而且在日常生活中他们常常教导子女要敢闯敢干，将来要做一个有作为、有成就的人。在说服他们时，只要你提出的意见与他们所说的目标相一致，你就可以抓起这面旗帜，作为有力武器为己所用。

有一位职业高中毕业的青年到社会上谋职，找到一份民营公司的工作。这时，父亲正在托人给他联系一国家机关，听了儿子的意向后父亲表示不同意。这时儿子说："这个公司我了解过了，很有前途，生产的是高科技产品，和我学的专业很对口，国家机关好是好，可是人才济济，我一个职业高中毕业生，到那里要想干出一番事业，恐怕机会不多。可是在这个公司就不同了，我去那里，总经理要我马上把技术工作抓起来，这是多好的机会。爸，我从小就依靠您，您常批评我没有出息，没有主见，希望我成为一个敢说敢为的男子汉。我现在长大了，觉得您说得对，我这次的决心就是自己独立思考后定下的，我想您一定会支持我的，这么多年您一直替我做主，您就让我自己做一次主，行吗？"听到这里，父亲还能说什么呢？他终于点头了。

一般说来，长辈们是很注意自身尊严的，对过去说过的话不会轻易失信，而且会立即兑现。所以，晚辈在说服长辈时，可以适当地用他们的话作自己的旗帜。

3. 发挥坚决的震撼力

晚辈在说服长辈时要表明自己的坚决态度，让他们明白自己的选择是慎重的，是下了决心的，不管遇到什么样的情况自己都是不会动摇的，即使做出了错误的决定也准备独自承担责任，绝不后悔。这种坚决的态度具有柔中寓刚的作用，对长辈有很强的震撼力。它可以让长辈看到子女是有主意、有责任感的人，既然他们决心已定，如果硬顶着反而会把事情搞僵，不如顺水推舟，成全他们，同意他们的意见。

有一位女孩和单位一个男孩谈恋爱，可是她的父母不同意，认为这个男孩工作不稳定。她和父母最后摊牌，说："在这件事情上我的决心已定，我希望你们能理解女儿的心思。嫁过去后吃苦受累我认了，我心甘情愿。我内心是多么希望你们能理解和支持我呀！那样，我会很感激你们的。"话说到这份上，父母还能说什么呢？既然女儿已经铁了心，父母为什么还要逼她呢？在这个事例中，是女儿的决心起了决定性作用。

最后需要指出的是，如果自己的意见不正确，甚至完全错误，那就不是你要说服长辈的问题。而是应该果断地放弃自己的意见，采纳长辈的意见。当然，这同样也需要勇气和理智。

第二节　师生间的沟通

一、师生关系

师生关系是教师与学生在教育过程中以"传道、授业、解惑"为中介而形成的一种最基本和最主要的人际关系，也是一定社会政治、经济和道德等关系在教育领域中的反映与体现。

师生之间关系如何，直接影响着教育工作的效果。有的教师虽然知识渊博，功底深厚，但不善于与同学生建立融洽的师生关系，甚至产生对立情绪，学生往往因为对这位教师的成见而不愿意学他所授的那门学科。相反，有的教师不仅注意提高自身的业务素质和专业水平，更善于同学生建立亲密的人际关系，学生往往因为对这位教师的喜欢而特别爱学他所教的学科。所谓"亲其师，信其道"便是这个道理。教师也会因为学生对他的尊敬和爱戴而更加努力地做好教育工作。

实践证明，良好的师生关系有利于调动师生双方的积极性、主动性和创造性，有利于形成轻松愉快和生动活泼的教学气氛，有利于提高教学信息传递的效率和速度。良好的师生关系是有效地进行教学活动、完成教学任务的必要条件。

大学师生关系具有以下特点：

（1）随着年级的升高，学生对教师的依赖性减少。随着青春发育的进展、自我意识的发展，从中学毕业开始，学生就表现出较强的自主倾向，教师对学生的吸引力减小，学生对教师的依赖性大大减少。学生不再毫无保留地向教师说心里话，师生距离拉大，这使得教师对学生不了解，学生工作难做，班主任对这一点感觉最深。

（2）随着年级的升高，师生关系的理性成分增多，感情色彩相对减少。教师与年龄较小学生的关系主要是建立在教师对学生的爱护、关怀等情感的基础上。随着年龄的增长，师生关系就越来越多地具有理性的成分。

（3）随着年级的升高，师生关系稳定性降低。随着学生自我意识的发展和认识能力的提高，学生对教师的评价也不断变化，他们这种内心的不稳定会反映到与教师的关系上，故在整个中学阶段，学生与教师的关系经常处于变化之中。

（4）随着年级的升高，师生关系由简单到复杂。刚进入大学的学生，与教师的关系还具有小学阶段那种比较单纯的特点，但很快就会变得复杂起来。学生对教师的情感包含多种成分，学生之间的关系、学生中群体之间的关系都会影响着个体学生与教师的关系。因此，师生关系趋向于复杂。

二、师生间的沟通技巧

（一）老师与学生之间的相处

1. 了解学生的成长背景是师生进行良性沟通的前提

了解学生的成长背景，就必须了解学生的过去、家庭及成长的环境，从而了解学生某些缺点的成因。父母是孩子成长的第一任教师。一个人的童年是怎样渡过的，童年时代由谁带领，父、母亲的言行身教怎样，周围世界中哪些东西进入了他的头脑和心灵，等等，都决定了他以后的言行举止、行为习惯，而且一个家庭的道德气氛、情绪气氛、文化背景等对孩子的生理和心理有着不可估量的影响。在当今社会，家庭的稳定性显得尤为脆弱，很多家庭的变化给学生带来许多思想上的困扰和心灵上的不安，而正是因为这种困扰和不安，让许多原本遵纪守法的好学生走上了违法犯罪的道路。因此，是否了解学生的家庭情况，对班主任能否做好学生的说服教育工作尤为重要。班主任能及时了解学生的各种家庭情况，在做学生的批评教育工作时，就能做到有的放矢，及时地消除他的思想包袱，从而使他心服口服，达到教育他、帮助他的目的。

2. 尊重学生、爱护学生是师生进行良性沟通的关键

要加强师生的良性沟通，一定要与学生进行内心的交流，了解学生的所想、所思，让学生真正感受到你的关怀、体贴和爱护。这样，无论你采取何种方法教育学生，学生都不会反感和抵触，从而达到良好的教育效果。

（1）学会尊重学生。

教师要尊重学生的人格，师生在人格上是绝对平等的，因为学生和教师一样都是独立的个体，都是“人”。教师若能像对待自己的客人一样对待学生，师生关系就会得到极大的改善。教师们也许会觉得很难做到这一点，那么至少请记住：在处理问题、批评学生时就事论事，不要诋毁学生的品性与人格。其实，这就是对学生人格的重视和尊重。

在学校我们常会遇到这样的情况：学生不小心打碎了玻璃窗。老师会有什么反应呢？师 A：啊！你怎么又闯祸了？除了闯祸你还会干什么？学习又不好！师 B：你把玻璃窗打破了，是吗？那你必须按价赔偿或换上新的！这个案例中，教师 A 就没有做到尊重学生，他由学生的某一个行为借题发挥，批评学生的其他方面、预测学生的未来、评价学生的品性、给学生贴标签、发泄自己的情绪，但是，他却不指出该如何解决问题。教师 A 的做法起不到真正的教育作用，却给学生造成了很大的心理伤害。有时候，这种做法还会造成意想不到的严重后果。

（2）学会赞美学生。

其实，许多教师都知道要赞美学生，关键是如何赞美、怎么样的赞美才会发挥效用。太笼统、太空泛的赞美并不能起到教师想象中的促进作用。赞

美需要有针对性，具体而明确，并且有创意。如评价一篇文章，教师仅仅说“很好”，到底好在什么地方，学生并不知道。如果教师能明确地告诉学生：“对话精练活泼，情节俘获人心，整个结构和过程都经过了谨慎的考虑和设计。”那么，学生会知道自己的长处，而且也会觉得老师确实是认真地看了自己的文章的，而不是随意地敷衍自己。他会觉得老师喜欢读自己的文章，自己受到了很高的肯定。这些会鼓励他继续努力，在学习至少是作文方面精益求精，继续发挥自己的长处，并不断地改进薄弱之处。要赞美学生，发现学生的闪光点是很重要的。每个学生都有自己的长处和闪光点，教师们如果能发现学生的闪光点并予以肯定，那么原本小小的一个长处就可以得到加倍的发展，并带动学生其他方面的发展。沟通是双向的，若只是教师单方面的努力而学生不配合，沟通也不可能有效。所以，教师不但自己要掌握沟通的技巧，而且还要教会学生如何进行有效的沟通。这种教，主要体现在教师的表率作用上，即教师在与学生沟通时所应有的态度和采取必要的措施。

3. 拥有一颗爱学生的“心”是师生之间有效沟通的基础

教师和学生之间由于年龄的差异以及生长环境和生活经历的不同，往往会产生认识上的差异，而且现在的学生普遍自尊心很强，人格也都很独立，所以理解学生、关爱学生在师生沟通中就显得特别重要。因此教师要学会换位思考，多站在学生的角度去考虑问题，并且让学生感受到老师对他的理解，使学生从内心接受老师、喜爱老师，把心里话告诉老师。这样师生之间的沟通渠道就会顺畅许多。教师要时时刻刻记住，只有拥有对学生的爱才能使你的教育做到“润物细无声”。教师以爱育人、以情动人，循循善诱地进行教育，学生自然而然地就会接受你的关心和教导，师生关系就会融洽，心理上的距离就会缩短。

4. 赏识学生、欣赏学生是师生之间有效沟通的保证

对教师来说，要善于发现学生的优点和闪光点，才能学会用欣赏的眼光去看待他们，才能真正实现师生之间的有效沟通。有些学生虽然学习成绩不太好，但他们身上也有许多闪光点和优点，如比较有人情味、心地善良、乐于助人，对老师充满信任等。美国心理学家威廉·詹姆斯说：“人性最深刻的原则就是希望别人对自己加以赏识。”每位学生都希望自己的成绩与优点得到老师的认可与尊重，也希望老师能够看到自己的点滴进步，更希望得到老师欣赏的目光和赞美的语言。教师一句赞美的话可能会给学生的心灵带来极大

的振动，有助于这些不太自信的学生发现自己的优点，从而建立起自信；教师一个小小的表扬会给学生带来极大鼓舞，带来心灵上的愉悦。

在所有的教育教学过程中，师生之间的沟通贯穿始终。因此，要想教育教学工作有实效，必须保证沟通渠道的畅通。教师或家长都不要试图控制学生的发展方式，而只能提供给他们自身发展所需的条件，把自我实现的抉择权留给学生。教师应该相信学生的潜力，他们可以在自己选择的学习方式中得到发展；以真诚、坦率的态度面对学生，尊重学生的人格、情感和意见，不能轻易给予有压抑性的批评；深入研究学生的内心反应，运用心理换位的方法，从学生的角度来理解学习过程。如果学生在学习过程中受到侮辱、苛责、轻视、贬抑等，学生会缺乏安全感，学习会受到干扰。而标准过高、要求过严的教学方式很容易挫伤学生的成就感。因此，教师应该为学生营造具有安全感和成就感的教学氛围。

（二）学生与老师之间的相处

1. 与年轻教师的交往

年轻教师和同学们年龄相差不大，甚至在许多方面还留有学生的印记。他们的平等相待、坦诚相见、热情关怀，常常使同学们觉得年轻教师更能理解自己的感情，更易与同学们的心声产生共鸣。因此，同学们都希望和年轻教师建立亲密的交往关系，成为朋友或知己。那么，学生怎样和年轻教师交往呢？在和年轻教师交往过程中，要注意哪些问题呢？

同学们要认识到和年轻教师的交往，是在学习、工作中自然而然发展起来的。课堂上的认真听讲和师生间良好的配合、课外的请教答疑或互相探讨、班干部或课代表热心做好自己的工作，这些都是对年轻教师工作的支持，对促进与年轻教师的交往向良性方面发展起到积极的作用。

同学们与年轻教师的交往常常在共同兴趣爱好的基础上得到进一步的发展。对于年轻教师执教的学科的爱好与深入钻研，自然会引起年轻教师的注意与热情帮助；一起参加文娱体育活动，常常能缩短师生间的距离，使师生间的交往找到连接点；就共同感兴趣的话题进行交流，或者在踏青、秋游中开展一系列活动，都能加深师生间的理解。同学们可以很容易地在年轻教师身上找到共同点，从而进行友好密切的交往。

尽管如此，老师终归是老师，在学生与老师之间有一些原则性的问题要注意。在与年轻教师交往的过程中，我们要特别注意以下几点：

一是年轻教师可以成为我们的朋友，但首先他们是我们的老师。我们要尊重年轻教师，尊重他们的教学工作，不能因为和他们交往密切而放松对自己的要求，违反我们作为学生应该遵守的纪律。

二是在和年轻教师交往时，不能把博取老师的欢心作为唯一愿望与动机，这种愿望和动机往往是较低级的，其效果也是不稳定的。同时，也不能对年轻教师求全责备。在密切交往中可能会发现年轻教师的不足之处，我们要正确看待老师的长处与不足，不能以偏概全，更不能在背后妄加议论甚至贬低年轻教师，这是对老师的不尊重，也是对自己的不负责任。

此外，在与年轻的异性教师交往过程中，学生应注意以下几点：第一，要保持正常的交往，要注意男女有别而不失礼仪，要防止在男女之间不加区别地讨论那些只能在同性面前才能讨论的问题；第二，注意不要因与老师频繁地接触而形成特殊的关系，这样不仅影响了自己和老师的生活，也会对老师的教学，还有自己乃至全班的学习产生不良影响；第三，要区分不同场合、不同关系中师生之间不同角色所应遵守的不同行为准则，如在年轻异性老师的宿舍里，不能单独个别往来，而要和同学一起往来；第四，要有理智地控制自己，对异性老师不能存非分之想，要集中自己的精力搞好学习。

2. 与老年教师的交往

其实，老年教师和中、青年教师一样，都是喜欢和学生交往的。而且，他们和同学们在一起，常常觉得增添了许多活力，人也好像变得年轻似的。因此，我们应该大胆主动地接近老年教师，不必有什么思想顾虑。当然，和老年教师交往，也要注意一些问题。

老年教师教学经验丰富，教学严谨，在校内有一定的声望。所以，在和老年教师交往时，要把对老年教师的尊重放在第一位，无论是向老年教师请教问题还是在其他场合，都要注意礼貌当先，给老年教师留下懂事明礼的印象。要尊重老师，尊重老师的劳动。老年教师几乎是把所有知识无私地、毫无保留地教给学生，如果他们希望得到什么回报的话，就是希望看到学生成才、成熟，在知识的高峰越攀越高。

和老年教师交往时，还要注意体贴关心他们。比如说向老年教师请教问题或一起交谈时，主动搬来椅凳请他们先坐下；在长时间谈话之后，为他们端上一杯茶；如果老年教师身体欠佳，我们在学习上应更加自觉，尽可能地少给他们添麻烦；每逢节假日，如果有可能，可主动登门拜望，或是寄上一份充满敬意和祝福的贺卡，等等。

其实，每个学校的老年教师都一样，都是学校的一块“宝”。只要我们做晚辈的尊重他们、主动向他们请教，他们一定会毫无保留地将丰富的经验传授给我们；只要我们真诚地与他们进行友好的交流，在交流中就会慢慢形成一种深厚的友谊。

第三节　朋友间的沟通

一、朋友间的相处

思考：如果不想在友情方面绕弯路，懂得“知己知彼”非常重要。假设你最近在搬家，一位好朋友想送你一幅以崇山峻岭为背景的画，如果要你选择的话，你会选择哪一款呢？

A. 茫茫大海上的一座高山。

B. 被白雪覆盖的高山。

C. 被山川环绕的崇山。

解析：

选 A：这类性格的人非常重视人际关系，喜欢照顾别人，很关心别人的一举一动。他们的朋友很多，可以用“相识满天下”去形容，而且个性也很开放。与陌生人见面时，他们能很快与对方成为朋友。

选 B：高山代表理想，白雪则代表限制它的道德。因此这类型的人很重视自己的想法，有一点固执，不管什么原因，他们都不会勉强自己与讨厌的人交往。他们能拥有一份可以发挥自己专长的工作，逐步完成自己的梦想。如果是女性，喜欢平稳、安定的家庭。这类人相信一定可以满足其要求。

选 C：这类人通常是经历过各种苦难、烦忧而建立起属于自己的人生观，可以说是越挫越勇的人。这类人与人交往算是相当顺利的，因为他们多数会站在对方的立场去体谅别人，很容易获得他人的信赖与亲近，是朋友理想的倾诉对象。

社会上几乎人人都知道朋友的重要，都珍惜朋友之间的感情。但凡是人们珍惜的，也一定是稀少的，因而自古以来人们便慨叹"人生得一知己足矣"。其实，我们置身社会中，未必把每一个朋友都交到"知己"的程度。朋友可分为不同层次，有的是于事业有益的，有的是于生活有益的，有的是于感情有益的，也有的是于娱乐有益的。每一种朋友应该交到何种程度才恰到好处，才于人生有益，并没有一把尺子能量得出来。深交也罢、浅交也罢，朋友之益人人皆知，但这"益"并非信手拈来，重要的是方法，是怎样交友，怎样获得朋友之益。

许多青年人交友处世常常涉入这样一个误区：好朋友之间无须讲究礼仪。他们认为，好朋友彼此熟悉了解，亲密信赖，如兄如弟，财物不分，有福共享，讲究礼仪太拘束也太外道了。其实，他们没有意识到，朋友关系的存续是以相互尊重为前提的，容不得半点强求、干涉和控制。彼此之间，情趣相投、脾气对味则合、则交，反之，则离、则绝。朋友之间再熟悉，再亲密，也不能随便过头，不讲礼仪，否则，默契和平衡将被打破，友好关系将不复存在。和谐深沉的交往，需要充沛的感情为纽带，这种感情不是矫揉造作的，而是真诚的自然流露。中国素称礼仪之邦，用礼仪来维护和表达感情是人之常情。当然，我们说好朋友之间讲究礼仪，并不是说在一切情况下都要僵守不必要的烦琐的客套和热情，而是强调好友之间相互尊重，不能跨越对方的禁区。

每个人都希望拥有自己的一片小天地，朋友之间过于随便，就容易侵入这片禁区，从而引起隔阂冲突。譬如，不问对方是否空闲，愿意与否，任意支配或占用对方已有安排的宝贵时间，一坐下来就"屁股沉"，全然没有意识到对方的难处与不便；一意追问对方深藏心底的不愿启齿的秘密，一味探听对方秘而不宣的私事；忘记了"人亲财不亲"的古训，忽视朋友的感情，用物不分彼此。凡此种种，都是不尊重朋友，侵犯、干涉他人的坏现象，偶然疏忽，可以理解，可以宽容，可以忍受。长此以往，必生间隙，导致朋友的疏远或厌恶，友谊的淡化和恶化。因此，好朋友之间也应讲究礼仪，恪守交友之道。

朋友间相处的五原则：

平等的原则——首要原则。

相容的原则——在非原则性问题上不斤斤计较。容纳、包含、宽容、忍让。

互利的原则——指交往双方的互惠互利。人际交往是一种双向行为，故有

“来而不往，非礼也”一说。

信用的原则——交往离不开信用。信用指一个人诚实、不欺、信守承诺。

真诚的原则——真心、实诚。虽“害人之心不可有，防人之心不可无”，但人若无诚则难以交到知心朋友。

二、朋友间的沟通技巧

一个人说话是否具有魅力，直接影响到他是否对对方具有吸引力，关系到他是否具有良好的人际关系，影响到他在与别人说话时能否表现出自信，能否具有自如说话的勇气。所以，用语言展示自己的内在气质，增强自己说话的魅力尤其重要。在说话的内容上，要注意选词用句与材料的构思，以及说话的语气、语调，说话的身姿、手势、表情，等等。得体的举止、端庄的姿态及表情体现一个人的风度。说话的风度是一个人内在气质的言语表现，是一个人涵养的外化。待人接物要有热情、有诚意，热情必须是发自内心的，应该体现出对对方的尊重、理解、信任和帮助。友爱可以使你交游广阔，建立充满善意和体贴的良好的人际关系，它是一种互动的关系，能激发朋友之间的相互尊重。每个人都要力争具有受欢迎者潜质的个性特征，具体表现为：尊重他人，富有同情心，热衷于集体活动，工作可靠负责，持重耐心，忠厚老实；热情开朗，喜欢交往，待人真诚；爱独立思考，乐于助人；谦逊，兴趣和爱好广泛；温文尔雅，端庄。具备了良好的素质，就为人际交往奠定了牢固的基础。

朋友，是人际关系中甚为重要的交际对象。在现实生活中常会出现这样的情况：有的人与朋友交际有始无终、半途而废；有的甚至反目成仇、相互暗算、攻讦。其实，说到底这都是没有掌握与朋友交际的技巧。那么，如何与朋友成功交际呢？

1. 倾听朋友的诉说

作为朋友，你要学会倾听。当你的朋友遇到挫折、碰上烦恼时，他便要找一个发泄情感的对象，而你作为朋友，能够真诚、耐心地倾听对方的诉说，就是为朋友开了一个情感的发泄口。朋友在向你诉说的过程中，你不仅耐心地倾听，而且时不时地插上一两句富有情感的安慰话，抑或为朋友出出点子、想想法子，朋友的情感就会因平衡平静而走出沼泽，他会觉得有你这样的朋友才是真正的依靠。这样，朋友与你的感情会加深，友谊会与日俱增。有一个女士因婚变心情极端苦闷，于是，她向女友打电话意欲倾吐烦恼。然而，那些天正赶上这个女友工作繁忙，没能抽空倾听那个女士的倾诉。结果，那个女士因一时难以承受情感的压抑而愤然轻生。如果朋友当时能忙里偷闲听听那个女士的诉说并做些安慰，也许那个女士就不会走上绝路。

2. *朋友也要分亲疏*

朋友，虽然都是交际圈中最为友好或可靠的交际对象，但是，人性复杂，与朋友交际也要深思慎交，分出亲疏。根据常情，大凡成为朋友者，有的是趣味、性格相投，有的是抱负、气质相仿，有的是文化层次相近，有的是人格清高、心灵相通，等等。从交际的原因而言，有刎颈之交、莫逆之交、患难之交、君子之交、忘年之交、一面之交、市道之交、世交、故交，等等。无论你是什么原因交的朋友，经过一段时间的交往后，你应有所选择，应该有亲有疏。比如，有的朋友情感诚挚、冰清玉洁，自然可以真诚深交；但也有的是出于某种功利目的而投向你的，一旦利益达不到或者当你穷困潦倒对他已无利用价值时，他便离你而去，像这样的朋友是不可深交的。更有甚者，纯粹是酒肉朋友，对这样的朋友，更应该慎交抑或保持一定的距离为好。

3. *求人情要适可而止*

人们交朋友，自然离不开人情往来。然而，人情不可多求。你求人一次，人家帮了你，倘若你不太知趣，一而再、再而三地麻烦别人，得寸进尺，那么，朋友对你这样的人便会生厌、生怨，如此，朋友之间的关系就难以为继了。还有的人，不考虑对方的承受能力，为了满足自己的需要，搞友情强制，这也是使朋友反感的行为。例如，小刘收入不多，每月的工资除正常开销以外，便所剩无几，因此积蓄有限。然而朋友小张欲买房，非让小刘借给他三万元钱不可。小刘无能为力，不但未满足小张的要求，还因为小张搞友情强制而产生反感。

4. *在朋友最需要时到场*

面对鱼龙混杂的社会、变化多端的自然，谁也不能保证自己万事周全不求人，谁也不敢夸口自己终身无危难。因此，人们遇到难处总渴望得到别人的帮忙。所以，作为朋友，在别人需要你帮助时，一定要及时到场并真诚地伸出手去帮朋友一把，使朋友渡过难关。只要你把握好这一交际原则，朋友与你的友谊将会日益加深。

5. 交际往来要适度

有个极富哲理的成语叫“物极必反”。生活中，任何过了头的东西都会走向它的反面。朋友之间的交际也是如此，过往甚密，反而容易出现裂痕，而把握适中的度，才能使朋友间的友谊长久。这是因为，每个人无论在文化、道德、性格、处世态度、做事潜能乃至家庭情况等方面都会存在差异，这种差异的大小，有时会与朋友间的交际频率成正比，即交际越频繁、越过密，差异拉得也就越大。所以，朋友间的交往，无论是相处的时间还是次数、距离等，都要保持适中为宜。这样，朋友之间从相逢到分离，才能达到“意犹未尽、情犹未了”的意境，才会因朋友的到来而欣喜，因朋友的离去而思念。

6. 不要将朋友理想化

世界上没有两片相同的叶子。尽管朋友跟你气质相仿、兴趣相近、性格相投，但朋友毕竟是个活生生的人，跟你总会有某些不同之处，总会有这样或那样的不足，总会有自己不愿人知的秘密。所以，跟朋友交际，不要将朋友过于理想化，不可把朋友的一切言行都以“我”为参照物。首先，要容忍朋友的缺点。金无足赤、人无完人，只要是人，都会有缺点，所以，你一旦发现了朋友的缺点，要抱着“将军额上可跑马，宰相肚里能撑船”的宽宏气度，容忍朋友的缺点，并选择合适的时机和方法善意地帮助他克服缺点。其次，要让朋友保留“自我”。你与朋友交际，不可强求朋友必须是你的“翻版”，要让朋友拥有自己的爱好、自己的个性。如果你主观武断、独断专行地要求朋友的爱好、个性都得跟你一样，那么，朋友将会离你而去。再次，要尊重朋友的隐私。不要让朋友事事都向你报告，似乎朋友有事不跟你通气，就是对你不忠，就不够朋友。你若如此专横，用如此理想化的标准去要求朋友，朋友也会对你怨而生恨的。

7. 正确把握友情与爱情

男女之间除了爱情，应该有友情的一席之地。虽然男女之间存在着性别的差异，但是，只要注意把握好尺寸，是可以建立健康、高雅、纯洁的友情关系的。比如，男女同事之间、男女同学之间等，都有友情关系的存在。这就要求男女之间要把握好友情与爱情的关系：一是男人不可冒犯女人尊严，应尊重女人的人格；二是男女双方都应认清友情与爱情的区别，友情只是男女之间的一种友好往来，而爱情却要向对方负有某些责任，比如，家庭、婚姻等，它有一定的专一性、约束性。因此，友情与爱情之间有着一条不可逾越的鸿沟。

8. 朋友之间也要说“不”

朋友之间常常有事相托相求，这是正常的。但也有人相托相求的事常常超出原则范围和客观现实。比如，有的朋友托你办的事超出了你的主观承受能力，是你无能为力的；还有的朋友托办的事是违背你的主观意愿的，等等。如果遇到此类情况，作为朋友，你应该果断地说一声“不”。因为，首先，违反原则的事，你若干了，一旦东窗事发，你与朋友都将沦为违纪者或阶下囚；其次，超越你承受能力的事，你无能为力，如果不说明情况予以拒绝，反而会因为事未办成而伤害彼此友谊；再次，有违你意愿的事你不拒绝，会影响你与其交往的情绪，也会妨碍你与朋友今后的正常交往。

但是，拒绝朋友之托应该讲究方式方法，不可态度生硬，冒冒失失。常用的方法：一是可耐心劝阻，言明利害关系；二是可据实说明情况，让朋友理解你的难处；三是迂回婉转处置，巧借其他方法帮助完成朋友委托之事。

9. 不要单纯追求功利性交往

交友互利是人之常情，但是，切勿把与朋友往来单纯作为功利性交往。因为朋友之间的交往，除了有事相互帮助之外，还有思想交流、知识互补、情感抚慰、怡情悦性等方面的作用。如果朋友之间一味地追求功利性交往，那么，这样的友谊是不会长久的。

10. 给朋友自由的时间

人们跟朋友交际，是为了增进友谊，但朋友除你之外还可能另有交际圈。因此，你首先要允许朋友跟与你意见不合的人交际。当你发现朋友另外所交的人正是跟你曾有摩擦的人时，你应该宽宏大度，平静对待。倘若你对此眼里容不得沙子，去责怪朋友，那么，朋友将左右为难。其次，不可将朋友的交际半径仅仅局限在你的空间里。如果你不管别人乐意不乐意，客观上允许不允许，都把朋友“缚”在你的身边，只能适得其反。因为，你即使“缚”住了朋友的身，却“缚”不住朋友的心，朋友多半会由此怨而生恨，离你而去。

总之，交友得法，友谊长久；反之，朋友之间的友谊会如同昙花一现，稍纵即逝。但愿人们都能掌握科学的交友方法，进而使你与朋友的友谊地久天长。

➢ 温馨提示：促进人际关系的技巧

（1）守信用。做人要言而有信，才能赢得别人的尊重和信赖，在人群中建立良好的口碑。

（2）说好话。心存善意，学习说话技巧，多鼓励他人，随时赞美身边的朋友。懂得赞美别人的人，才是最佳的公关高手。赞美是人际关系的润滑剂，不花一分钱，就能获得很好的效果。

（3）尊重他人。“敬人者，人恒敬之”，一个懂得尊重别人的人，必能获得更多的尊重。我们不要因对方出身卑微而不尊重对方。在表达尊重的时候，要因人而异，因场合不同，选择不同的方式。

（4）欣赏别人。“三人行，必有我师”，每个人的专长不同，如果能做到不耻下问、虚心求教，就能够不断学习、不断进步。努力拓展心胸，做一个欣赏他人优点的鉴赏家，能增强人际开拓的能力。

（5）善于倾听。很多时候，一双善于倾听的耳朵比一口伶牙俐齿更受人欢迎。

（6）重视仪表。据调查，一个人的第一印象会影响他与别人日后长期交往的意愿，所以我们必须重视仪表。一个人的容貌、衣着、谈吐、肢体语言等都能显露其内在涵养。我们应该对成功者的个人特质多加揣摩，建立自己的印象特质，找出属于自己的吸引力。

（7）运用语言表情。说话速度如连珠炮，会使人无法完全理解，沟通时就会产生瓶颈；谈话时有气无力，冗长无味，也没有几个人能够忍受；只有音量适中、音调柔和、速度适中、用字遣词高雅动人，并搭配合宜的姿态，才能展现声音表情的美学。

（8）运用肢体语言。优雅的肢体语言就像一块磁铁，能紧紧地吸引别人的注意力。发言时与肢体语言相辅相成，更能带来好的效果。

第九章 跨文化交际技巧

【开篇案例】

李老师获得了中国政府公派留学计划的资助，到英国某著名大学进修。他的英语非常好，在学术交流和日常生活中没有任何问题。他发现自己所在学院的院长 Smith 教授在学术上非常有造诣，就找另一位老师向 Smith 教授提及一下，想向 Smith 教授请教。那位老师回来说："Smith 教授说您可以直接找他。"一天，李老师满怀期望地敲响了 Smith 教授的门。Smith 教授请他进门，李老师说了些"久仰大名，我想跟您合作一个项目"之类的话。Smith 教授说："非常感谢您的合作提议，我也非常高兴会有机会和中国学者合作。但我现在很忙，我不知道您要和我谈多久？"李老师感到意外，但还是回答说："就一会儿吧！"Smith 教授说："如果只谈 5 分钟，那我们就现在谈；如果要更长时间，我们再约一个时间好吗？"李老师想 5 分钟肯定不够，就说要约时间。教授把李老师带到旁边一间办公室，让他跟一位秘书约时间，跟他说再见后离开。秘书拿出一个日程表，仔细地把约定的时间写在了上面，并说自己会通知 Smith 教授。李老师告辞出来后心里想："Smith 教授的真实态度到底是什么呢？听到我的邀请后，他说很高兴，是真的吗？我进去时他既不在打电话，也没有学生在，但他却说自己很忙？ 这是一种推辞吗？而且他让我和秘书预约时间，这是什么意思呢？是在向我暗示他的架子很大，在合作中他必须领头吗？"

【案例分析】

李老师的英语没有任何问题，这里他遇到的困扰是来自文化而非语言本身。根据 Homes 的研究，英国文化权利距离比中国小，强调个人主义（见表 9-1），所以其沟通强调直接性。英国文化的时间观是线性时间观，即强调在一段时间里只做一件事情，并且非常看重预约。不预约而上门谈事情，被认为是一种打扰，是一种不尊重。即使 Smith 教授没有和学生谈事情、不在打电话，他也会认为他正在做的事情更重要，不应该被打断。而中国文化是一种轮回时间观，强调当下的事情、人际关系比时间安排更重要，这种上门打扰是可以接受的。至于找秘书预约时间，在 Smith 教授看来非常正常，因为他的秘书负责这件事情。专业的事情找专业的人做，这是英国人的常规做法。而在李老师看来，如果你重视我，你就应该亲自安排时间，你是堂堂教授，自己的时间还要由秘书来决定，这很不可理解。李老师习惯于情境文化，情境线索对解读对话非常重要，所以他会把所有的事情联系在一起，想象 Smith 教授没有说出的话要比已经说出来的更重要。Smith 教授更倾向于低情境对话方式，即有什么就说什么，通过语言而非情境线索表达自己。

表 9-1　中英文化维度指数

国家	权利距离	个人主义	男性度	不确定性规避	长期导向
中国	82	18	68	42	120
英国	37	65	68	67	33

第一节　跨文化沟通概述

一、跨文化沟通内涵

（一）跨文化沟通的定义

跨文化沟通指来自不同文化单元的沟通对象进行直接互动，如一个美国人和一个中国人之间的面对面谈话、打电话、网络聊天、进行电视电话会议、发电子邮件和传真等。它的特点是沟通对象来自不同的文化单元，并且沟通具有直接性。在传统的跨文化沟通中，面对面的沟通较多，它的特点是同一时间和空间、直接、丰富的沟通线索（声音、非言语信号、语言、即时反馈）等。而以计算机为媒介的沟通技术的发展，使得通过网络进行跨文化沟通成为可能，可以不在同一时空，沟通线索减少，只有直接性这一特点保留了下来。

（二）跨文化沟通的特点

1. 跨文化沟通必须有发起方

首先，跨文化沟通必须有发起方，即谁主动去沟通。例如，英国外教给学生上课，英国外教就是发起方；美国下属找中国上级汇报工作，美国下属就是发起方；中国上级找日本下属谈话，中国上级就是发起方。

2. 跨文化沟通是有目的的

跨文化沟通都是带有目的的。例如，英国外教上课是为了把知识传授给学生；美国下属找中国上级沟通通常是为了向上级介绍工作情况，寻求理解或支持；中国上级找日本下级沟通的目的通常是表扬、批评、提拔，或者调整下属的工作岗位等。一般来讲，跨文化沟通的目的主要包括：① 寻求被沟通者的支持或理解；② 与被沟通者达成协议或谅解；③ 向被沟通者介绍情况；④ 向被沟通者宣传观点、理念等；⑤ 在被沟通者处寻找工作、销售等机会；⑥ 向被沟通者销售产品等。

3. 跨文化沟通时不仅要传递信息，还要被对方理解

跨文化沟通过程中，信息发送者首先要把传送的信息“编码”成符号，接收者则进行相反的“解码过程”。如果信息接收者对信息类型的理解与发送者不一致，则会导致跨文化沟通障碍和信息失真。

二、跨文化沟通中的语言与非语言

（一）跨文化沟通与语言

1. 语言与文化的关系

语言是文化的载体，通过语言可以反映出文化的特点。人们常常说不同的气候对语言的起源有影响。热带地区发展出来的语言，适合人们在户外大声沟通。由于热带地区人口相对较多，因而语言规则要简单明了，方便来自不同地区的人们交谈，因而发展出元音较多的拼写法和发音法。而寒带地区的语言适合人们在室内沟通，其语法规则较复杂，元音和辅音交杂，外人会听不懂。当然，在传播过程中语言的这些特点会逐渐消失，因为起源于寒带地区的语言可能在热带地区也在用。

此外，语言还反映文化的内容。以英语为例，全球说英语的人约有七亿，但是英国人、美国人、印度人、澳洲人等说的英语也不尽相同。美国人称头戴的小圆软帽和身穿的皮靴分别是“bonnet”和“boot”，而在英国，这两个单词分别指汽车引擎的盖子和汽车的后备厢。美国人的“scheme”是阴谋的意思，英国人却是指计划。“satisfactory”对美国人来说是指“可以接受的”，而在英国外延却大得多，可解释为“可以接受的”“最好的”。

总而言之，语言表达文化现实，语言体现文化现实，语言象征文化现实，语言和文化密不可分。关于语言和文化的关系，一直有两种相对立的观点，一是相对论，即语言的差别导致文化、思维、认知差异，因为文化、思维、认知受语言的影响；二是强调语言的普遍性，尽管语言存在差别，但是文化、思维、认知却是普遍的和同一的，换句话说，语言的差异并不影响文化、思维、认知的一致性。

2. 跨文化沟通中语言的选择

（1）双方通过翻译沟通。如果双方找不到一种共同语言，需要通过翻译进行跨文化沟通，这种沟通会由于翻译的加入而增加许多复杂性。常会碰到以下问题：

第一，谁是谈话的主角？由于翻译是双方的桥梁，双方不能直接理解，所以双方的注意力都在翻译身上，和翻译有更多的目光接触，有更多的直接沟通。如果有不清楚的地方，也是通过翻译来问，而有些问题翻译可能就直接回答了。如果翻译除了双方所讲的话，还把自己的话加入，情况就会更复杂，因为双方可能看到的情形是：自己说了长长的一句话，翻译只说了短短的一句；自己只说了一句，翻译却讲了一长串。例如，在需要通过翻译来进行心理咨询的场景中，由于心理咨询场面的构成强调来访者和当事人之间的直接互动，如果通过翻译则咨询场面非常微妙，来访者可能把翻译当作咨询师向其倾诉，而咨询师却被冷落一旁。

第二，翻译本人的母语是对话哪一方的母语？在三方中，如果一方和翻译使用同一种母语，那这两方常常更有优势，表达起来更流畅，而第三方则稍有劣势。如果一方与翻译的信任关系没有建立，而另外一方和翻译一直不停地说话时，他会担心自己没有得到全部真实的回答。因此，翻译要兼顾双方。另一种解决方案是双方各配备一名翻译，虽然成本高，但可能会更清楚。

第三，翻译不仅仅是语言翻译，还起到文化中介作用。谈话双方可能更了解母语文化，而翻译可能对双方的文化都有所了解。好的翻译不仅仅是语言的翻译，还会起到让双方理解对方文化的作用。如果出现文化误解，往往翻译也是做调解工作的最佳人选。例如：一个美国代表团到日本去商洽一个项目。美国人知道日本人讲究社交礼仪，每次都会正式地称呼对方的姓加头衔。在谈判中，日方请美方一起晚宴，宾主交谈甚欢，开始以双方的名字称呼，相互关系拉近不少。第二天谈判时，美方想当然地开始称呼对方的名字，而翻译则不动声色地仍然用对方的姓加头衔。会后翻译告诉美国人：尽管双方在私下已经熟悉到可以相互称呼名字，但在正式场合，还是要用正式称呼。

（2）双方用某一方的母语沟通。在跨文化情境中，如果沟通双方用某一方的母语进行沟通，有可能发生以下几种状况：

第一，是双方能在平等的氛围中沟通。这种情况往往发生在非母语方熟练地掌握了谈话语言，并在谈话另一方的国家中生活过，对语言和文化熟稔于心，因此双方的谈话节奏、话题都非常顺畅。

第二，谈话一方产生沟通焦虑。由于有一方是用非母语进行沟通，如果不是特别熟练，往往会发生表达不出自己、听不懂对方的情况，因而会产生沟通焦虑，并且影响谈话氛围。这种情况对双方都会产生一系列的问题。对于母语的一方来说，虽然因为是说自己的母语而加强了认同感，但是必须用与本国人谈话不同的方式与其沟通，如挑选简单的句型、不会产生歧义的词汇、语速放慢、更多停顿、反复提问以确认对方听懂等，这样会减少对方的沟通焦虑，增进理解。

3. 跨文化沟通中基于语言的误解

在跨文化沟通情境中，产生误解是正常的，因为编码和解码的人在不同的文化单元中。如果解码所得信息和编码者的意图一致当然最好，但这是非常难得的，尤其是对文化距离较大的沟通双方来说。有一些误解是基于语言本身，比如有日本人把中国古代美女“王昭君”译成“王昭先生”。英文“喝百事——活力无限”一句在德国曾被译成“从坟墓中出来”，在亚洲某些地区被译成“百事把你的祖先从坟墓中带出来”。英文“精神永恒，躯体有崖”，在俄罗斯曾被译成“魔鬼已经准备好了，但肉已经腐烂了”。

（二）跨文化沟通与非语言

1. 非语言的个人行为表现

（1）手势。手势是利用手和前臂的运动来表达信息传递者的意思。手势的作用往往被我们低估，因为在日常生活中我们在无意识地大量地运用它。只有当我们受到限制、不能用手势表达自己时，我们才会发现它的重要功能：在谈话中，手势可以用来启动、调控和终止谈话；用手势增强、阐明我们要说的内容；用手势表达我们想说但没有说出来的话。

手势具有文化普遍性。没有一种文化是没有手势的，而且很多手势在大多数文化中都存在，如用手指人、停止的手势、拍手、挥手等动作。在这些手势中，有一些在不同文化中具有相同的含义，如向外摊开手表示坦诚、无防御心；紧紧交错在一起的手指表示紧张、不安等。

手势具有文化特殊性。这表现在：一是不同文化对手势的强调程度、运用程度不同。有一些文化更多地借用手势表达自己，而有些文化中手势的丰富性则少一些。如意大利人的手势比其他文化的人更多，而且更强调沟通的有效性。一般而言，手势使用频率低的文化常常更强调正式性。二是象征手势在不同文化中含义不同。象征手势是那些在本文化中具有明确而具体含义的手势，它经常可以替代人们想要说的话，因为借用这个手势表达的含义非常清晰，双方完全能理解。例如，当一位来自美国的客户想在谈话中强调他的要点时，他可能用拳头来敲打桌子，通过间歇性地敲击桌面来强调他的论点。在相同情况下，美国职业女性的手臂动作远远少于男性。

（2）眼神接触。在许多文化里，眼睛都被视为是心灵的窗户，所以一般认为，眼神接触与否有特别的意义。在有些文化里，眼神接触和诚实有关，而在另外的文化里，眼神接触却被视为是侵犯他人的隐私。

（3）微笑。在所有文化里，人们不时地面带微笑。然而，微笑的含义也不尽相同，这取决于具体的文化背景。微笑有时表示欢乐与愉悦，有时却反映尴尬与难堪。

（4）身体接触。身体接触常用来传递比较亲密的信息，如爱、接受、鼓励等。根据身体接触情况，把文化分为“接触文化”和“非接触文化”。接触文化最主要的特点是沟通双方有更多身体接触，而非接触文化则与此相反。尽管有人批评这种区分过于简单，但由于它的有用性和直观性，所以一直为人们所沿用。接触和非接触文化并不仅仅关注身体接触，它还直接影响到其他行为。例如，由于接触文化中强调身体接触，所以人们在互动时相互距离会更近，目光有更多的对视。而非接触文化除了身体接触少外，与之相伴的还有相互距离较远、目光接触可能更少、身体更有可能侧对着。这也在提示着非接触文化的人不易在短时间内建立亲密关系。

2. 非语言的其他外在表现

（1）空间语言。空间语言是强有力的。我们与别人能接近到何种程度？我们在多远处就该停下来？我们大部分人从来不考虑空间距离，完全凭个人直觉来判断彼此之间的适当距离应该是多少。空间在许多方面已经成为我们自身的一种延伸。在依据不同的规则来行事的人面前，我们会感到不自在。

同样，我们对空间的态度反映了我们对隐私的态度。私人空间的大小受社会地位、性别、年龄和职位高低的影响，这就使我们对沟通中空间距离的阐释更加复杂。比如在美国，私人空间大约是一臂的距离。意思是说，我们要与他人保持一臂的距离，一臂之内不允许别人进入我们的个人天地。

（2）时间语言。时间在社会交往中扮演着重要角色，不同文化中的人用不同的方式看待时间。时间观主要分为三种：线性时间观、灵活时间观和轮回时间观。

第一，线性时间观。在线性时间观文化中，时间被看作是线性的，在一个时间段里人们只专注在一件事情上。时间被看作是重要资源，可以被花费、消耗或者浪费，“时间就是金钱”是其最好的写照。有效地利用和管理时间被当作是一种能力。线性时间文化中有几个显著特点：① 看重准时，相对于那些迟到的人，人们会对准时的人评价更高。② 按时间表做事，尊重日程安排是一种美德。如果与别人会面，需要预约。③ 在一个时间段里只专注做一件事情，这样做被认为是正确的、有效的。如果在一个时间段里同时做几件事情，人们会认为这个人不会管理时间或不专心。德国的时间观就属于线性时间观。

第二，灵活时间观。在灵活时间观文化中，人们把时间看作是灵活的、开放的资源。灵活时间观有几个显著特点：① 时间是为关系服务的。人是时间的主人，而不是时间的奴隶。如果需要建立一种关系，原本预定一个小时的谈话可以延长至数小时，或者在预约时根本就不约定结束的时间。② 不按时间表做事也是可以接受的。时间是用来享受生活的，而不是用来挤压人们的。人们对日程表被打乱有更高的忍受度。对一些临时安排的事情人们可以接受和理解。“有朋自远方来，不亦乐乎？”是这种时间观的鲜明写照。③ 在一个时间段里可能会同时做几件事情，多头并进是正常的，也是有效率的表现。美国的时间观就属于灵活时间观。

第三，轮回时间观。在轮回时间观中，时间管理着一切，时间能够治愈一切，时间拥有最高的智慧。时间是一种轮回、一种循环、一种上升和重复。轮回时间观有几个明显的特点：① 时间是轮回的。“历史总是惊人的相似”“以史为鉴”等鲜明地突出了这种重复和螺旋。② 从长远的角度来看待问题，并非总是为眼前的利益建立关系，而是从全局的角度出发，看到将来。③ 可以在同一时间段里关注多件事情，而且认为事物内部之间有着复杂的联系，牵一发而动全身。有时可能要通过复杂的关系网间接地达到自己的目的。中国的时间观就属于轮回时间观。

3. 跨文化沟通中非语言的重要性

非语言沟通是指沟通中除了语言以外的其他所有线索，包括身体动作、目光接触、空间位置、声音、身体接触、沉默、时间知觉等各个方面。在面对面沟通时，人们所有的感受当中只有7%的感受来自语言，而38%的感受来自声音，55%的感受来自面部表情。这些数字表明了非语言沟通的重要性。在跨文化沟通中，非语言沟通是最容易让人产生误解的部分，因为非语言信号的编码和解码充满了灵活性、不确定性和情境性。

人们的经验常识会增加对跨文化非语言信号的误解：如果对方所说的话与其非语言信号不一致，人们更倾向于相信非语言信号所揭示的信息。因为语言是高度社会化的产物，人们更擅长用它来掩饰自己，而非语言信号更多的与我们内在的情绪、内在的感受、潜意识相联系，较少受到正规训练，因而更可信。我们在跨文化情境当中会更多地观察到对方语言和非语言的失调：如一个中国人收到一个美国人的礼物，除了礼貌地致谢“太感谢你了！我非常高兴!”并面带微笑外，在美国人期待的眼神中，中国人通常不会再有进一步的举动。美国人对此可能判断：通常人们收到礼物后会感到惊喜，会迫不及待地拆开包装，看到礼物后会欣喜若狂。而对方现在表现淡漠，虽然口头上说自己很高兴，但表情却非常平静，语调平缓，是不是对方不喜欢我的礼物呢？还是我压根就不该送礼物？从这个小例子中我们可以看到，解读非语言信号时，我们常戴着自己文化的有色眼镜。由于非语言信号不像语言那样明显，我们往往不会特意去求证对这些信号的理解是否正确而失去澄清的机会。

4. 跨文化沟通中基于非语言的误解及其原因

非语言包括的范围很大，且在跨文化沟通中有重要作用，甚至有时起决定性的作用。即使大家在跨文化沟通中已经很注意非语言，但是效果仍旧不理想，那么造成这种情况的原因有哪些呢？

（1）非语言信号本身具有动态性。进行量化分析有诸多困难，分析的起点受到各种限制，如编码问题。如何对面部表情进行编码？如何对目光接触进行编码？尽管有学者进行了尝试，但目前仍需要更进一步的研究。

（2）非语言信号的情境性。非语言沟通的情境性要求人们不仅关注非语言信号本身，还要关注其产生的环境、场所和目的等。即使在同一个文化中，非语言沟通的情境性也依然存在，如把手臂抱在胸前这个动作，在气氛热烈的聚会上有可能是冷漠、防御、敌意、保持心理距离等含义，在气温较低的室外则有可能代表感觉到冷。在跨文化情境中，正确解读存在更多障碍。

（3）非语言所依存的关系。非语言信号有多种作用，如强调所说的话、补充没有表达出来的含义、重复语言的含义、调整所说的含义、替代所说的话等，不论是哪一种，常常有人际关系蕴含在其中。我们在不知该说什么才好的情境当中更多地使用非语言沟通，如在葬礼上，我们觉得语言是苍白的，所以我们只用动作来表达自己：握手、环住对方的肩、轻拍对方的背、拥抱等，以此表达我们的支持和安慰。有时，一个眼神、一个手势，一对默契的朋友之间就会相互理解；或有时，我们从两个人在一起时的身体距离、谁先接触谁来判断其权利关系。更微妙的是，在权利距离高的文化中，我们可以从办公室所在楼层、布局来推断其所拥有的权利，或者从开会时的座次、吃饭时谁先举杯等，来判断其权利关系、主客关系。

摊主是否了欺负 Alex 女士？

Alex 女士是从德国来到中国某高校教德语的外籍老师，由于有良好的中文底子，所以在日常生活中没有遇到太多的麻烦。她居住在高校生活区，固定在小区里的一个菜铺里买菜，因为她觉得那里菜新鲜、品种多，女摊主每次都热情地招呼她，不论她买了多少菜，一定会奉送几根小葱给她。这天她又去买菜了，女摊主热情地问她买什么菜。她的中文还没有好到能叫出每一种菜的名字，所以她每次都是用手指来指去。她还在犹豫间，就听到摊主在热情地招呼别人："张阿姨，你也来买菜了。今天还要玉米吗？"她选定了一样菜，等着摊主过来。只听到摊主又在说："王奶奶，你今天怎么这么晚才来？要不要来点西红柿？可新鲜了。"Alex 女士略有不快，但还是等着。只见摊主手脚麻利地给后来的两个顾客拿菜。Alex 女士实在忍不下去了，说道"我先来的呀！"摊主回头一笑："哟，你选好了，你半天没有吭声，我还以为你还在选呢！就来。"虽是这样说，但是摊主还是给这两人称好菜后才过来给她称的。Alex 女士又一次体会了在异乡被歧视的感受，她觉得连卖菜的人都欺负她是个"老外"。

在这个案例中，摊主真的欺负 Alex 女士了吗？为什么 Alex 女士会有不好的感受呢？

案例分析：其实案例中的摊主并没有欺负 Alex 女士，摊主是位非常机灵的生意人，在做买卖的同时，不忘跟人们拉近关系。在中国的街头巷尾，每天都会发生这种事情，跟是不是本地人没有关系。而 Alex 女士之所以感觉不好，是因为她没有得到在德国会得到的待遇：德国人遵守先来后到的顺序，摊主在为她服务好之前不会为其他人服务，而其他人会安静地在她后面排队。如果有人插队，大家都会提出批评，摊主更是会维护秩序。这个案例体现出中国和德国不同的时间观：中国的时间观允许人们在一个时间里做多件事情，维持关系最为重要；而德国的时间观强调一个时间段里只做一件事，顺序最为重要。

三、跨文化冲突

（一）跨文化冲突的定义

传统的冲突是指一方感觉自己的利益受到另一方反对或消极影响的过程。而跨文化冲突是指在跨文化情境中基于文化差异而引起的不一致。

从定义中可以看出跨文化冲突和传统冲突不同的特点：一是跨文化冲突是在跨文化情境中发生，即不同文化的人在一起互动时发生的冲突，它的发生限定在这个特定的情境中。二是文化差异的客观性决定了这一点，在跨文化互动过程中，有冲突是正常的、必然的，而没有冲突是反常的、偶然的。三是跨文化冲突不一定和各方利益有关，更多的是和各方的文化差异有关，这就决定了解决它的主要方式不是博弈，而是相互理解。四是跨文化互动各方的文化距离会影响跨文化冲突的强烈程度和频率。一般情况下，文化距离越大的各方，冲突可能越强烈，发生的次数也有可能越多。

（二）对待跨文化冲突的态度

1. 积极的态度

对跨文化冲突持积极态度的人认为，跨文化冲突是基于文化层面的冲突，是基于文化差异产生的，而差异是产生创新想法的土壤。如果让冲突处于可控制的情境下，它可以发挥积极作用，如促进大家从不同的角度考虑问题。

2. 中性的态度

对跨文化冲突持中性态度的人认为，跨文化冲突的本质是基于文化差异的冲突，只要有差异存在，就会有冲突。大多数冲突都是中性的。因此它不会因为我们喜欢而增加、厌恶而消失，它是客观存在的。我们评判冲突主要是从其结果看，那些有破坏性的冲突应该尽量避免或减少。重要的是人们要有管理冲突的意识，而不是回避或掩饰。

3. 消极的态度

对跨文化冲突持消极态度的人认为，跨文化冲突会带来消极或破坏性结果。比如谈判破裂，使人们之间的竞争关系加剧，或者使人们为了眼前利益而牺牲长远利益。冲突还会使身处其中的人们情绪受到影响，容易产生焦虑、不安或者愤怒、委屈等情绪，造成紧张的氛围。

第二节　跨文化沟通与适应

一、沟通与文化融入

（一）文化的内涵

虽然文化是个使用范围很广、使用频率很高的词，但人们对其概念却无统一的理解。有的从描述角度定义文化，认为文化是传统的风尚习俗、典章制度、工具、哲学语言等；有的认为文化是社会中代代相传的社会遗产，包括文化的生成、来源及其存在、流传等；有的从结构方面进行定义，侧重文化的模式或组织；有的侧重文化的发生和起源。

从心理学的角度看，文化有特定的含义：文化是影响某一群体总体行为的态度类型、价值观和准则，是在一定环境里人们集体精神的程序编制。其具体表现为：在特定时代中，某一民族或阶层的人有自己的心理状态、思维方式、社会习惯、人情世故、行为准则等。人们在学习、工作、生活中的一举一动、一言一行，无不体现文化的内涵。比如吃是人类的共性，但吃什么、怎么吃，就体现文化差异。典型例子是中国人吃饭讲热闹，法国人吃饭讲情调。

从最广义上说，文化是人类所创造的一切物质财富和精神财富的总和。从一般意义来说，文化是指除政治、经济、军事外的一种观念形态、精神活动的产物。

（二）沟通与文化的关系

文化与沟通的关系体现在文化的两难困境上。从文化的本性说，它之所以存在，是因为满足了人们的需求，满足了人们的自主性、创造性、社会性等。但由于文化的特点之一就是强制性，所以文化一旦形成又需要人们的服从。文化的服从、控制和人们的自主性、创造性之间形成一对矛盾。文化形成人们的沟通规则，要想正确理解另一种文化中沟通方的原意，就必须回归到文化中去寻找解码的规则。

文化与沟通还存在着相互作用的双重关系。文化是人们沟通行为的创造物，它与沟通相伴而生，通过沟通得以保持，并随其成员的沟通变化而变化。与此同时，沟通也是文化的创造物。人们对文化的知觉指导制约着沟通的方式、内容等。如人们问候的方式随文化不同而不同：法国人行贴面礼，美国人握手，中国人点头示意。在现实生活中，由于人们已经对沟通背后的文化因素熟视无睹，所以不会探究“我为什么要这样说？”这样的问题。沟通行为的背后其实是文化在起作用。

在漫长的人类沟通史上，文化一直扮演着背景的角色，但随着现代社会的迅速发展，尤其是跨文化交际的深入，文化已经从背景走到了前台，跨文化沟通成为人类沟通的重要组成部分，跨文化沟通的重要内容就是理解对方的文化。

二、跨文化适应的不同阶段

跨文化适应的过程通常分为几个阶段，即蜜月期、沮丧期、困难期、调整期和适应期。这几个阶段用图形表示，就呈现出一个 U 形曲线（如图 9-1 所示）。

（一）蜜月期

人们刚到跨文化环境中，对一切都感到新鲜有趣，有强烈的好奇心，对于两种文化的共同点十分感兴趣。对见到的事物、接触到的人感到满意，心情愉快，充满自信。言谈举止仍然采取本国的行为方式，尚无法清楚地判断别国文化和本国文化的区别，对于文化差异没有足够的了解，仅看到文化间的共同点，仍然沿用原文化的思维方式。

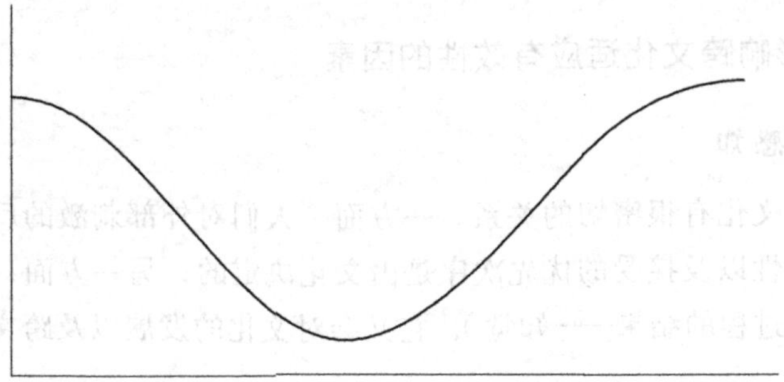

图 9-1　跨文化适应的发展阶段

（二）沮丧期

在跨文化环境中生活了一段时间后，开始注意到文化差异，并意识到已经无法回避这个现实。生活开始变得混乱，感到迷惘、孤立，没有安全感，产生强烈的思乡之情。由于失去了原文化中的人际关系和安全感，又担心无法在跨文化环境中取得自己期待的位置，紧张感和挫折感日益增强，有被疏远的感觉，开始担心无法适应新的文化环境。

（三）困难期

在这个阶段，开始以批判的态度看待文化差异，有受挫感，容易动怒。疑心重，敌意强，有否定一切的倾向。对跨文化持拒绝和否定的态度，坚持按照自己的方式做事。

（四）调整期

在这个阶段，能够正确认识文化间的不同点和共同点，不再对跨文化持防御或否定的态度。开始对跨文化产生亲切感，能够接受外国人，并学会用语言和非语言的方式与外国人交流。能够独立、自信地行动，开始适应跨文化环境的生活方式和人际关系，适应能力增强。

（五）适应期

在这个阶段，能够正确地认识文化间的异同点，积极地生活，作出自己的选择，并对自己的行为负责。独立但不孤立，能够展示自己的实力。逐渐得到外国人的信赖，具有幽默感，能与外国人进行情感上的交流，开始感受到跨文化环境生活的乐趣。

三、影响跨文化适应有效性的因素

（一）感知

感知与文化有很密切的关系。一方面，人们对外部刺激的反应、对外部环境的倾向性以及接受的优先次序是由文化决定的；另一方面，当感知形成后（指感知过程的结果——知觉），它又会对文化的发展以及跨文化的沟通产生影响。

在跨文化沟通过程中，研究感知或知觉对跨文化沟通的影响具有十分重要的意义。人们在沟通过程中存在的种种障碍和差异主要是由感知方式的差异所造成的，因而要进行有效的沟通，就必须了解来自别国文化环境中人们感知世界的不同方式。

（二）缺乏共感

缺乏共感的主要原因是人们经常站在自己的立场而不是他人的立场上理解、认识和评价事物。

缺乏共感是由许多原因造成的。首先，在正常情况下，站在他人立场上设身处地地想象他人的境地是十分困难的，尤其是文化因素加入之后，这个过程就更加复杂了。其次，显示优越感的沟通态度阻碍了共感的产生。如果一个人总是强调自己管理方法的科学性，固执己见，那么我们就很难与之产生共感。再次，缺乏先前对于某个群体、阶级或个人的了解也会阻碍共感的发展。如果从来没有在国外的企业工作或从事管理，也就没有机会了解他人的文化，我们就很容易误解他人的行为。最后，我们头脑中所具有的跟人种和文化相关的成见也是共感潜在的抑制因素。因而要进行有效的沟通，就必须学会站在对方文化的视角来判断、评论事情。

（三）成见

当我们突然进入一个新的文化环境，我们往往会产生烦恼不安等不适应——文化冲击。我们会因此而感到焦虑不安，甚至茫然不知所措。在这种情况下，成见就油然而生了。成见不是不可避免的，但它常比悬而未决或模棱两可的状态容易接受得多。大多数人都有一定的惰性，不愿意发展了解不同境遇中其他人的必要的能力，而是心安理得地根据错误的信息来减少悬念状态带来的不安和痛苦。然而，问题是：存在于我们头脑中的成见，常常是僵化的、难以改变的，因此将其作为防卫机制是不妥当的，而且常常是极为不利的。我们必须认识到，凡此种种的成见，对于成功地进行跨文化沟通是全然无益的。要进行有效的沟通，就必须抛开成见，将自身置于别国环境中来熟悉理解不同的文化差异所带来的不同影响。

（四）种族中心主义

种族中心主义是人们作为某一特定文化中的成员所表现出来的优越感，人们以自身的文化价值和标准去解释和判断其他文化环境。

所有的人都经历了促使民族中心主义心态发展的社会过程。人们通过受教育知道了“如何行事”的准则，通过观察知道了周围人的行为方式，对某一特定的制度和体系也越来越熟悉。从文化的角度看，假定能从另一种文化中选择“最好的方式”去行事似乎是不合理的。所以人们对文化差异之间的沟通在早期是抱着否定态度的。因而要进行有效的沟通，就必须抛开种族中心主义，理性客观地看待本国文化、别国文化，学习别国文化中的精华。

四、大学生跨文化沟通

（一）跨文化沟通的重要意义

1. 了解自己

了解自己就是要识别一种文化中人们所具有的态度、意见和倾向性的行为，这不仅有助于我们决定说什么、怎么说，也有助于我们听取别人说什么。隐藏在内心深处的先入为主是引起跨文化沟通诸多问题的重要原因，也是种种矛盾和冲突的根源。了解自己还包括发现我们对世界其他部分进行描绘所得出的种种印象，即我们如何进行沟通。要想改进沟通效果，了解人们对我们的反应，就必须获得其他人怎样感知我们的某些观念。如果对怎样表现自己、对文化的沟通风格都有相当明确的了解，我们就能够更好地理解他人的反应，从一种沟通情境转入另一种情境时就能在沟通方式上做出必要的调整。

2. 发展双向沟通

沟通是一个循环的相互影响的过程，这个过程包括信息发出者、接收者和信息本身。由于文化差异的存在，来自不同文化背景的人把各自不同的价值观念、信仰和风俗习惯带到沟通过程中，他们在诠释从另一种文化中传来的信息时总是按自己的文化背景以及由此决定的解码方式加以理解，从而导致对对方信息理解的不准确，进而做出错误的判断和决策。因此，双向沟通有助于对来自不同文化背景的信息的诠释，通过双向沟通和反馈，进一步刺激跨文化沟通的积极性，拓宽沟通渠道，及时总结沟通中好的经验并加以推广，并对沟通中出现的问题及时纠偏。

3. 发展共感，消除文化中心主义

共感就是设身处地地体味他人的苦乐和际遇，从而产生情感上的共鸣。不同文化归属的人之所以不容易沟通，往往是由于对具体文化现象的理解不同。在跨文化沟通中，缺乏共感，不能正确理解和评价他人的价值观，缺乏共同的背景，缺乏对于我们所拥有的特定世界观和价值观标准不同的文化背景的宽容的态度，是导致沟通失败的主要原因。发展共感，首先要承认不同文化之间的差异，唯此才能为发展共感找到方向和切入点。其次，要有一种“换位”意识，排除对异质文化的各种成见的干扰，设身处地地站在他人的角度去理解文化现象。正确地认识自己，消除民族中心主义的偏见，消除自我与环境相分离的状态。最后，必须站在信息接收者的立场看待问题，从信息接收者的角度设想问题。要摆脱文化中心主义的偏见，不可歧视或贬损其他文化。只有客观、公正、全面地认识和理解异质文化，才能消除跨文化沟通过程中的种种文化因素障碍。

（二）跨文化沟通的技巧策略

1. 学习策略

对于处于文化适应阶段的异国人，通过各种途经去学习外国的文化，恐怕是他们采用最频繁也是最持久的一种策略。

中国人常说，兴趣是最好的老师。在适应外国文化的过程当中，抱有浓厚的兴趣也就成了学习的先导。在学习的各种途径中，人们采用比较多的是观察法。比如年龄比较小的孩子，会观察老师和同伴的行为，看他们是怎么做的，然后就照着做。孩子成长的过程本身就是一个学习的过程，文化适应对年纪小的受试者来说是个优势。成年人在条件允许的情况下，往往会采取外出观光的方法。调查显示，60%的人有时或经常在周末和假期外出观光旅游，了解当地的风土人情；高达 75% 的人经常阅读当地的报纸、杂志，或收看当地的电视节目。由于报纸、电视的时效性较强，涉及的面也较广，使用起来又很方便，所以很受大家欢迎。在这个过程中，可以学到语言知识，了解到当地社会政治、经济、文化、教育和体育各方面的状况，并从报道中了解当地人的价值取向。可以说这是异国人最常使用的学习策略。

2. 语言策略

语言作为人类交流思想的工具，在跨文化交往中起着举足轻重的作用。要与目的国的人群进行正常、有效的交际，掌握目的国的语言成为一种必需。然而，由于各种各样的原因，并非每一个身在异国的人在出国前就能对目的国的语言运用自如。虽然能够基本上运用目的国语言进行交际的异国人较少，但是大部分人都采取了积极的策略来提高自己的语言运用能力。

进入各种语言学习班学习，是人们采取最多的一种策略。许多国家都设有专门针对外国留学生的语言课程，这种课程通常持续一年，但根据各地情况不同也有区别。比如，一名中国学生小学时就去了美国，之前完全不懂英语。在美国，他接受了政府专为外国中小学生所设的 ESL 夜校教育，同学上英语课时，她就直接去小班上课。

3. 人际策略

人际关系是社会学关注的焦点，是社会中每个个体成员生存和发展的基础。有人存在就有人际关系，与目的国人群的关系处理得好坏与否，很大程度上决定了异国人文化适应的速度和程度。

人际策略中首当其冲的是积极调整心态，从而与外国人交际时保持良好的心理状态。大多数受试者认为他们与外国人打交道的时候比较自信，不会觉得紧张，但仍有少数的人在心理上存在较大障碍，这使得他们与外国人打交道时缩手缩脚，时间一长，人际关系的受挫感会让他们缩在自己的小圈子里，形成相对封闭的心理。成功的交际需要用宽容的心去接受别人的文化和价值观念。

另外，经常参加学校、社区的活动或外国朋友的聚会也是人们使用较多的策略。在外国朋友举办的各种聚会活动中，人们不仅可以学到地道的语言、各种非语言行为，更重要的是与身边的外国朋友交流思想，了解当地的一些习俗、规范和价值观念。一位女士出国探亲，对参加外国朋友的聚会深有感触。她丈夫的同事为迎接她的到来，专门举办了一个派对，来参加派对的每个人要带一道菜。她准备了两道中国菜，外国朋友赞不绝口，菜一下子就被抢了个精光，而她也品尝了外国朋友的精美食物。在这个过程中，大家相互之间增进了了解，并为以后的人际交往做好了铺垫。

4. 成就策略

为了克服交际中的困难，达到某种目的而采取的策略，我们称其为成就策略。人们针对学习和工作中的挫折，采取了相对集中的成就策略。

人们通常会对自己的行为做出计划，预先解决一部分可能由文化差异引发的困难。与同学或同事交流学习、工作中遇到的各种难题是人们采取最多的成就方式之一。另外，上网求助也是人们采取较多的成就策略之一。一名海外留学生谈到，他出国之前经常在网上看一些有关出访国情况的文章，所以出国以后并没有特别大的陌生感，对遇到的困难也有了心理准备。

应该指出的是，人们对于异文化的适应是多种策略综合起作用的结果。只有调整心态，打好语言功底，主动与人交流，并在困难面前积极应对，才能更快、更好地适应异文化。

美国人真的不喜欢小李吗?

小李作为一名交换生，在美国的一所中学里已经学习了7个月。刚来的时候，她觉得一切都很新鲜，什么都想学。可是最近她越来越不喜欢这个国家了。

有一次聚会，她跟一个朋友说“她的英文不好”。本来是期望朋友说“你的英文很好，现在比刚来的时候进步多了”，可没想到，朋友却说：“是的，你的英文是不好，还要多练习，你们中国人说英文都不太地道。”朋友还说：“你戴眼镜的样子像一只麻雀。”她的话让小李心里很不舒服，心想：就你说的那两句中文，我还总说你中文说得好呢，我的英文比你的中文好多了。聚会快要结束时，小李跟朋友要手机号，没想到朋友居然不给。小李心想：她是不是对中国人不友好？她是不是不喜欢我？

又有一次上课时，一个同学说她肚子疼，小李就问她：“你是不是拉肚子？”没想到别的同学都笑起来，那个同学一下子就不高兴了。没过一会儿，另一个同学居然学她不标准的英文发音。小李又想：她在这里怎么一点尊严都没有呢？ 他们是不是都不喜欢我？

案例分析：在案例中，该交换生与美国朋友交往时，对于美国朋友的行为非常不解，产生了“她是不是不喜欢我”的困惑，这正是由于中西方的思维方式存在着很大的差异，这样的差异势必造成交际冲突和双方的误解。该交换生采用中国式的交际准则与美国人交往，与美国朋友聊自己的英语水平时，她运用的是东方的螺旋形思维方式，这种思维方式是在发出或者接收信息时，理解原有信息的同时还会有其他的考虑。该交换生以谦虚礼貌为准则，说了一些自谦的话，实际上是想让对方夸赞她，但是美国人是典型的西方式思维，不会拐弯抹角，也不会考虑个人感受，他们习惯直截了当地表达信息。于是该美国朋友直言不讳地评价她的英文水平，最终使得她“心里很不舒服”。此外，中国人注重谈话的和谐，因此在谈话过程中会委婉地表达，这是给对方留面子；而西方人则更注重交谈信息直接有效地表达，这些差异都导致了该交换生交际的不成功。

应用篇

第十章　演讲与说服艺术
第十一章　沟通礼仪
第十二章　求职与应聘技巧
第十三章　大学生沟通能力训练策略

第十章　演讲与说服艺术

【开篇案例】

北京大学校友、新东方校长俞敏洪有一次在北京大学演讲《我在北大的体会》，让人印象深刻。里边提到：

“我常常跟同学们说，如果我们的生命不为自己留下一些让自己热泪盈眶的日子，你的生命就是白过的。我们很多同学凭着优异的成绩进入了北大，但是北大绝不是你们学习的终点，而是你们生命的起点。在一岁到十八岁的岁月中间，你听老师的话、听父母的话，现在你真正开始了自己的独立生活。我们必须为自己创造一些让自己感动的日子，你才能够感动别人。我们这儿有富裕家庭来的，也有贫困家庭来的，我们生命的起点由不得你选择出生在富裕家庭还是贫困家庭，如果你生在贫困家庭，你不能说老爸给我收回去，我不想在这里待着。但是我们生命的终点是由我们自己选择的。我们所有在座的同学过去都走得很好，已经在十八岁的年龄走到了很多中国孩子的前面去，因为北大是中国的骄傲，也可以说是世界的骄傲。但是，到北大并不意味着你从此大功告成，并不意味着你未来的路也能走好，后面的五十年、六十年，甚至一百年你该怎么走，成为每一个同学都要思考的问题。就本人而言，我觉得只要有两样东西在心中，我们就能成就自己的人生。

“第一样叫作理想。我从小就有一种感觉，希望穿越地平线走向远方，我把它叫作‘穿越地平线的渴望’。也正是因为这种强烈的渴望，使我有勇气不断地高考。当然，我生命中也有榜样。比如我有一个邻居，非常的有名，是我终生的榜样，他的名字叫徐霞客。当然，是五百年前的邻居。但是他确实是我的邻居，江苏江阴的，我也是江苏江阴的。因为崇拜徐霞客，直接导致我在高考的时候地理成绩考了九十七分。也是徐霞客给我带来了穿越地平线这种感觉，所以我也下定决心，如果徐霞客走遍了中国，我就要走遍世界。而我现在正在实现自己这一梦想。所以，只要你心中有理想，有志向，同学们，你终将走向成功。你所要做到的就是在这个过程中要有艰苦奋斗、忍受挫折和失败的能力，要不断地把自己的心胸扩大，才能够把事情做得更好。

“第二样东西叫良心。什么叫良心呢？就是要做好事，要做对得起自己对得起别人的事情，要有和别人分享的姿态，要有愿意为别人服务的精神。有良心的人会从你具体的生活中间做的事情体现出来，而且你所做的事情一定对你未来的生命产生影响。”

【案例分析】

这只是俞敏洪演讲的片段，整个演讲过程中，无数次的掌声和笑声响起。这正是说话者掌握住了演讲过程的节奏，从实际出发，向听众阐释演讲主旨，让人不禁产生一种振奋人心的感觉。优秀成功的演说一定要真实地反映客观情况，但也不能杂乱无章地乱说，要有条理地、运用真情实感地说话，让人们感觉到演说者的真诚。

成功演说的影响要素包含了方方面面，比较关键的主要体现在声音、语速、内容与情感等方面，因此要想变成一名优秀的演说者，就要在这些方面给予提升，使演说明白晓畅，能够抓住听众的心。

第一节　演讲艺术

演讲是一种艺术。演讲口才作为一种口语表达形式，要求调动有声语言和态势语言的一切积极因素与手段，以达到在大庭广众之中圆满而艺术地交流思想和表达情感的目的。因为演讲口才优于其他的口语表达形式，所以演讲口才便有了比其他口语表达形式更巨大、更突出的语言魅力。

演讲是一种威力无比的武器，运用它可以捍卫自己，取得竞争优势。演讲是一个重要的途径，通过它我们可以增强勇气，获得斗争的力量。精彩的演讲能显示出演讲者学识的广博、举止的优雅、应变的灵活和情趣的幽默，它往往是一个人综合素质的体现。

一、演讲的基本知识

演讲又叫讲演或演说，是指在公众场所，以有声语言为主要手段，以体态语言为辅助手段，针对某个具体问题，鲜明、完整地发表自己的见解和主张，阐明事理或抒发情感，进行宣传鼓动的一种语言交际活动。一场精彩的演讲总是让听众回味无穷，能让听众收获很多知识。

（一）演讲的类型

1. 从功能上划分

演讲从功能上划分，可分为以下五种：

（1）“使人知”演讲。这是一种以传达信息、阐明事理为主要功能的演讲。它的目的在于使人知道、明白。如美学家朱光潜的演讲《谈作文》，讲了作文前的准备、文章体裁、构思、选材等，使听众明白了作文的基本知识。它的特点是知识性强，语言准确。

（2）“使人信”演讲。这种演讲的主要目的是使人信赖、相信。它从“使人知”演讲发展而来。如恽代英的演讲《怎样才是好人》，不仅告知人们哪些人不是好人，也提出了三条衡量好人的标准，通过一系列的道理论述改变了人们以往的旧观念。它的特点是观点独到、正确，论据翔实、确凿，论证合理、严密。

（3）“使人激”演讲。这种演讲意在使听众激动起来，在思想感情上与你产生共鸣，从而欢呼、雀跃。如美国黑人运动领袖马丁·路德·金的《在林肯纪念堂前的演说》，用他的几个“梦想”激发广大黑人听众的自尊感、自强感，激励他们为“生而平等”而奋斗。

（4）“使人动”演讲。这比“使人激”演讲进了一步，它可使听众产生欲与演讲者一起行动的想法。第二次世界大战期间戴高乐将军在英国伦敦做演讲《告法国人民书》，号召法国人民行动起来，投身反法西斯的行列。它的特点是鼓动性强，多以号召、呼吁式的语言结尾。

（5）“使人乐”演讲。这是一种以活跃气氛、调节情绪，使人快乐为主要功能的演讲，多以幽默、笑话或调侃为材料，常出现在喜庆的场合。这种演讲的事例很多，人们大都能听到。它的特点是材料幽默，语言诙谐。

2. 从表达形式上划分

演讲从表达形式上划分，可分为以下三种类型：

（1）命题演讲，即由别人拟定题目或演讲范围，并经过准备后所做的演讲。命题演讲的特点是主题鲜明、针对性强、内容稳定、结构完整。它包含两种形式：全命题演讲和半命题演讲。全命题演讲的题目一般是由演讲组织部门来确定。如某单位组织“让雷锋精神在岗位上闪光”主题演讲，为了让演讲者各有侧重，分别拟了《把爱送到每个顾客的心坎上》《练好本领，为民服务》《从一点一滴做起》三个题目，给了三个演讲者，要求以此组织材料，准备演讲。半命题演讲指演讲者根据演讲活动组织单位限定的范围，自己拟定题目进行的演讲。

（2）即兴演讲，指演讲者在事先无准备的情况下就眼前场面、情境、事物、人物临时起兴发表的演讲。如婚礼祝词、欢迎致辞、丧事悼念、聚会演讲等。它的特点是有感而发、时境感强、篇幅短小。它要求演讲者要紧扣主题，抓住由头，迅速组合，言简意赅。

（3）论辩演讲，指由两方或两方以上的人因对某个问题产生不同意见而展开的面对面的语言交锋。其目的是坚持真理、批驳谬误、明辨是非。比如，我们生活中常见的法庭论辩、外交论辩、赛场论辩，以及每个人都曾经历过的生活论辩等。它的特点是：针锋相对，短兵相接。论辩演讲较之命题演讲、即兴演讲更难些，要求演讲者必须具备：正确的思想、高尚的品质、严密的逻辑性、较强的应变性。

3. 从内容上划分

演讲从内容上划分，大致可分为以下五种类型：

（1）政治演讲。凡是为了一定的政治目的，出于某种政治动机，就某个政治问题以及与政治有关的问题而发表的演讲均属此类。它包括外交演讲、军事演讲、政府工作报告、政治宣传等。

（2）生活演讲，指演讲者就社会生活中存在的各种问题、风俗、现象而作的演讲，它表达了演讲者对这些问题的看法、见解和观点。这种演讲涵盖的内容更加广泛，如亲情友谊、祝贺、迎送、答谢等均属此类。

（3）学术演讲，指演讲者就某些系统、专门的知识和学问而发表的演讲。一般指学校和其他场合的专题讲座。一般指学校和其他场合的专题讲座、学术报告、学术发言、学术评论。它必须具有内容的科学性、论证的严密性和语言的准确性三大要素。这是与其他类型演讲的一大区别。

（4）法庭演讲，指公诉人、辩护代理人在法庭上所作的演讲，以及律师的辩护演讲。法庭演讲有突出特征：公正性和针对性。

（5）宗教演讲，指一切与宗教仪式、宗教宣传有关的演讲。它主要包括布道演讲和一些宗教会议演讲。

（二）演讲的知识准备

曾经有过一场名为“如何走向成功”的演讲，演讲者一开场就列举了我们大家所熟知的名人，例如爱迪生、达尔文等，十分简短地讲述了名人的成功经历，做实验经历无数次失败，具体的细节没有讲清楚。讲完这几个名人以后，演讲者似乎有些局促不安，也有可能是第一次做演讲，竟然在台上沉默不语，听众在底下窃窃私语，场面十分尴尬。主持人忙上台打圆场，演讲者趁机走下讲台。由此看来，准备一篇好的演讲稿尤为重要。

（1）请让你的大脑多多储备“食粮”。空空如也的头脑就像一个空的食品柜，假如食品柜里没有食物，主妇不会紧张地把空盘子弄得叮当作响，她会打电话给小卖部。如果你没有想法，就不要“嗯”“啊”个不停，说些没用的话，要想出些东西，在那之前不要说话。

但这不是过去新英格兰管家所说的“有准备”，真正解决脑袋空这个问题的办法是永远不让它空。在达科他，自喷井中的水喷出地面后又喷到离地面几英尺高的空中。这种水流强大的秘密当然就在于下面强大的供应，让它喷涌而出。

储备力量是具有吸引力的。并不是说要你讲一些你之前记住的东西，而是建议你把你用观察、阅读、惊讶、感情和思想炼成的乳酪传达给观众，因此，为了储备力量，必须手头有足够的牛奶材料，让你提供足够的乳酪。

怎样才能得到牛奶呢？有两种方法,第一种是第一手材料——从奶牛身上获得，第二种是第二手材料——从挤奶工那里获得。

（2）读那些能调动思考的好书。五柳先生曾说：“好读书，不求甚解。”培养读书的好习惯，对演讲来说十分重要，但博览群书并不是让演讲者将所有喜欢的不喜欢的通通浏览一遍，这样并没有什么太大的成效，这样只是看书，并不是读书。读书会将书中的精华融入自己的骨髓，成为演讲的营养液。

学知识要学精，学习自己感兴趣的领域的知识，选择的书籍一定要经典，这样往往能收到事半功倍的效果，比如，学美学，柏拉图的《文艺对话录》必看；学文学，四大名著必看。还要博古通今，再看看现当代学者的一些著作，用现代人独具特色的眼光去读书，会有一些新颖独到的见解和看法。易中天在“百家讲坛”那么受人欢迎，也正得益于此。他用现代人习惯的观念去解读历史，不仅使普通的听众容易理解，也使自己的演讲妙趣横生。知识不在多，而在精，走马观花式的读书方法并不能让人收获很多。要想把知识学精，首先需要以学界的泰斗为尊。而且在读书的时候，看到发人深省的字句，或者精辟、蕴含人生哲理的话，最好能够用笔记下来。“好记性不如烂笔头”，这样记下来，闲下来的时候可以随手翻阅，加深印象。这些真知灼见可以在演讲中灵活运用。知识储备并非一朝一夕就能够完成，需要演讲者日积月累，需要坚持。

二、演讲的技巧

（一）三种成功有效的演讲方法

成功优秀的演说不会让听众觉得厌烦。一个好的演说要有明确的目的，既能够让听众明白演说的主题，又能够在一开始就抓住听众的注意力，从而向听众传递信息，进行交流，打动并一直吸引他们。说话者要在演讲中扮演主导力量，引导听众的思维方向，最终才能获得演讲成功。

听众是决定演讲能否成功的关键。所以，要想让演讲成功进行，实现最终目的，演讲者需要站在观众的立场采取适合听众的具体方法，才能更好地说服观众。下面介绍三种成功有效的演讲方法。

（1）在演讲中穿插亲身经历或者是精通的知识。统计发现，演讲者根据自己亲身经历的生活经验来选择最适宜的演讲内容，是最容易引起听众兴趣的。

几年前，戴尔·卡耐基的教师们在芝加哥的希尔顿饭店开会。一位学员这样开头：“自由、平等、博爱，这些是人类字典中最伟大的思想。没有自由，生命便无存活的价值。设想一下，如果我们的行动处处受到限制，会是怎样的一种生存状态呢？”

他讲到这里时，他的老师明智地请他停止。老师问他有什么证据可以支持他刚才所说的观点。于是他讲了一个扣人心弦的故事。

他曾是一名法国的地下斗士，他和家人在纳粹统治下遭受了种种屈辱。他以生动、鲜明的词语，讲述了自己和家人是如何逃过秘密警察的追捕来到美国的。他说：“今天，我走过密歇根街来到这家饭店，我能随意地自由来去。我经过一位警察的身边，他不会注意我。我走进饭店，也不需要出示身份证。等会议结束了，我还可以按照自己的意愿，去芝加哥任何地方。因此请相信我，自由是值得奋斗的。”他的话获得了全场起立和异常热烈的掌声。

这正是亲身经历的魅力所在。如果没有亲身的经历，演讲者对于“自由、平等、博爱”这样抽象的思想是难以理解透彻，进而叙述详尽的。正是有了早年的经历，是储藏在生命中自身领悟的重要的信念，而不是仓促而成，才能更好地吸引听众的注意力。

（2）对演讲的题目满怀热情，认真充分地进行准备。对于演讲的题目，首先演讲者要有足够的热情，其次就要从生活背景中选取有意义的人生经验，按照自己的习惯组织安排，为演讲做好充分的准备。

> 戴尔·卡耐基的演讲班上，有一次，老师问学员们闲暇时都做些什么，有人说去看电影，有人说去打保龄球，有人则说种植玫瑰花。其中有一位学员这么说：“我喜欢收集有关火柴的书籍。”老师接着问他一些关于这个与众不同的嗜好的问题，他渐渐精神起来，不再认为自己“对什么事情都提不起兴趣”，竟也滔滔不绝起来，甚至还手舞足蹈地描述起自己收藏火柴书籍的小房间来。等他开始对自己喜爱的话题兴奋起来的时候，老师打断他：“你为什么不对我们谈谈这个话题呢？我觉得挺有意思的。”这个学员就以收藏家的身份，兴高采烈地畅谈了一个晚上。

演讲者只有对题目满怀热情的时候，才能信心饱满地娓娓道来。不要认为自己过的是平凡单调的生活，也不要妄自菲薄，否定自己耗用多年时间追求的爱好的价值，认为不会有人对其感兴趣。要知道一个话题有没有趣味价值，唯一的方法是问自己对他有多少兴趣、是否能带着满腔热情。

（3）关注听众的信息，和听众保持联系，与听众产生共鸣。一个成功的演讲包括三种因素：演讲者、演讲内容和听众。演讲前，演讲者要了解听众的信息，清楚他们的身份、文化背景、有什么爱好以及关心的问题，等等，避免出现对牛弹琴的尴尬局面。演讲过程中，演讲者不要忘记跟听众沟通，时不时地利用自己的微笑、停顿或者是其他动作来与听众沟通，与他们保持联系，防止出现僵局。

随时注意听众的表情，是眉头紧锁、激昂亢奋，还是昏昏欲睡，从而针对不同的情况采取应对措施，获得较好的演讲效果。同时，演讲的过程中还要以听众为中心，那就是演讲者必须使听众觉得，他所谈论的话题很重要。他不仅要对这个话题充满强烈的热情，还得把这种热情传递给听者。能够引起听众共鸣的演讲才能算是一个成功有效的演讲。

遵循正确的方法，做好充分的准备，我们都能成为出色的演讲家。将以上三种方法运用到演讲中，更容易实现演讲的目的，完成一场成功的演讲。

（二）运用修辞为演说增色

成功的演说好比一把神奇的枪和一柄锋利的剑。要想有一场成功且富有鼓动性的演说，就要在演说中恰当运用修辞。正如“诗无定法”一样，演说怎样组织才富有鼓动性也是没有定法的。通常来讲，演说要想具有鼓动性，就一定要从听众的需要出发去组织内容，演说的内容、风格一定要根据演说对象与场合来组织，有时候也要联系演讲者本人的一些特定情况。

在演讲中恰当运用修辞是极其重要的，修辞是对演讲词通篇艺术性的总体把握，可以使演讲成为一种优美而动听的语言艺术。好的演讲，既要给听众留下深刻的印象，也要给听众一种艺术美感，更要让他们随着演讲的进行，情感起伏跌宕，时而紧张、严肃，时而轻松、活泼。只有恰当运用修辞，才能达到语言艺术听觉美的要求。

美国著名政治家和演说家佩特瑞克·亨利在《诉诸武力》的演说中是这么讲的：“我们的申请只遭到轻蔑；我们的抗辩招来了更多的暴行与侮辱；我们的祈求根本没有得到人家的理睬；我们所得到的不过是被人百般奚落后，一脚从御座前踢开……如果我们渴望得到自由——如果我们…………——如果我们…………——那我们就必须战斗！让我们重复一遍，先生们，我们必须战斗！诉诸武力，诉诸万军之主，这才是我们的唯一前途！……”

在演说快要结束的时候，他这么收尾：“战火实际上已经爆发。摈弃的轰鸣即将随着阵阵的北风而不绝于耳！我们的兄弟们此刻已经开赴战场！我们岂可在这里袖手旁观，坐视不动？请问一些先生们到底心怀什么目的？他们到底希望得到什么？难道无限宝贵的生命，无限美好的和平，最后只能以镣铐和奴役为代价来获得吗？……不自由，则毋宁死！”

不言而喻，佩特瑞克·亨利的这篇演说是极具鼓动性的。为了强调形势的紧迫，他运用了一连串的排比句式和重复句，将诉诸武力的思想和理由表达得异常鲜明、坚定、有力。另外，他在结尾时采用了责问和反问的方式，显得咄咄逼人，气势酣畅，让这篇演说富有很强的鼓动力。

富于激情的演说不但会在演讲中获得掌声，而且具有较强的鼓动性。而修辞的合理运用，对于演讲的鼓动性有很大帮助。排比、反问、比喻等各种修辞手法都可以使用，能够使演说词生动、形象，富有鼓动性。

小玉同学是全校演讲比赛第一名获得者，要在授奖大会上做一次答谢演说。她是这样说的："在一个很大很大的瓜田里，有无数的西瓜。它们有很多很多，个头很大而且很好。有一个西瓜生长在路边。于是，它很容易被人发现了。它和瓜田里的其他西瓜比起来，这个生长在路边的西瓜或许并不算最大，并不算最好，但是，由于它被人们发现了，所以，受到了一连串的称赞：'好瓜！好瓜！'那么，这个西瓜应该怎么想呢？如果它在颂扬声中飘飘然起来，真以为'我天下第一'，那么，它便是一个大傻瓜；如果它以为自己的长成完全是凭自己，而忘记了园丁们的培育、浇水、施肥，那么，它也是一个大傻瓜；如果它在颂扬声中保持清醒，继续生长，力追同伴，那么，它才真正是一个'好瓜'。我，就是这个生长在路边的、已被人发现的、很大的瓜田中的一只瓜。"

这篇演说词虽然不长，但是全篇用瓜作喻，把演说者自身的那种谦虚谨慎、再接再厉，不忘园丁、不忘同伴的思想品德表达得恰如其分，非常完满，也很生动、形象，让听众在享受演说的过程中受到一定的思想熏陶，产生一定的情感共鸣，取得了很好的效果。

准备演说稿的时候，采用比喻的方式，或明喻、或隐喻，可以给听众留下适当的思考、回味的余地，使演说精髓深入到听众内心，形成较大的鼓动效应。一篇成功的演说稿除了要确保内容适合听众、适合场合与时间、适合演说者本身外，还要借助一定的修辞手法与表达方式，如形象生动的比喻、气势恢宏的排比、感情强烈的反问等来增强感染力，让听众有一定的情感共鸣，这样自然就增强了演说稿的鼓动性。

三、经典演讲赏析

我有一个梦想

〔美〕马丁·路德·金

一百年前，一位伟大的美国人签署了《解放黑奴宣言》，今天我们就是站在他的灵魂安息处集会。这一庄严宣言犹如灯塔的光芒，给那千百万在那摧残生命的不义之火中备受煎熬的黑奴带来了希望。它之到来犹如欢乐的黎明，结束束缚黑人的漫漫长夜。

然而一百年后的今天，我们必须正视黑人还没有得到自由这一悲惨的事实：一百年后的今天，在种族隔离的镣铐和种族歧视的枷锁之下，黑人备受压榨；一百年后的今天，黑人仍生活在物质充裕的海洋中的一个贫困的孤岛上；一百年后的今天，黑人仍旧在美国社会的一隅受苦受难，并且发现自己竟然是故土家园中的流亡者。今天我们在这里集会，就是要把这种骇人听闻的情况公之于众。

就某种意义而言，今天我们是为了要求兑现诺言而汇集到我们国家的首都来的。我们共和国的缔造者草拟宪法和独立宣言的气壮山河的词句时，曾向每一个美国人许下了诺言，他们承诺给予所有人以生存、自由和追求幸福的不可剥夺的权利。

就有色公民而论，美国显然没有实践她的诺言。美国没有履行这项神圣的义务，只是给黑人开了一张空头支票，支票上盖着“资金不足”的戳子便退了回来。但是我们决不相信，正义的银行已经破产；我们决不相信，在这个国家储存机遇的巨大金库里没有足够的储备。因此，今天我们要求兑现支票。这张支票将给予我们宝贵的自由和正义的保障。

我们来到这个圣地也是为了提醒美国，现在是非常紧迫的时刻。现在绝非奢谈冷静下来或服用渐进主义的镇静剂的时刻。现在是实践民主诺言的时刻。现在是从黑暗荒凉的种族隔离的深渊中崛起、向阳光普照的种族平等的道路上奋进的时刻。现在是向上帝的所有儿女开放机会之门的时刻。现在是把我们的国家从种族不平等的流沙中拯救出来，置于兄弟情谊的磐石之上的时刻。

如果美国忽视时间的紧迫性和低估黑人的决心，那么，这将是美国的致命伤。自由和平等的爽朗金秋如不到来，黑人的义愤填膺的酷暑就不会过去。1963 年并不是意味着斗争的结束，而是开始。有人希望，黑人只要撒撒气就会满足。如果国家安之若素，毫无反应，黑人必会大失所望的。黑人得不到公民的权利，美国就不会有安宁和平静，正义的光明的一天不到来，反叛的飓风就将继续动摇这个国家的基础。

但是对等候在正义之宫门口的心急如焚的人们，有些话我是必须说的。在争取合法地位的过程中，我们不要采取错误的做法。我们不要为了满足对自由的渴望而抱着敌对和仇恨之杯痛饮。我们斗争时必须永远举止得体，纪律严明。我们不能容许我们的具有崭新内容的抗议蜕变为暴力行动。我们要不断地升华到以精神力量对付物质力量的崇高境界中去。

我并非没有注意到，参加今天集会的人中，有些人受尽苦难和折磨，有些人刚刚走出狭小的牢房，有些人由于寻求自由，曾在居住地惨遭迫害风暴的疯狂打击，并在警察暴行的旋风中摇摇欲坠。你们是人为痛苦的长期受难者。坚持下去吧，要坚决相信，忍受不应得到的痛苦是一种赎罪。

让我们回到密西西比去，回到亚拉巴马去，回到南卡罗来纳去，回到佐治亚去，回到路易斯安那去，回到我们北方城市中的贫民区和少数民族居住区去，既然知道这种状况是能够而且必将改变的，那么，就让我们回到北方城市中的陋巷和贫民窟中去。我们不要陷入绝望而不能自拔。

朋友们，今天我对你们说，在此时此刻，我们虽然遭受种种困难和挫折，我仍然有一个梦想。这个梦想是深深扎根于美国梦之中的。

我梦想有一天，这个国家会站立起来，真正实现其信条的真谛——我们认为这些真理是不言而喻的——人人生而平等。

我梦想有一天，在佐治亚州的红山上，昔日奴隶的儿子将能够和昔日奴隶主的儿子坐在一起，共叙兄弟情谊。

我梦想有一天，甚至连密西西比州这个正义匿迹、压迫成风的沙漠般的地方，也将成为自由和正义的绿洲。

我梦想有一天，我的四个孩子将在一个不是以他们的肤色，而是以他们的品格优劣来评价他们的国度里生活。

我梦想有一天，亚拉巴马州能够有所改变，尽管该州州长现在仍然满口异议，反对联邦法令，但有朝一日，那里的黑人男孩和女孩能与白人男孩和女孩情同骨肉，携手并行。

我今天有一个梦想。

我梦想有一天，幽谷上升，高山下降，坎坷曲折之路成坦途，圣光披露，普照人间。

这就是我们的希望。我怀着这种信念回到南方。有了这个信念，我们将能从绝望之岭劈出一块希望之石。有了这个信念，我们将能把这个国家刺耳的争吵变成一支洋溢手足之情的优美交响曲。有了这个信念，我们将能一起工作，一起祈祷，一起斗争，一起坐牢，一起维护自由；因为我们知道，终有一天，我们是会自由的。

在自由到来的那一天，上帝的所有儿女们都将以新的含义高唱这支歌："我的祖国，美丽的自由之乡，我为您歌唱。您是父辈逝去的地方，您是最初移民的骄傲，让自由之声响彻每个山岗。"

如果美国要成为一个伟大的国家，这个梦想必须实现。让自由之声从新罕布什尔州的巍峨峰巅响起来！让自由之声从纽约州的崇山峻岭中响起来！让自由之声从宾夕法尼亚州阿勒格尼山的顶峰响起来！让自由之声从科罗拉多州冰雪覆盖的落基山响起来！让自由之声从加利福尼亚州蜿蜒的群峰中响起来！不仅如此，还要让自由之声从佐治亚州的石岭响起来！让自由之声从田纳西州的瞭望山响起来！让自由之声从密西西比的每一座丘陵响起来！让自由之声从每一片山坡响起来！

当我们让自由之声响起来，让自由之声从每一个大村小庄、每一个州和每一个城市响起来时，我们将能加速这一天的到来，那时，上帝的所有儿女，黑人和白人，犹太教徒和非犹太教徒，耶稣教徒和天主教徒，都将手携手，合唱一首古老的黑人灵歌："终于自由啦！终于自由啦！感谢全能的上帝，我们终于自由啦！"

黑人是美洲大陆的特殊居民。他们祖籍非洲，十六七世纪起，被殖民者从非洲大陆大批贩卖到美洲，被迫成为种植园中的奴隶，受到各种非人的待遇。这种状况一直持续了一个多世纪。1783 年，美国的建国者决定废除奴隶贸易，但黑人的地位依然非常低下。1862 年 9 月，南北战争期间，美国总统林肯颁布了《解放黑奴宣言》，黑人终于在法律上获得自由。

但直到 20 世纪五六十年代，《解放黑奴宣言》签署 100 多年之后，美国的种族歧视和种族压迫仍然十分严重，黑人仍然是美国社会的二等公民。他们挣扎在社会的底层，生活贫困，受不到良好的教育，不能进入各级各类高层机构，不能参加投票和选举，不能像白人一样享有人格自由和活动自由。尤其在南方诸州，黑人不能在白人开的餐馆就餐，许多公共场所挂着"仅供白人使用”的牌子，甚至在公共汽车上，黑人也只能坐在后车厢，车的中部虽然允许黑人坐，但有白人上车，黑人必须给白人让座。在这种情形下，美国黑人以争取平等、自由为目标，发起了声势浩大的民权运动。马丁·路德·金就是其中最杰出的领袖。他曾在南方21个城市组织集会，发动黑人争取公民权利。1963年8月28日，在华盛顿特区一次25万人的集会上，他发表了这篇举世闻名的演说。

演讲一开始，马丁·路德·金就以形象生动的语言阐述了此次集会的起因和目的。他从一百年前林肯签署《解放黑奴宣言》讲起，自然而然地过渡到黑人生活的现状。这里连用排比和大量形象的比喻，把黑人受到不公正对待的现实处境揭示在世人面前，现状与当初共和国的缔造者“承诺给予所有的人以生存、自由和追求幸福的不可剥夺的权利”的诺言形成了鲜明的对比。因此，作者明确地指出，现在是政府兑现诺言的时候了。

与此同时，作者也反过来提醒自己的黑人同胞，一定要注意斗争的方式和策略。马丁·路德·金深受印度圣雄甘地非暴力不合作思想的影响，主张用和平的方式争取正当的权利，反对“以暴易暴”，提出“不要为了满足对自由的渴望而抱着敌对和仇恨之杯痛饮”，而应当用包容、忍耐和博爱来对抗仇恨。这种“不以恶抗恶”的思想为后来黑人民权运动的胜利奠定了基础。

因为是面对自己的黑人同胞演讲，马丁·路德·金在这一场合还担负着鼓舞同胞士气、帮他们树立信念和理想、团结他们共同前进的任务。因此，接下来的几段，马丁·路德·金用一系列气势磅礴的排比句——四个“只要”清晰而生动地表明了黑人民权运动的目标，那就是斗争一定要彻底，每个人都要有顽强的斗争精神和韧劲，无论在怎样艰难的环境和痛苦的遭遇中都要坚持下去。他充满激情地呼吁大家回到那些最冥顽不化的地方，坚持战斗，不要绝望，胜利的那一天一定会到来。

这篇演讲词是中外演讲史上文采斐然的篇章之一。几乎每一段都有大量形象的比喻，如用“灯塔”和“黎明”来比喻林肯签署的《解放黑奴宣言》；用“物质充裕的海洋中的一个穷困的孤岛”和“故土家园中的流亡者”等来比喻黑人的处境，生动地描绘出美国黑人的生存现状和他们内心的渴望；“空头支票”等则形象地说出了政府许诺和现实之间的距离。文中那华丽的词句、典雅的语言，为演讲增添了许多感人的魅力。文中还大量运用排比、呼告和反复等修辞手法，使作者的思想表达得更充分、更鲜明，更有排山倒海的气势和一泻千里的激情，增强了演讲的感染力和表达效果。

演讲的最后一部分是全文的高潮。作者连用六个“我梦想有一天”，以诗一样的语言和酣畅淋漓的排比句，正面表达了对自由和平等的渴望，抒发了他作为一个黑人内心最热烈的梦想。他呼吁种族平等、人格尊严和兄弟般的情谊能早日到来。他呼吁自由与平等在美国的各个角落都能得到实现。这几段文字情感充沛，文采斐然，犹如江河直下，一泻千里，不可阻挡，具有极强的感染力。

这篇演讲词有着极其感人的充沛的情感。作者从“结束束缚黑人的漫漫长夜”的期待开始，到对一百年之后黑人现状的失望，到要求政府兑现支票的义正词严，再到对“梦想”的热烈憧憬，其间无不充满作者悲愤而热烈的情感。正因为作者饱含深情，而且在演讲中把梦幻、心曲和圣歌联系起来，使演讲如交响乐一般在听众中回荡，使听众的情绪受到感染并得以升华，产生了极强的号召力。而这正是演讲成功的必要条件。

第二节　说服艺术

说服之难不在于见多识广或表达之雅，而在于看透对方的心，并在此基础上巧妙地表达自己的看法。好口才的人，总能流利地把自己的思想、意见准确地表达出来，这种人往往受到大家的欢迎，很容易达到预定的目的。在说服的过程中，要想使说服卓有成效，就必须要懂得如何揣测别人的心理。而懂得如何揣测对方的心理，也正是劝说别人的技巧。

一、说服的准备

在现实生活中，矛盾不断产生，正反两方是永远存在的，因此，正确的必须说服错误的，正直的必须说服邪恶的，眼光远大的必须说服眼光短浅的，好的必须说服坏的，无私的必须说服自私的，思想创新的必须说服头脑顽固的……社会上，更有许多不合理的事情，需要我们去说服或者改善他们的做法。

以上种种现象说明了说服工作的重要。说服，是永远不能停止，也是永远不能懈怠的事。在说服之前，需要花费相当大的精力去熟悉和了解对象，尽可能将有关的资料收集完备，精心选择适合的说服场所，仔细寻找说服的时机，预计可能采用的说服方法。一般说来，说服准备阶段的工作做得如何，直接关系到说服的效果。

我们要说服别人，首先必须透彻地了解别人的意见：他究竟处于怎样的一种思想状态，他苦恼的原因是什么，他的思想认识水平到了什么程度，等等，不要只说自己的理由。自己的理由当然是要说的，而且说得越明白越透彻越好。但是，同时也要注意到：倘若我们只说自己的理由，无论说得多么清楚明白，不一定能说服和我们意见相反的人，我们只能使和我们意见相同或对这个问题没有什么成见的人听起来满意。只有掌握了说服对象的内心世界，才能探索他们心底深埋的真情。我们对别人的思想、感觉、看法了解得越清楚，我们的说服力就越强，就越能够替人剖疑析难，指点迷津。我们对别人的想法了解得越多，我们语言的说服力也就越大。摸熟了通向各种人物内心的道路后，才能够逐渐清除他们内心的忧虑，解答他们内心的怀疑，并且把那些和你不同的或相反的意见推倒移开。

有许多口才很好的人，往往用自己的唇枪舌剑把对方口头上所说的意见或建议推到，就以为自己说服了别人，却不知道别人心里还藏着什么疑难未解之处。这样的“说服”，只是口头上的说服，心里并没有服。他人口服心不服，这就不能算说服。别人对你的话没有心服，就不会按照你的话去做。所以我们应该经常关心他们的生活，接近他们，倾听他们的谈话，注意他们各方面的表现，研究分析他们的行为动机和他们的心理活动规律。“知己知彼，百战不殆”，大家应该练好这种“知彼”的功夫。

同时，把握住与说服对象之间意见分歧的焦点，说服才会有的放矢，双方的思想才能相碰撞而迸出火花。只有这样，你的思想观点才能融入他的思想观点，并对他进行深化和改造。另外，说服不可能按照自己预先设计的思路一帆风顺地向前发展，可能会由于种种原因出现一些梗阻现象，所以，说服之前既要充满信心，又不能盲目乐观。为了顺利地达到说服的目的，必须在说服之前自我设计几种假设的障碍及其对策。

更为重要的是，让对方放下戒心。通常情况下，当你要和说服的对象较量时，彼此都会产生一种防范心理，特别是在危急关头。这时候，要想成功说服别人，你就必须注意消除对方的防范心理。从潜意识里来说，防范心理的产生是一种自卫行为，是人的一种本能，也就是当人们把对方当作假想敌时产生的一种自卫心理。我们都知道，和抱着戒备心的人不容易交流，因为对方心里有这样的想法：“那个人和我完全是两个世界的人。”这时，我们应该搭建一座心灵的桥梁，让对方放下戒心听你说话，让对方知道你和他是同一立场的。只有对方放下戒心，才能将你说的话听进去。

不论是谁，对被说服都会怀有戒心，不希望因被说服而有所损失，也不想因被说服而丢了面子。所以，一般情况下，都会对外来的说服保持戒心，处于封闭状态。在这种情况下，勉强说服只会增加对方的戒心。这时，要说服对方，就要从一般性问题开始，等消除了对方的戒心后再言归正传。但是人的需要是各不相同的，每个人都有各自的癖好与偏爱。要想让对方放下戒心，你首先应当去满足别人的心理，然后你的计划才有实现的可能。例如，说服别人最基本的要点之一，就是巧妙地诱导对方的心理和感情，以使他人就范。如果你特别强调自己的优点，企图使自己占上风，对方反而会加强防范心。所以，应该注意先点破自己的缺点或错误，使对方产生优越感。关于这一点，曾有一个非常有趣的故事：

赫蒙是美国有名的矿冶工程师，毕业于耶鲁大学，又在德国的佛莱堡大学拿到了硕士学位。但当他带齐了所有的文凭去找美国西部的大矿主赫斯特的时候，却遇到了麻烦。赫斯特是个脾气古怪又很固执的人，他自己没有文凭，所以就不相信有文凭的人，更不喜欢那些文质彬彬又专爱讲理论的工程师。

赫蒙去应聘并递上文凭时，满以为对方会乐不可支地接受他，没想到赫斯特很不礼貌地对赫蒙说："你还是另谋高就吧!我不想用你这样的人!"赫蒙很不解地问："您可以告诉我为什么吗？"赫斯特答道："因为你曾经是德国佛莱堡大学的硕士，你的脑子里装满了一大堆没有用的理论，我可不需要什么文绉绉的工程师。"聪明的赫蒙听了后不但没有生气，反而故作神秘，悄悄地对他说："假如你答应不告诉我父亲的话，我会告诉你一个秘密。"赫斯特点了点头，赫蒙就对他小声说："其实我在德国的佛莱堡并没有学到什么，那三年就好像是稀里糊涂地混过来一样。"赫斯特听了不禁扑哧一笑说："好了，明天你就来上班吧。"

开始时赫斯特和赫蒙之间有着实力派和学院派的矛盾，而赫蒙几句亲密的话语就在瞬间拉近了他和赫斯特的距离，增进了双方的默契，因为听话人赫斯特已经把他当成自己人了。

或许你觉得那个大矿主心理有问题，观念比较偏激、夸张，甚至有些滑稽，可赫蒙若不让矿主的"问题心理"得到满足，又怎么能让赫斯特聘请自己呢？

总而言之，要想说服一个人，就应该先让这个人放下对你的戒心。要做到这一点，你可以参考以下几点意见：

（1）善于观察与利用对方的微妙心理，是帮助自己提出意见并说服别人的要素。

一般来说，被说服者之所以感到忧虑，主要是怕“同意”之后，会发生意想不到的后果。如果你能洞悉他们的心理症结，并加以防备，他们还有不答应的理由吗?

至于令对方感到不安或忧虑的一些问题，要事先想好解决之道，以及说明的方法，一旦对方提出问题时，可以马上说明。如果你的准备不够充分，讲话时模棱两可，反而会令人感到不安。所以，你应事先预想一个可能引起对方考虑的问题。此外，还应准备充分的资料，为对方提供方便，这是相当重要的。

（2）让对方充分了解说服的内容。

有时，虽然你有满腹的计划，但在向对方说明时，对方无法完全了解其内容，他可能马上加以否定。另外还有一种情形是，对方不知我们说什么，却已先采取拒绝的态度，摆出一副不会被说服的模样；或者眼光短浅，不听我们说的也大有人在。如果遇到以上几种情形，一定要耐心地一项项按顺序加以说明。务求对方了解我们的真心实意，这是说服此种人要先解决的问题。

对上述情况的了解，是确定整个说服工作采用何种方案的依据。确定说服方法，既要考虑到对方的心理特点和承受能力，又要考虑自己对说服方法的驾驭能力。

大体上确定以某种方法为主的同时，还要多准备几种方案，万一情况突变，就立即调整说服方案。这些正是我们说服别人的准备工作。

二、说服的技巧

如果缺乏说服技巧，在与别人争论某个问题时，即便自己的观点是正确的，也不一定能说服对方，有时还会被对方“驳”得哑口无言。所以，在言谈交际中，要学会巧妙地使用说服技巧，圆满地达到自己交谈的目的。

我们在与他人说话时，说话的内容当然重要，但是，一个人对你说的话能听进去多少、你对他人的说服程度如何，很大程度上是由你的语言表达方式决定的。

俗话说，怎么说要比说什么更重要。因为用不同的说话方式，可以决定我们能否把该强调的重点充分地表达出来。因此，必须承认，在对他人进行说服时注意自己的说话方式并非浪费时间的事情。掌握正确的说服方式，能使我们判断出自己的想法是否合乎情理；同时也能让对方对我们有一个正确的评价，进而接受我们的观点或意见。

任教于美国明尼苏达教育学院的罗伯·格林教授曾请求参加研讨会的75位来宾分别写下自己焦虑不安的原因。

结果发现，令人焦虑不安的主要原因有：

“当我还没有讲完话的时候，其他的人已开始发表自己的意见，使得我的话被打断。”

“不听别人讲话，自己一味地说。”

“在讨论会上，别人只想发表意见，而忽视自己的言论。”

“说话时有被人轻视的感觉。”

“话讲到一半，忽然被人打断。”

“在社交场合独占风头的人。”

你是否注意到，以上这些原因都和说话方式有关系呢？这表明一个人的说话方式比内容更重要，我们在进行说服的时候，应该注意讲究说话的策略。

1. *层层剥笋法*

我们在说服一个人的时候，多数情况下是不能一次性说服的。表面上被说服的人，内心仍是不服气。若想从根本上解决这个问题，就要求我们要善于以情定疑，把道理讲透彻。一旦消除了这些疑虑，自然就能够赢得对方的信任。但是，消除别人的疑虑并不是一件很容易的事情，而需要一点一点、层层递进，把道理讲明白透彻，这就是层层释疑法。若想真正说服一个人，就必须要做一些说服工作，循序渐进，层层深入。

竹笋在成为竹子之前，是由很多层外皮包裹着的，剥笋的时候总要一层一层地剥开，才可以剥到笋心。所谓层层剥笋，就是在说服他人的过程中紧扣主题，从一点切入，由远至近，由轻到重，由浅到深，逐层逐步地展开，直至揭示问题的本质，从而达到成功说服对方的方法。恰当地运用层层剥笋法，可使论证一步一步深化，增强语言的力量，从而使他人心悦诚服地接受。

战国时，楚襄王是个昏庸的国君。大夫庄辛直言进谏，楚襄王非但不听，还训斥庄辛是“老糊涂”。庄辛只好离开，到了赵国。不久，秦国占领了楚国大片的国土。楚襄王有所醒悟，于是把庄辛找回来商量对策。

庄辛这样说："蜻蜓捕食虫子，自以为很安全，却不知道小孩子用粘胶捕捉它，一不留神就会成为蚂蚁的食物。黄雀俯啄白米，仰栖高枝，自以为无患，谁知公子王孙将要把它射下，调成佳肴。天鹅直上云霄，自以为无患，谁知射手要把它射下来，把它做成食物。蔡灵侯南游高丘，北登巫山，饮茹溪之水，食湘江之鱼，左手抱了年轻的美女，右臂挽着宠幸的姬妾，不以国政为事，哪知道子发受了楚王之命要把他杀掉。大王您左边有个州侯，右边有个夏侯，御车后跟着鄢陵君和寿陵君，食封地俸禄之米粟，用四方贡献的金银，同他们驰骋射猎于云梦之间，而不以天下国家为事。您不知穰侯正接受了秦王的命令，他们的军队要占领我们的国家，把大王驱赶到国外去呢！"

一席话，听得楚襄王"颜色变作，身体战栗"，使他明白到了非纳谏不可的境地。庄辛就是这样变直言进谏为层层剥笋，连设四喻，从小到大，由物及人，层层递进，步步紧逼，使楚襄王心服口服。

2. 目标转移，声东击西

所谓声东击西，兵法原文是这样写的："凡战，所谓声者，张虚声也。声东击西，声彼而击此，使敌人不知其所备。则我所攻者，乃敌人所不守也。"它的意思就是，凡是作战，所谓声，就是虚张声势。在东边制造声势而袭击的目标是西面，声在彼处而袭击此处，让敌人不知道如何来防备。这样我所攻击的地方，才正是敌人没有防备的地方。

在说服中的"声东击西"，就是先将说的目标放在"东"，实际上却是在讲"东"的时候透露出"西"的意思，这样将目标转移的说话方式，能在潜移默化中让对方从你的话语中领悟出内在的道理，从而改变原有的决定。

冯玉祥向来提倡廉洁简朴。他在开封时，不准部下穿绸缎衣服。一见到有穿绸缎的，他便要千方百计使之难堪。有一次，他看见有个士兵穿了一双缎鞋，就连忙上前去深深做一个揖，随后又一个九十度的鞠躬，把那个士兵弄得莫名其妙。最后，冯告诉他说："并不是给你行礼，只因为你的鞋子太漂亮了，我不敢不低头下拜啊！"那个士兵吓得魂飞魄散，连忙脱下鞋子，赤着脚就跑回去了。

面对穿绸缎鞋子的士兵，冯玉祥并没有直接批评那个士兵，而是采用这种“声东击西”的方法，用给鞋子作揖来提醒士兵应该节俭。“声东”就是制造声势，同时也带有伪装的色彩，其目的就是为了后面更好的说服。而声势越大，伪装得越像，就为自己提供了更好的说服环境。“击西”是说服的真实目的，这一步最好在前面“声东”中就能表达进去，即把它融进去而又不被对方发现。因此，这是比较困难的一步，实际操作的时候更要认真对待。

声东击西法，是一种更加含蓄迂回的说服技巧。声东击西的特点就是在于巧妙地利用话语的多义性或双关性等特点来做文章。用这种说服方式说出的话语，从字面上的意思看来似乎并不是针对被说服的那个人，但话语中却暗含了说服的深意，使被说服者虽然有察觉却又抓不住把柄，达到成功说服他的目的。在很多情况下，相同意思的话语用不同的方式来表达，效果迥异。有时言在此而意在彼，令人回味无穷。

三、为双赢而说服

在美国，发生过这样一个小故事。门铃响了，一个衣冠整齐的人站在门外。当主人把门打开时，这个人问道：“家里有高级的吸尘器吗？”男主人怔住了，因为这突然的问题使他不知该怎么回答才好。于是男主人转过脸和夫人商量，女主人面带窘迫但又好奇地答道：“我们家有一个吸尘器，不过不是特别高级的。”这时，门外的推销员回应：“我这里有一个高级的。”边说边从提包里拿出一个高级吸尘器，就地演示了一番。接着，自然而然地让这对夫妇接受了他的推销。

这个小故事说明了一个什么道理呢？在这个过程中，推销员并没有利用自己的能言善辩，巧舌如簧地介绍产品的特点和好处，而是很简单地通过现场的演示，将高级吸尘器的优点一一凸显出来。他准确地抓住了人们向往高科技，轻松完成家务的心理，在一定程度上满足了女主人对高级吸尘器的迫切需求。女主人感觉到这种高级吸尘器对自己的好处，自然就会选择购买了。这里运用的就是双赢说服法。与其说是互惠双赢的说服术，倒不如说这是说服者通过了解对方的特点所做出的相对应的动作。这种动作对说服者和说服对象来说都有好处，自然就能很轻松地达到理想的效果了。那么又该如何做到知己知彼，达到互惠双赢呢？

说服者在说服别人为自己做事的时候，一定会选择在保证自己利益的前提下进行，否则，他就很难继续接下来的工作。这是为什么呢？其实原因很简单，以损害一方利益的前提进行的说服，即便成功了，也是不长久的。说服之所以能够顺利进行，其主要原因就在于双方的利益不受损害，相反还要对彼此有好处，这样的说服才能长久进行。因此，如果想要利用双赢原则来说服对方，就一定要懂得在向对方提议的时候，尽可能多地表示该提议能给对方带来的好处，这样才能打动对方，从而让对方愿意听从自己的建议做相关的事项。就好像之前的小故事一样，你的产品所提供的好处能够打动女主人的心，尽管女主人知道你会通过销售产品获得一定的好处，她也会满足你的要求。

心理学家曾经做过这样一个研究：美国残疾退伍军人协会多年来依靠一封精心制作的筹款信，获得了高达 18%的捐款回复率。后来，当该协会开始随信附送一份小礼物之后，回复率高达 35%。这份礼物非常简单，只是一套个性化的地址标签。但对于捐款人来说，重要的并不是礼物，而是因为他们得到了一点东西，这也就是双赢说服术的另外一种使用情况了。说服者通过给予对方想要的东西，让对方对你做出相应的回报。对方觉得自己的捐款得到了别人的认同，心情就会很愉快，也就很愿意为以后的捐赠继续做贡献。这自然也是退伍军人所期盼的，对于他们的好处不言而喻。

那么如何使用双赢说服术呢？

（1）将欲取之，必先予之。如果你曾经在不经意之间发现自己正在朝着另外一个同事微笑，而原因仅仅是因为对方事先朝着自己微笑，那么你就一定明白这句话的道理了。当别人给予你某种可知的价值时，你就会立即带着给予回馈的想法报答对方，这就是双赢说服术的使用。双赢说服术并不仅仅是说，当说服对象接收了说服者的馈赠之时，立即主动地报答对方，听从对方的建议。它还包括这种行为让对方有回报说服者的欲望，这样才算是真正的互惠双赢。其实，人际关系就是建立在双赢的基础之上的。你帮助了对方，等到你需要帮助的时候，对方自然不会吝啬对你的帮助，这就是双赢的最典型应用。

譬如说，护肤产品促销员说服客户买自己的产品时，总会让客户免费使用自己的产品几天，然后会要求客户几天后再回来，看看对方是否喜欢这类的产品或者告知客户他/她的皮肤适合哪种产品。以护手霜为例，大多数护手霜都有滋润手部皮肤的作用，如果它的香味吸引人的话，毫无疑问，那些在这几周试过产品的人，都会在促销员手中购买至少一种产品。推销员在事先做了投入，客户得到了实惠，自然就会喜欢并继续光顾这家店了。有时，合理地利用愧疚感也可以发挥这种互惠说服术的作用。譬如说，邻居开车送孩子去上学，到了下周的时候，你就会觉得有压力了。每个人在自己的内心都有一个“恩惠银行”。我们会把一定的恩惠账目存在里面，在其他人反馈恩惠给我们，填充自己的账户之前，我们就会想着如何把他人的恩惠弥补上。否则的话，自己就会觉得亏欠了对方。

说服者给予说服对象一定的好处，说服对象由于受了这种恩惠，就会主动地想要将这种恩惠反馈给说服者。双方都能得到好处，这就达到了双赢的效果。

（2）知己知彼是百战不殆的前提。你想要说服别人，特别是想要利用双赢说服术说服别人，首先最应该做的就是了解对方，明白对方想要得到的好处是什么。换位思考是知彼的有效手段。

曾经在某个工厂里发生了这样一件事，某精密机械工厂（总厂）生产某种新产品，将其部分部件委托小工厂制造。当该小厂将零件的半成品交给总厂时，不料全不符合该厂要求。由于迫在眉睫，总厂负责人只得令其尽快重新制造。但小厂负责人认为他是完全按总厂的规格制造的，不想再重新制造，双方僵持了许久。总厂厂长见了这种局面，在问明原委后，便对小厂负责人说：“我想这件事完全是由于公司方面设计不周所致，而且还令你吃了亏，实在抱歉。今天幸好是由于你们帮忙，才让我们发现竟然有这样的缺点。只是事到如今，事情总是要完成的，你们不妨将它制造得更完美一点，这样对你我双方都是有好处的。”那位小厂负责人听完，欣然应允。这里面就应用了换位思考，站在对方的立场上思考问题，这是一种投其所好的说服技巧。对方觉得你是为他考虑的，自然就会很愿意听从你的安排了，并且做这件事对自己也很有好处，何乐而不为呢？

总之，双赢说服术是一种投其所好的说服方法，“投”便是要弄清楚对方的需要，给予对方一定的好处，由此达到双赢的目的。

第十一章　沟通礼仪

【开篇案例】

有一批应届毕业生22个人，实习时由导师带领到北京某部委实验室参观。全体学生坐在会议室里等待部长的到来，这时有秘书给大家倒水，同学们表情木然地看着她忙活，其中一个还问了句："有绿茶吗？天太热了。"秘书回答说："抱歉，刚刚用完了。"小林看着有点别扭，心里嘀咕："人家给你水还挑三拣四。"轮到他时，他轻声说："谢谢，大热天的，辛苦了。"秘书抬头看了他一眼，十分诧异，虽然这是很普通的客气话，却是她今天唯一听到的一句。门开了，部长走进来和大家打招呼，不知怎么回事，静悄悄的，没有一个人回应。小林左右看了看，犹犹豫豫地鼓了几下掌，同学们这才稀稀落落地跟着拍手，由于不齐越发显得零乱起来。部长挥了挥手："欢迎同学们到这里参观。平时这些事一般都是由办公室负责接待，因为我和你们的导师是老同学，非常要好，所以这次我来给大家讲有关情况。我看同学们好像都没有带笔记本，这样吧，王秘书，请你去拿一些我们部里印的纪念手册，送给同学们作纪念。"接下来，更尴尬的事情发生了，大家都坐在那里，很随意地用一只手接过部长双手递过来的手册。部长脸色越来越难看，来到小林面前时，已经快要没有耐心了。就在这时，小林礼貌地站起来，身体微倾，双手握住手册，恭敬地说了一声："谢谢您！"部长闻听此言，不觉眼前一亮，伸手拍了拍小林的肩膀："你叫什么名字？"

小林照实作答，部长微笑点头，回到自己的座位上。早已汗颜的导师看到此景，才微微松了一口气。两个月后，同学们各奔东西，小林的去向栏里赫然写着某部委实验室。有几位颇感不满的同学找到导师："小林的学习成绩最多算是中等，凭什么推荐他而没有推荐我们？"导师看了看这几张尚属稚嫩的脸，笑道："是人家点名来要的。其实你们的机会是完全一样的，你们的成绩甚至比小林还要好，但是除了学习之外，你们需要学的东西太多了，礼仪修养便是其中的第一课。"

【案例分析】

你觉得案例中大学生沟通礼仪素养不高、行为失范的根源主要有哪些?

首先，当代大学生尤其是“80后”“90后”，大多为独生子女。其父母辈不少人都有过一段蹉跎岁月，由此他们把全身心的爱倾注在子女身上，望子成龙，望女成凤，在教育方式上，缺乏理性和正确的导向，将孩子视为掌上明珠，百般呵护，使孩子逐渐养成“以我为中心”的意识，同礼仪的核心思想——尊重、关爱他人、严于律己格格不入，从而使其在思想品格上过早地出现某种缺陷，形成一种对礼仪的抵制性。在教育内容上，则存在一定的片面性与盲目性，急功近利。家长们主要想的是如何使孩子进重点小学、升重点中学、考入重点大学，放松乃至放弃了孩子家庭教育中礼仪这个重要内容。

其次，学校教育的欠缺。当前，仍有相当一部分中小学片面追求升学率，中小学领导与教师们主要想的是如何提高学生的应试水平，不断提高升学率。由于学生课余时间基本都用在学习书本知识上，与他人、社会缺乏必要的、充分的交往与接触，所以礼仪修养的不足难以暴露于世，自然也就不易引起人们的注意。当他们步入开放的大学生活阶段，其缺乏礼仪教养而留下的隐患，在某些不良社会风气的诱导下，就可能转化成为现实的失礼行为。

再次，社会的负面影响。由于市场经济大潮的冲击，一些传统的思想观念正受到形形色色“新思潮”“新事物”的挑战，伦理、道德领域出现了一些紊乱现象，社会上存在的各种不道德、不文明、有失礼仪的现象无不对正处于各种观念初步形成时期的大学生带来消极影响。不少大学生对传统的社会伦理价值标准的认同度降低，表现出反社会规范的行为，如违纪行为、酗酒打架、顺手牵羊的偷盗行为。传统的道德思想和现代生活方式的交叉并存，使大学生群体感到无所适从。更重要的是青年人还缺乏对新旧观念整合的能力和经验，不能有效地运用自我防卫机制，这样必然会导致他们出现道德困惑、认知失调和心态失衡的状况。

最后，部分大学生自身修养不足。当今社会是一个高度重视形象的时代，当代大学生对自身形象非常关注，他们强化各种能力的培养，追求时髦得体的着装，但与此同时，不少人没有认识到用符合礼仪要求的方式表达自己更为重要，因而放松了对礼仪的修养。有的大学生虽然认识到了礼仪的重要性或对礼仪知识有一定的甚至较高的认识，但缺乏在实践中的规范训练和持之以恒的培养，使之成为个人的礼仪习惯，因此也时常出现失礼的言行，甚至还存在一些错误认识。

案例中的小林在一群冷漠、“无礼”的同学中显示出了良好的礼仪修养，最根本的就在于他懂得尊重他人。尊重他人正是礼仪的核心价值。

第一节　礼仪定义与原则

一、礼仪概述

《诗·小雅·楚茨》：“献酬交错，礼仪卒度”。

《周礼·春官·肆师》：“凡国之大事，治其礼仪，以佐宗伯。”

《史记·礼书》：“至秦有天下，悉内六国礼仪，采择其善”。

《北齐书·皇甫和传》：“深沉有雅量，尤明礼仪”。

“礼者敬人也”，礼仪是一种待人接物的行为规范，也是交往的艺术。它是人们在社会交往中由于受历史传统、风俗习惯、宗教信仰、时代潮流等因素而形成，既为人们所认同，又为人们所遵守，是各种以建立和谐关系为目的、符合交往要求的行为准则和规范的总和。换句话说，礼仪是人类社会生活中，人们为表示尊重、亲善、友好，在语言、行为方面共同遵守的准则和规范。我们通常所说的“礼仪”是由“礼”和“仪”两部分组成的，其含义非常丰富。

“礼”的含义主要有以下四个方面：① 表示敬意的通称，如敬礼、礼貌等；② 为表示尊敬或表示隆重而举行的仪式，如婚礼、典礼、丧礼等；③ 泛指社会生活中的某种社会准则、道德规范；④ 指礼物，如礼品、送礼等。

“仪”的含义主要有以下五个方面：① 指法律、准则；② 指典范、表率，如礼仪小姐、仪仗等；③ 指程序、形式，如司仪、仪式等；④ 指容貌、风度，如仪表、仪态等；⑤ 指礼物，如贺仪、谢仪等。

礼仪是人类文明延续的结果，是人类文化的沉淀物，是一个国家、民族、地区和个人道德文化水平发达程度的标志之一。

二、礼仪的原则

礼仪的原则包括宽容、敬人、自律、遵守、适度、真诚、从俗、平等的原则。

（1）宽容的原则：人们在交际活动中运用礼仪时，既要严于律己，更要宽以待人。宽容就是宽宏大量，能推己及人，能设身处地地为他人着想，严于律己，宽以待人。宽容是一种美德，是对交往对象的人生观、价值观及个人差异给予充分的理解和尊重。当然，宽容并不意味着随波逐流、人云亦云，放弃自己的观点；也不意味着纵容，更不等于怯弱和软弱。特别是在涉及人格或国格时，更不能迁就对方。

> 清康熙年间，桐城张英官至文华殿大学士兼礼部尚书。老家的邻居和他家之间有一条一尺宽的小巷，邻居要扩建占用这条小巷，他家不同意，于是争吵起来。家人写信给张英，张英以诗回信："千里家书只为墙，让他三尺又何妨？万里长城今犹在，不见当年秦始皇。"因此家里人主动让出三尺，邻居很惭愧，也让出三尺，于是就成了"六尺巷"。

（2）敬人的原则：人们在社会交往中，要敬人之心常存，处处不可失敬于人，不可伤害他人的个人尊严，更不能侮辱对方的人格。

（3）自律的原则：这是礼仪的基础和出发点，学习、应用礼仪，最重要的就是要自我要求、自我约束、自我控制、自我对照、自我反省、自我检点。"礼仪规范是维护社会生活稳定而形成和存在的，它反映了人们的共同利益要求。人们掌握了利益规范，就会在心中树立起道德信念和行为准则，并以此来约束自己，在社交中自觉按照利益规范去做。"因此，我们应该自觉学习礼仪、礼节、民俗等方面的知识，如此才能在待人接物时应付自如。现实生活中，有很多人在长辈、老师面前表现得像谦谦公子、窈窕淑女，而一到了其他场合，就放任自流、随心所欲；有些人在公众面前表现得道貌岸然，一副文质彬彬的姿态，而私下里，却露出了真面目。这些现象都说明，我们真正的礼仪来自对自我性情的陶冶，对自己的严格要求，而不是由环境及其他外部因素决定。自律之中便包含着自觉，礼仪只有成为自觉行动，才能让人觉得自然大方。对待自己的要求，是礼仪的出发点和基础，学习礼仪，最重要的就是自我要求、自我控制、自我对照、自我反省。现实生活中我们要自律的名目着实繁多。

（4）遵守的原则：在交际应酬中，每一位参与者都必须自觉自愿地遵守礼仪，用礼仪去规范自己在交往活动中的言行举止。

（5）适度的原则：在应用礼仪时要注意做到把握分寸，认真得体。

（6）真诚的原则：在运用礼仪时，务必诚信无欺，言行一致，表里如一。

（7）从俗的原则：由于国情、民族、文化背景的不同，必须坚持入乡随俗，与绝大多数人的习惯做法保持一致，切勿目中无人、自以为是。

（8）平等的原则：这是礼仪的核心，即尊重交往对象、以礼相待，对任何交往对象都必须一视同仁，给予同等程度的礼遇。

三、礼貌、礼节、仪式和礼仪的关系

礼貌、礼节、仪式都是人们在社交中表现出来的尊敬和友好的行为，是礼仪的表现形式。

（1）礼貌是人与人之间交往中，通过言谈、举止、表情等表示敬重和友好的行为规范。人们在交往中以礼相待，不仅体现了人与人之间的相互尊重和友好关系，而且能缓解和避免某些不必要的个人冲突。讲究礼貌是人类社会发展的客观要求，体现了一个人的文化层次和文明程度。

（2）礼节是人们在日常生活中，特别是在交际场合相互表示尊敬、祝颂、问候、致意、哀悼、慰问以及给予必要协助和照料的惯用形式。礼节是礼貌的具体表现，没有礼节，就无所谓礼貌，而讲究礼貌就必须伴有具体的礼节。如握手礼、鞠躬礼以及迎宾惯用的程序都是礼节的范畴。

（3）仪式是一种正式的礼节形式，是指为表示礼貌和尊重，在一定场合举行的、具有专门程序的、规范化的活动。由于目的不同，举行的仪式也多种多样，如迎送仪式、签字仪式、授勋仪式、开幕式、闭幕式等。仪式作为表达礼貌礼节的形式，在礼仪中具有重要的作用。

综上所述，礼仪是由一系列的表现礼貌的礼节构成的，礼貌是礼仪的基础，礼节是礼仪的重要组成部分。在社会生活和人际交往中，礼仪是用于沟通思想、交流感情、表达意愿、促进了解的一种有效形式，是人际交往中不可缺少的润滑剂和联系纽带。对于个人来讲，礼仪是一个人思想文化素质、道德素养和交际能力的外在表现；对于社会来讲，礼仪是精神文明建设的重要组成部分，是一个社会文明程度、道德风尚和生活习惯的反映。

第二节　沟通礼仪的应用

沟通是人与人之间进行信息交流的必要手段，每一个社会人都离不开沟

通。沟通是一种有意义的互动历程，是传者与受者对信息的分享，是有来有往、双向的活动。良好有效的沟通能够让交流的双方充分理解，达成共识。沟通不是说给人家听，也不是听人家说。沟通必须是双方意见的交流，沟通是交流的桥梁。接收者需要做的最重要的一点是“倾听”，俗话说“倾听是沟通的一半”，可见其重要性。它是一种管理的重要工具，应用好这个工具能使单位的管理流程更加通畅，信息交流更加充分，从而高效地实现管理目标。

礼仪是一个人乃至一个民族、一个国家文化修养和道德修养的外在表现形式，是做人的基本要求。中华民族自古以来就非常崇尚礼仪，孔夫子曾说过：“不学礼，无以立。”就是说一个人要有所成就，就必须从学礼开始。在现代社会，虽然一个国家、一个民族的综合国力所包含的内容十分广泛，但在评价一个国家、一个民族时，通常是从这个国家、这个民族人们的言行举止、文明习惯所体现的公民素质与精神面貌入手的。因为从国家和民族角度讲，礼仪是一个国家、一个民族社会风貌、道德水准、文明程度、公民素质的重要标志。从个体角度说，礼仪是一个人思想觉悟、道德修养、精神面貌和文化教养的综合反映。通过一个人在社会生活中对礼仪运用的程度，可以察知其教养的高低、文明的程度和道德的水准。可见，礼仪学习对形成文明有礼、道德高尚的高素质人才有着十分重要的意义。

礼仪修养的加强，可以使每位社会成员进一步强化文明意识，端正自身行为，从而促进整个国家和全民族总体文明程度的提高，加快社会的发展。加强个人礼仪修养，处处注重礼仪，能使你在尊敬他人的同时也赢得他人对你的尊敬，从而使人与人之间的关系更趋融洽，使人们的生存环境更为宽松，交往气氛更加愉快。

一、个人形象塑造礼仪

案例：小王是某知名大学经管类专业的一名应届毕业生。毕业前夕，通过朋友的介绍，她准备去一家国际知名的大企业应聘人力资源管理岗位。为了显示自己对面试的重视，给对方留下良好的第一印象，在面试前一星期，小王就花大价钱买了一件有骷髅头图案的吊带背心和一条低腰牛仔裤，准备在面试当天穿。为了显示自己的青春时尚，小王在面试当天还特意化了一个流行的烟熏妆，最后穿上自己最喜欢的一双凉拖鞋就精神抖擞地出发了。在面试的过程中，为了显示自己的轻松和自信，她靠在椅背上，并跷起了二郎腿。然而事与愿违，小王自我感觉良好的这身时尚打扮，却偏偏坏了她的大事。面试考官直言小王个人形象不合常规，给人感觉过于前卫、随便，录用一事当然是泡汤了。

问题与思考：

（1）此案例中小王的装扮出现了什么问题？

（2）除装扮外，小王还有哪些不妥之处？

（3）个人形象的塑造应注意哪些方面？

个人礼仪是社会个体的生活行为规范与待人处事的准则，是个人仪容、仪表、言谈、举止、待人、接物等方面的个体规定，是个人道德品质、文化素养、教养良知等精神内涵的外在表现。其核心是尊重他人，与人友善，表里如一，内外一致。

（一）仪容

仪容通常是指人的外观、外貌。在人际交往中，每个人仪容都会引起交往对象的特别关注，并将影响对方对自己的整体评价。在个人形象中，仪容是重点中的重点。它反映着一个人的精神面貌、朝气和活力，是传达给接触对象感官最直接、最生动的第一信息。它既可以使人看上去精神焕发，也可以使人看上去无精打采。一个人的仪容受两大要素影响：一是本人的先天条件；二是本人的修饰维护。仪容美的基本要素是貌美、发美、肌肤美。首先，要求仪容自然美。它是指仪容的先天条件好，天生丽质。其次，要求仪容修饰美。它是指依照规范与个人条件，对仪容施行必要的修饰，扬其长，避其短，设计、塑造出美好的个人形象，在人际交往中尽量令自己显得有备而来，自尊自爱。最后，要求仪容内在美。它是指通过努力学习，不断提高个人的文化、艺术素养和思想、道德水准，培养出自己高雅的气质与美好的心灵，使自己秀外慧中，表里如一。真正意义上的仪容美，应当是上述三个方面的高度统一。忽略其中任何一个方面，都会使仪容美失之于偏颇。

（二）仪表

仪表礼仪又叫着装礼仪。着装，作为一种文化，从外表上，能反映一个人的社会地位、文化修养和审美情趣，也能表现一个人的内在情感及其对生活的态度；从客观上，能反映一个民族的文化修养、社会风尚和精神面貌，反映社会的经济生活和科技发展的程度。得体的着装穿戴对于美化人的仪表、改善人的气质、完善人的形象有着极为重要的作用。心理学家曾做过一个有趣的实验，把 10 张小姑娘的照片给受试者看，其中 8 人容貌服饰姣好，另两位姑娘长相一般，衣服也破旧。心理学家告诉受试者，其中有人是小偷，结果，有 80%的受试者认为后者是小偷。这说明人们总是喜欢那些看上去令人感觉舒适、有美感的人。而美好的长相、匀称的身材、美观大方的服饰均能增添人的仪表美丽，给人以舒服、美好的感觉。个人仪表应从着装（TOP 原则）、服饰色彩搭配、饰物搭配等方面下功夫。

（三）仪态

人们在日常生活中的行为动作和表情，如站、立、走的姿态，一举手一投足，一颦一笑都反映出个人特有的仪态，它与人的风度密切相关，是构成人们风度的主要方面。仪态是一种不说话的“语言”，但又是内涵极为丰富的“语言”。举止的高雅得体与否，直接反映出人的内在素养；举止的规范到位与否，直接影响他人对自己的印象和评价。正确的仪态礼仪要求做到自然舒展、充满生气、端庄稳重、和蔼可亲。主要的仪态训练应包括站姿、坐姿、走姿、蹲姿和鞠躬礼。

1. 规范的站姿

（1）头正，颈直，下颌微收，双目平视前方。

（2）双肩平齐，放松下沉。

（3）立腰挺胸，挺直背脊。

（4）收腹提臀，髋部上提。

（5）双臂自然下垂，虎口向前，手指自然弯曲。

（6）两腿直立，双膝并拢。

（7）脚跟相靠，脚尖分开。如图 11-1 所示。

图 11-1 基本站姿

2. 规范的坐姿

（1）入座时，走到座位前，右脚向后撤半步，上身保持正直轻稳地坐下。着裙装的女士，入座时将裙子的下摆稍微收拢一下。

（2）两腿并拢，两脚靠紧，小腿垂直于地面，大小腿折叠约 90°，两手相握放于大腿上。

（3）坐在椅子上，上体应自然挺直，背部成一平面，身体重心垂直向下。

常用坐姿：① 双腿斜放式（女士坐姿）。在基本坐姿的基础上，两腿并拢，将两脚同时放于左侧或右侧。② 脚踝盘坐交叉式（女士坐姿）。在基本坐姿的基础上，将两脚踝盘住交叉垂直于地面。注意膝盖并拢，两脚尖外展。③ 斜叠式（女士坐姿）。在基本坐姿的基础上，左（右）腿斜放，右（左）腿叠放于另一腿上，注意脚腕绷直，脚尖外展。④ 开膝式（男士坐姿）。在基本坐姿的基础上，两腿分开不超过肩宽。⑤ 叠放式（男士坐姿）。在基本坐姿的基础上，左（右）腿垂直于地面，右（左）叠放于上面，注意不要形成“4”字形坐姿。

不良的坐姿及忌讳：① 切忌在座椅上前俯后仰，东倒西歪。② 不可摇腿、跷脚或将双腿分开，社交场合不跷二郎腿。③ 不可大腿并拢小腿分开，或双手放于臀下，腿脚不停抖动。④ 不可过于放松，瘫坐椅内。⑤ 与客人交谈时，要坐正。不可摆弄手指，将手里的东西不停地晃动，把手中的茶杯或物品转来转去，或者一会儿拉拉衣服，一会儿整整头发等，这些都会破坏坐姿。⑥ 不要把脚搭在椅子或沙发扶手上，架在茶几上，也不要两腿笔直地向前伸，两膝分得太开。

3. 走姿

行走是人的基本动作之一，最能体现出一个人的精神面貌。行走姿态的好坏可反映人的内心境界和文化素养的高下，能够展现出一个人的风度、风采和韵味。

行走时要“行如风”，上身正直不动，两肩相平不摇，两臂摆自然，两腿直立不僵，步伐从容，步态平稳，步幅适中均匀。具体要求如下：

（1）步位恰当。所谓步位，就是脚落地时应放置的位置。男女的步位有一定的区别。男子走平行线，即左右两脚踏出的应是平行线；女性则走直线，即左右脚应踩在一条直线上。

（2）步幅适度。步幅指的是人们每走一步时两脚之间的正常距离。通俗地讲，步幅就是人们在行进时脚步的大小。步幅的一般标准是一脚踩出落地后，脚跟离未踩出一脚脚尖的距离恰好等于自己的脚长，这个标准与身高有关，身材高者则脚长，步伐自然大些；若身材矮者，步伐也会小些。所谓脚长，是指穿了鞋子的长度，而非赤脚。男子每步约 40 cm，女子每步约 36 cm。

（3）速度均匀。在一定的场合，行走应当保持相对稳定的速度。正常的速度是每分钟 60 ~ 100 步。

（4）重心放准。正确的做法是行进时身体向前微倾，重心落在前脚掌上。在行进过程中，应注意使身体的重心随着脚步的移动不断地向前过渡，切勿让身体的重心停留在自己的后腿上。

（5）身体协调。行进时应保持身体的协调。具体方法是：走动时，膝盖和脚踝都要富有弹性，要脚跟先着地，膝盖在脚落地时应当伸直，腰部要成为重心移动的轴线，双臂在身两侧一前一后地自然摆动，使自己走在一定的韵律中，显得自然优美，否则会失去节奏感，显得浑身僵硬。

（6）造型优美。走姿要做到昂首挺胸，步伐轻松矫健，其中最为重要的是，行走时应面对前方，两眼平视，挺胸收腹，直起腰背。

不同场合的走姿：参加喜庆活动，步态应轻盈、欢快，以反映喜悦的心情。参加吊丧活动，步态要缓慢、沉重，以反映悲哀的情绪。参观展览、探望病人，环境安静，不宜出声响，脚步应轻柔。进入办公场所，登门拜访，脚步应轻而稳。走入会场、走向话筒、迎向宾客，步伐要稳健大方、充满热情。举行婚礼、迎接外宾等重大正式场合，脚步要稳健，节奏稍缓。办事联络，往来于各部门之间，步伐要快捷又稳重，以体现办事者的干练。陪同来宾参观，要照顾来宾的行走速度，并善于引路。

4. 蹲姿

在日常生活中，人们对掉在地上的东西，一般是习惯弯腰或蹲下将其捡起，而在一些特殊场合，对掉在地上的东西，也像平时一样采用随意弯腰蹲下捡起的姿势是不合适的。

基本蹲姿：① 下蹲拾物时，应自然、得体、大方，不遮遮掩掩。② 下蹲时，两腿合力支撑身体，避免滑倒。③ 下蹲时，应使头、胸、膝关节在一个角度上，使蹲姿优美。④ 女士无论采用哪种蹲姿，都要将腿靠紧，臀部向下（如图 11-2 所示）。

图 11-2 女士基本蹲姿

常见蹲姿：① 交叉式蹲姿（女士蹲姿）。在实际生活中常常会用到蹲姿，如集体合影前排需要蹲下时，女士可采用交叉式蹲姿，下蹲时右脚在前，左脚在后，右小腿垂直于地面，全脚着地（如图 11-3 所示）。左膝由后面伸向右侧，左脚跟抬起，脚掌着地。两腿靠紧，合力支撑身体。臀部向下，上身稍前倾。② 高低式蹲姿（男士蹲姿）。下蹲时右脚在前，左脚稍后，两腿靠紧向下蹲。右脚全脚着地，小腿基本垂直于地面，左脚脚跟提起，脚掌着地。左膝低于右膝，左膝内靠于右小腿内侧，形成右膝高左膝低的姿态，臀部向下，基本上以左腿支撑身体。

图 11-3　交叉式蹲姿

5. 鞠躬礼

鞠躬礼是现代社会中的基本礼仪之一。行礼时，首先要心诚，才会得体。

基本动作：① 站姿端正，面对客人，不要只点头不躬身，而是使上体慢慢前倾。② 在行礼时，男性双臂自然下垂靠住身体，手指并拢，轻贴于大腿外侧，中指贴于裤缝。女性则将双手交叉握于前身，右手握于左手上。③ 行礼时，吸一口气弯下上身，在吐气时间里完成鞠躬礼，在吸气中抬起上半身及头部，恢复礼前姿势。④ 双目最初注视客人，随着躬身动作，视线也随之移向地面。⑤ 行礼与礼貌语言同时进行，如："您好！欢迎光临！"

四种鞠躬礼：① 点头礼，下躬角度为 5°～6°。适用于在电梯等狭窄地方或走廊中与客会面以及 10 米以外距离与客人打招呼时。注意点头动作不可太快，保持在 1 秒之内完成为佳。上体下躬时，双目注视脚尖前 5 m处地面。② 普通礼，下躬角度为 15°。下躬时双目注视脚尖前 3 m处地面，握手时注视对方面部。普通礼是一般场合下最普遍使用的敬礼，如初次见面、握手、致歉等。③ 中礼，下躬角度为 30°，下躬时双目注视脚尖前 2 m处地面。需表现得比较郑重其事时，可行中礼。④ 最敬礼，下躬角度为 45°。下躬时双目注视脚尖前 1 m处的地面。最敬礼是一种最郑重其事的敬礼，一般用于神佛仪式上和对待上司、长辈、特别 VIP 客人等。

二、日常人际交往礼仪

社会是人们交往作用的产物，没有人际交往就不成其为社会。人要生存发展，就不能置身于社会交际之外。遵守人际交往礼仪是人们顺利进行社会交往，促进事业成功的重要条件。社交礼仪具有相对的稳定性、一定范围的通用性、明显的效益性和准强制性。我们应当掌握一些基本的人际交往礼仪知识，下面讲解介绍的礼节、握手的礼节和手机使用礼节三种常用礼节。

（一）介绍的礼节

介绍是人际交往中互相了解的基本方式，正确的介绍可以使不相识的人相互认识，也可以通过落落大方的介绍和自我介绍显示出良好的交际风度。介绍可分为自我介绍和他人介绍。

1. 自我介绍

自我介绍的基本程序是：先向对方点头致意，得到回应后再向对方介绍自己的姓名、身份和单位，同时递上准备好的名片。自我介绍时，表情要坦然、亲切，注视对方，举止庄重大方，态度镇定而充满信心，表现出渴望认识对方的热情。如果见到陌生人就紧张、畏怯、语无伦次，不仅说不清自己的身份和来意，还会造成难堪的场面。作自我介绍应根据不同的交往对象而内容繁简适度。自我介绍总的原则是简明扼要，一般以半分钟为宜，情况特殊的也不宜超过 3 分钟。如果对方表现出有认识自己的愿望，则可在报出本人姓名、供职单位、职务（即自我介绍三要素）的基础上，再简略地介绍一下自己的籍贯、学历、兴趣、专长及与某人的关系等。自我介绍应该实事求是，既不能把自己拔得过高，也不要自卑地贬低自己。

介绍用语一般要留有余地，不宜用“最”“第一”“特别”等极端的词语。自我介绍的忌讳：① 不要过分夸张。如大力握手或热情拍打对方手背的动作，可能会使对方感到诧异和反感。② 不要中止别人的谈话而介绍自己，要等待适当的时机。③ 不要态度轻浮，要尊重对方。无论男女都希望别人尊重自己，特别是别人尊重他的优点和成就，因此在自我介绍时，表情一定要庄重。④ 如果一个以前曾经介绍过的人未记起你的姓名，你不要做出提醒式的询问，最佳的方式是直截了当地再自我介绍一次。

2. 他人介绍

他人介绍是经第三者为彼此不相识的双方引见、介绍的一种介绍方式。他人介绍通常是双向的，即将被介绍者双方各自均作一番介绍。作介绍的人一般是主人、朋友或公关人员。

（1）他人介绍的顺序。为他人作介绍时必须遵守“尊者优先”的规则。把年轻者介绍给年长者；把职务低者介绍给职务高者；如果双方年龄、职务相当，则把男士介绍给女士；把家人介绍给同事、朋友；把未婚者介绍给已婚者；把后来者介绍给先到者。由他人作介绍，自己处于当事人之中，如果你是身份高者、长者或主人，在听他人介绍后，应立即与对方互致问候，热情欢迎对方；如果你是身份低者或宾客，当尚未被介绍给对方时，应耐心等待；当自己被介绍给对方时，应根据对方的反应做出相应的应对，如对方主动伸手，你也应及时伸手相握，并适度寒暄。

（2）介绍时的注意事项：① 介绍者为被介绍者介绍之前，一定要征求一下被介绍双方的意见，切勿上去开口即讲，显得很唐突，让被介绍者感到措手不及。② 被介绍者在介绍者询问自己是否有意认识某人时，一般不应拒绝，而应欣然应允。实在不愿意时，则应说明理由。③ 介绍人和被介绍人都应起立，以示尊重和礼貌；待介绍人介绍完毕后，被介绍双方应微笑点头示意或握手致意。④ 在宴会、会议桌、谈判桌上，视情况介绍人和被介绍人可不必起立，被介绍双方可点头微笑致意；如果被介绍双方相隔较远，中间又有障碍物，可举起右手致意，点头微笑致意。⑤ 介绍完毕后，被介绍双方应依照合乎礼仪的顺序握手，并且彼此问候对方。问候语有“你好，很高兴认识你”“久仰大名”“幸会”，必要时还可以进一步作自我介绍。介绍具体某人时，要有礼貌地以手示意，而不要用手指指点点。

（二）握手的礼节

握手是日常交往的一般礼节，多用于见面时的问候与致意，也用于告别时的致谢与祝愿。这是世界各国通行的礼节。握手虽是日常生活中司空见惯、看似平常的社交礼仪，但从握手中可以传递出许多信息。在轻轻一握之中，可以传达出热情的问候、真诚的祝愿、殷切的期盼、由衷的感谢，也可以传达出虚情假意、敷衍应付、冷漠与轻视。所以，绝不能等闲视之。学习握手礼，应掌握的要点有握手的场合、握手的顺序、握手的姿态、握手的禁忌等。

1. 握手的基本规范

握手礼节起源于西方，作为见面和告辞时的礼节。在我国，握手礼不但在见面和告辞时使用，而且还可以表示祝贺、感谢或互相鼓励。握手礼节有以下基本规范：① 握手时，若掌心向下，会显得傲慢，似乎处于高人一等的地位。② 用指尖握手，即使主动伸手，也会给对方一种十分冷淡的感觉。③ 通常是长者、女士、职位高者、上级、老师先伸手，然后年轻者、男士、职位低者、下级、学生及时与之呼应。④ 男士和女士之间，绝不能男士先伸手，这样不但失礼，而且还有占人便宜的嫌疑。但男士如果伸出手来，女士一般不要拒绝，以免造成尴尬的局面。⑤ 握手时软弱无力，容易给人缺乏热情、没有朝气的感觉，但是也不要用力过大。⑥ 握手时间可根据双方的亲密程度掌握。初次见面者，握一两下即可，一般控制在3秒钟之内，切忌握住异性的手久久不放。⑦ 忌用左手与他人握手，除非右手有残疾或太脏了，特殊情况应说明原因并道歉。男士勿戴帽子和手套与他人握手，但军人不必脱帽，而应先行军礼，然后再握手。在社交场合，女士戴薄纱手套或网眼手套可不摘；但在商务活动中，女士应摘手套，且男士仍不为先。⑧ 握手后，不要立即当着对方的面擦手，以免造成误会。

2. 握手的场合

当出现下列情况时，一般应与别人握手：① 遇到较长时间未曾谋面的熟人，应与其握手，以示久别重逢而万分欣喜。② 在被介绍与人相识，双方互致问候时，应握手致意，表示为相识而感到荣幸与高兴，愿与对方建立友谊与联系。③ 当对方取得很大的成绩或重大的成果、获得奖赏、被授予荣誉称号或有其他喜事时，见面应与之握手以表示祝贺。④ 在自己领取奖品时，应与发奖者握手，以表示感谢。⑤ 向他人表示恭喜、祝贺时，如祝贺结婚、生子、升学、乔迁、事业成功或获得荣誉、嘉奖时，应与之握手，以示贺喜之诚意。⑥ 参加社交活动，如宴会、舞会、音乐会前后，应与主人握手，以示谢意。⑦ 参加友人、同事或上下级的家属追悼会，在离别时，应和死者的主要亲属握手，表示劝慰。

3. 握手的顺序

社交活动中，由于握手代表了一定的情感态度，表示对对方的友好尊重，因此，按照什么顺序握手这个问题就显得十分重要了。社会交往中，握手应遵循以下“三优先”原则：① 长者优先的原则。只有年长者先伸出手，年幼者才可以伸手相握。这种做法符合社会上“长者为尊”的伦理标准，表示对年长者的尊重。② 女士优先的原则。只有女士先伸出手，男士才能伸手相握。女士优先的原则起源于西方，这种规范体现了现代的文明意识，表达了对女性的尊重。③ 职位高者优先的原则。只有职位高的人先伸出手，职位低的人才能伸手相握。

（三）手机使用礼仪

无论是在社交场所还是工作场合放肆地使用手机，已经成为礼仪的最大忌讳之一。澳大利亚在手机使用礼仪教育方面做得很好。各电讯营业厅采取向顾客提供“手机礼节”宣传册的方式，广泛宣传手机使用礼仪。在公共场合，特别是楼梯、电梯、路口、人行道等地方，不可以旁若无人地使用手机。在会议中、和别人洽谈的时候，最好的方式还是把手机关掉，起码也要调到振动状态。这样既显示出对别人的尊重，又不会打断发话者的思路。相反，如果不将铃声关掉，不断响起的铃声不但不能反映你“业务忙”，反而显示出你缺少修养。在一些场合，比如在看电影时或在剧院接打手机是极其不合适的，如果不得已的话，采用静音的方式发送手机短信是比较适合的。在餐桌上，关掉手机或是把手机调到振动状态还是必要的。无论业务多忙，为了自己和其他乘客的安全，在飞机上都不要使用手机。使用手机，特别是在公共场合，应该把自己的声音尽可能地压低，而绝不能大声说话，以博取路人的眼球。手机在没有使用时，应放在合乎礼仪的常规位置。放手机的常规位置有：① 随身携带的公文包里（这种位置最正规）；② 上衣的内袋里。有时候，可以将手机暂放在腰带上，或是开会的时候交给秘书、会务人员代管，也可以放在不起眼的地方，如扶手边、背后、手袋里。手机短信越来越广泛地使用，使得它也成为手机礼仪关注的焦点。在一切需要手机振动状态或是关机的场合，如果短信的声音此起彼伏，那么和直接接、打电话又有什么区别呢？所以，在会议中、和别人洽谈的时候，即使使用手机接收短信，也要设定成振动状态，不要在别人能注视到你的时候查看短信。一边和别人说话，一边查看手机短信，能说明你对别人的尊重吗？在短信内容的选择和编辑上，应该和通话文明一样重视。因为通过你发的短信，意味着你赞同至少不否认短信的内容，也同时反映了你的品位和水准。所以不要编辑或转发不健康的短信，特别是一些讽刺伟人、名人甚至是革命烈士的短信，更不应该转发。

三、学校与家庭礼仪

（一）学校礼仪

古人常说“不学礼，无以立”“人无礼而不生，事无礼而不成，国无礼则不宁”。学校礼仪是指学校师生员工之间在校相处时待人接物的礼貌行为及应有的仪表、仪态的行为规范与要求。

1. 图书馆礼仪

图书馆是同学们在校查阅资料、借阅图书或进行自修学习的地方，是知识的殿堂。因此进入图书馆要遵守特别的行为规范或礼仪要求：

（1）由于环境条件的要求，进入图书馆，要保持安静，说话要轻，不可高声谈笑。

（2）借阅图书时，要按次序凭借书证借书。阅毕或者借期已到，应及时归还，以便别人借阅，充分发挥图书的利用价值。

（3）进入阅览室别忘了寄放书包；不要在阅览室里大吃大嚼，也不能吸烟；不要一个人占几个人的位子；在电子阅览室要爱护仪器设备，服从管理人员的管理，不能利用图书馆电脑进行网上非法及不道德的活动。

（4）爱护图书和其他公物，切勿在书上乱涂乱画。发现自己有用的资料可以用本子抄下来或者复印。撕坏或在书中“开天窗”，甚至将书窃为己有，都是不道德的可耻行为。

（5）开架的图书杂志，阅毕要放回原处，不要使下一位读者找不到要找的书刊，同时又增加工作人员的工作量。

图书馆是人们追求精神文化生活的地方，要求每位读者在求知的同时爱护图书，遵守图书馆的规章制度，显示大学生应有的教养。

2. 参加学术报告会礼仪

参加学术报告会应衣着整洁、仪表大方、准时入场、进出有序，依会议安排落座。具体来说，要注意以下几点要求：

（1）遵守集会纪律，做到准时、有序。参加集会，每个学生都要有较强的时间观念，应提前几分钟到达集会地点，以保证集会准时开始。不能拖拖拉拉，延误集会的时间和影响集会的气氛。入场时，不要勾肩搭背、大声谈笑、东张西望或寻人打招呼。必要时要在最短的时间内整好队列，并以较快的速度进入会场。入场后要在指定地点入座。如事先没有指定座位，要听从会议组织者的安排，迅速就座，秩序井然。不要挤占位置好的座位，不要坐其他班级的座位，更不要坐贵宾席或老师席。集会结束后，应让贵宾及教师先离开会场，然后学生按次序退场，切忌一哄而散。

（2）尊重报告人，适时向报告人表示敬意。报告人未入场前，与会学生应端坐恭候报告人。当报告人出现在主席台上时，全场应立即安静下来，并报以热烈的掌声，这是一种基本的礼貌。这种礼貌是对报告人的尊重和鼓励，报告人也会因此把报告讲得更好。报告人作报告时，学生要端坐静听，不要交头接耳、窃窃私语，不要看报纸杂志、吃零食、打瞌睡、东张西望或左顾右盼，否则会影响报告人的情绪，也会干扰其他同学听报告。在一般情况下，学生不要随意离开会场，如有特殊原因需出场，也应悄悄出场，以减少对报告人和听众的干扰。借故离场、扬长而去都是对报告人的不恭，是一种极不礼貌的行为。对报告中的精彩部分，学生可以鼓掌，以表示赞同和钦佩。报告结束时，为表谢意应报以热烈掌声。

如果报告人离席先走，则应再一次鼓掌表示欢送。

此外，对报告中的某些观点不同意，或由于报告中的引例和数据不够准确而有不同看法时，与会学生应采取正确而礼貌的方式予以处理，或通过向报告人递条子的办法指出报告中的某些欠妥之处，或会议结束后向会议组织者提出意见。当场在下面议论、喊叫，或当面责问，都是极不礼貌的行为。

（3）自由发言要注意礼貌。要求发言先举手。集会是有组织、有领导的，如要发言，要先举手，得到主持人的同意后，方可发言。要认真听别人的发言。在别的同学发言时，应认真听，不要做出无所谓或不耐烦的样子，不要随便插话，更不能强行打断别人的讲话。假如不同意发言人的观点，在他没有讲完之前，既不要立即反驳，也不要和周围的同学议论，扰乱会场纪律，更不能公然露出鄙夷的神色或拂袖而去。发言要观点明确，以理服人。发言不管是阐述自己的看法，还是反驳别人的论点，都应注意观点明确，论据充分，以理服人。对不同的意见，不要乱扣帽子、乱打棍子，切忌出言不逊、恶语伤人。别人批评自己的观点或对自己的观点提出不同看法时，应虚心听取，要让别人把话说完，不要急躁，不要说出有损别人人格的话，而应互相切磋，求同存异。

3. 宿舍礼仪

宿舍是同学们生活的主要场所，是同学们共同的“家”。在这个公共之家，学生应注意自己的言行，遵守宿舍礼仪。

（1）遵守宿舍作息制度，维护集体生活秩序。为了保证同学们正常的生活和休息，宿舍制定了作息制度，规定了起床、就寝、用餐、熄灯的时间。宿舍里的各项活动都应按规定的时间进行。早晨要按时起床，晚上要按时就寝，上下床时动作要轻，不要随意晃动。平时听、看音像材料时，要尽量把音量调低或戴上耳塞，以免影响他人休息或学习。

（2）爱护公共财物，注意公共卫生。要爱护宿舍里的一切公共设施和公物，要注意节约用电用水，不损坏集体宿舍里的各种设施。如无意中损坏了，应主动报告并自觉赔偿，同时还要注意维护公共卫生。

（3）互相关心，先人后己。同学之间在生活中要相互关心，谦恭有礼，起床相见，主动问好，晚上睡觉，互道晚安；同学病了，主动关心和照顾。使用公共设施时，要先人后己，礼让三分。

（4）注意公共安全。进出宿舍门口，不要拥挤，不要随便把外人带进宿舍，不随意留宿外人，不乱拉电线、乱装电灯，不在宿舍生火。

（5）在宿舍中串门应注意的礼仪。到别的宿舍串门，一定要注意时间，不可选择在多数同学要处理生活问题的时候，更不可选择在夜间已熄灯之后串门。平时不要随便串门打扰别人的学习和生活。有事情或受同学邀请可串门，但不可随便乱闯。进寝室后，应主动向其他同学打招呼问好，而后坐在邀请你的同学的座位或床铺上，不能随便乱坐。其他同学的座位或床铺应在得到他们许可后方可去坐。不可随便移动和翻看其他同学的东西，不能随便动用别人的茶具、毛巾等物。谈话时声音要轻，谈话的时间要短，不能坐得太久，以免影响其他同学的学习和休息。

（6）接待亲友或外人来访时，应主动热情、礼貌周到。宿舍区设有接待室，原则上应在接待室接待亲友或外人，如无接待室，则可在寝室接待。亲友在进入自己的寝室前，自己应先向寝室里的同学打招呼；亲友进入寝室后，自己应主动为同学介绍来访者，说明来访者与自己的关系，然后请来访者坐在自己的座位上或床铺上；若是异性的亲友来访，在进入寝室前，自己更要注意预先向寝室里的同学打招呼，说明情况，要让他人有所准备之后，方可进入。其他同学也应注意，当同学有亲友来访时，要热情大方地向客人打招呼问好。当同学与亲友交谈时，其他同学应适当回避。午休或晚睡时不应在寝室接待来访，以免影响同学的休息。

（二）家庭礼仪

家庭礼仪指的就是人们在长期的家庭生活中，用以沟通思想、交流信息、联络感情而逐渐形成的约定俗成的行为准则和礼节、仪式的总称。

1. 家庭待客礼仪

待客分为迎客、敬烟、敬茶、送客等基本环节。

（1）迎客的礼仪。当客人上门拜访的时候，如果你事先知道有客人来访，要提前打扫门庭，迎接嘉宾，并备好茶具、烟具、饮料等，也可根据自己的家庭条件，准备好水果、糖、咖啡等。客人在约定时间到来，应提前出门迎接，热情地和客人打招呼："您好！"进入室内后，一般请客人坐在最佳的座位上，然后，协助家人沏茶端杯。端茶送糖果盘时要用双手，可代为客人剥糖纸、削果皮。如果是冬天，客人进屋后脱下帽子与大衣，要主动上前接下，帮助挂好。客人来访时，如正赶上家里吃饭，应邀请客人一起进餐。如果客人不肯入座，征得客人同意后，可以继续吃饭。但此时要安排客人坐下，找报刊给客人翻阅，或让客人先看看电视、听听音乐，免得使客人产生受冷落之感。之后便应适当加快吃饭速度，以免让客人久等。如在家中穿睡衣、睡裤，应换便衣，即使是十分熟悉的客人，也应换上便衣。

（2）敬烟的礼仪。敬烟是我国现代家庭待客的一种习俗，是待客时不可忽视的礼仪。但是，一般不对女性客人敬烟。

（3）敬茶的礼仪。有客来访，招待饮茶是常见的，但也有礼节。为客人沏茶之前，要先洗手，并洗净茶杯或茶碗。勿用破损或有裂纹的茶杯或茶碗待客，那是不礼貌的。还要注意茶杯或茶碗里面有没有茶锈，要清洗掉茶锈和茶垢。茶水不要沏得太浓或太淡。常言道待客要"浅茶满酒"。所谓浅茶，就是每杯茶斟得七成满就可以了。端茶也有应注意的礼节。按我国的传统习惯，应双手给客人端茶。对有杯耳的杯子，通常是用一只手抓住杯耳，另一只手托住杯底，把茶水送给客人，随之说声"请您用茶"或"请喝茶"。切忌用手指捏住杯口边缘往客人面前送，这样敬茶既不卫生，也不礼貌。旧俗以再三请茶为提醒客人告辞的表示，所以不必重复劝客人饮茶。

（4）送客的礼仪。客人来访，要以礼相待；客人告辞，应以礼相送。礼貌待客，便少不了送客的礼节。当客人表示要走时，可以婉言相留，希望其多坐一会儿，但要尊重他们的意愿，不能强行挽留，以免贻误他们的生活安排。客人提出告辞后，应等其起身，自己再起身相送，不可当客人一提出要走的时候，就迫不及待地站起来摆出送行的姿态。送客时，应该把客人送到门口并说"再见"。

对待长辈和年老体弱的老人，还应视情况需要，帮助其下楼上车，再与之道别。不可刚和客人道别，马上就转身进门。更不可客人后脚刚跨出门槛，就“砰”的一声把门关上。这些都是非常失礼的。

客人来访，常常会带些礼品来。对此，送客时应再次表示谢意。可适当回送一些礼物给客人，大方地劝客人收下礼物。

2. 拜访亲友的礼仪

走亲访友是最常见的交际方式。如每逢节假日，到亲戚、好友、长辈家作例行拜访；或是受长辈委托，到亲朋家中递送物品，传口信；或是有时到有关的人家去请教问题。这类交际是经常发生的。这些活动，虽然普通，但也处处需要讲究礼节。

（1）最好能事先通知。确定要拜访亲友的日程之后，通过一个电话或一个口信，与被拜访的人约定具体日期，这有利于对方提早安排，不然可能造成突兀，令对方毫无准备而打乱原定的生活程序。

（2）选择适当时间，一般不要在别人吃饭和休息的时间去拜访。如果是晚上拜访亲友，逗留的时间不宜太长，以免影响主人及其家人的休息。

（3）做客时穿戴要整齐，仪容要整洁，以表示对亲友的尊重和礼貌。

（4）进门前要按电铃或轻轻叩门，待有回音或有人开门后方可进入。即使主人家门是敞开的，也不能乱闯一通，应站在门外招呼，等有人应答后再入内。

（5）如果拜访的人是长辈，或自己第一次前往做客，要特别注意主人未坐下时，自己不能先坐。如拜访的亲友很熟，则可以随便一些。进屋后，对亲友家的其他成员要主动打招呼。如遇到许多人在座，应经主人介绍后，对其一一问好。

（6）入座时，动作要轻稳，不可猛地一下子坐下，发出响声。入座后，手可平放在沙发上或沙发的扶手上，上身稍向前倾，以示对主人的尊敬。

（7）做客时，见到主人斟茶，应弯曲食指在桌面上稍稍叩响，以表示感谢。

（8）交谈时，如有长辈在座，应该用心倾听长者的谈话，而不可随便插话。做客中，若主人家来了新的客人并有要紧的事商谈，这时应尽快告辞。不可随便动主人家的东西，如电视机、音响、录像机、照相机等。随便去翻别人的柜子、抽屉之类的行为，更在禁止之列。

（9）离开亲友家时，要郑重其事地告别，不辞而别当然是不礼貌的，随便说一声“走了”，便拍着屁股夺门而出，也会使主人觉得不舒服。

3. 家庭餐饮礼仪

家庭用餐时也讲究礼仪，家庭餐饮同样能反映出家庭的文化修养。那么家庭餐饮要注意些什么呢？

（1）餐前注意事项：

第一，如果饭菜还没做好，应该帮家长做些力所能及的下手活。在用餐前要主动帮家长做准备工作，不应坐在餐桌前，等着父母把饭菜端上来。帮助家长摆好桌凳，用干净抹布擦拭饭桌，再摆好碗筷。在饭桌上摆放筷子时，要把筷子一双双理顺，大头冲桌外，小头冲桌里，然后轻轻放在每个人的餐桌前。不要一横一竖交叉摆放，也不要一根是大头，一根是小头。筷子要放在碗的右边，不要搭在碗上。然后请长辈入座。

第二，吃饭前要洗手。如果刚放学回来，或刚运动完毕，应该先洗手洗脸再上餐桌，否则，满头大汗、满脸灰尘就用餐，不但不卫生，还会影响别人的食欲。要主动帮助家长盛饭端菜。盛饭时，不要盛得过满；端菜端饭时，用大拇指扣住碗或盘边，食指、中指、无名指托住碗或盘的底部，手心空着。注意大拇指要翘起来，不然大拇指碰到饭菜上很不卫生。端着饭菜时要端稳慢走，不要让饭菜撒出来。

第三，饭菜先端给谁，摆在什么位置，要注意按老幼宾主顺序。端饭要先端给长辈，如先端给爷爷、奶奶，再端给爸爸、妈妈，最后端给自己，如果有客人共同进餐，要先端给客人，再按家庭辈分依次端上。端菜，要先把好吃的菜、合长辈口味的菜摆放在靠近长辈的面前。即使是自己最爱吃的菜，也不能放在自己面前。有时，长辈出于疼爱，将你爱吃的菜摆放在你面前，也应礼让。

第四，入座。家庭用餐的入座，虽然不像参加宴会或到他人家中做客那样讲究，但也应注意一定的礼仪。先请长辈入座，一般上座应让爷爷、奶奶或爸爸、妈妈坐，自己坐下首，即对着爷爷、奶奶或爸爸、妈妈的位置。如果爷爷、奶奶年老体弱，行动不便，应搀扶着他们入座。要按照就餐的坐姿来要求自己。坐姿要端正，两小臂靠近桌边上，手臂不要横托在桌上，要双手在桌上，右手持筷子，左手扶着饭碗，不要右臂在桌上，左臂在桌下。要两腿靠拢，双脚平放，不要一条腿搭在另一条腿上，两腿交叠，更不能坐在桌前跳脚晃身。

第五，如果有客人共同进餐，座次会有变动，一般是请客人坐上座。如果这时饭桌坐不下了，自己应主动地坐另外的桌子上，让出座位。千万不要争座位，那样就有失礼节了。

第六，用餐时不能在饭菜还未摆好上齐时，就先拿起筷子准备夹菜，或眼睛盯着饭菜，显出一幅迫不及待的样子；更不能坐在饭桌边，手里拿着筷子随意敲打，或用筷子敲打碗碟。

（2）用餐注意事项：

第一，让长辈先动碗筷用餐，或在听到长辈说“大家一块儿吃吧！”之后你再动筷子，不能抢在长辈的前面。

第二，吃饭时，要端起碗，大拇指扣住碗边，食指、中指、无名指扣碗底，手心空着，要注意吃相文雅。夹菜时，不能用筷子在菜盘里翻来翻去，或用筷子搅菜，应从盘子靠近或面对自己的盘边夹起；不要用筷子穿刺菜肴，当餐叉使用；不要将筷子含在口中，更不能把筷子当牙签使用。如果筷子上有饭粒或菜叶，应吃干净后再去夹菜。夹菜时，不要让菜汤滴下来。遇到别人也来夹菜时，要注意避让，谨防“筷子打架”。一次夹菜不要太多。喝汤时，调羹不要碰响碗盘，从外向里舀（吃西餐时则应从里往外舀）。调羹就口的程度，要以不离碗、盘正面为限，千万不要把汤滴在碗、盘的外面。喝汤时不能发出响声，也不要用嘴对着热汤吹气。可先用调羹少舀一点尝尝，慢慢喝，或舀到碗里，等汤稍稍凉些再喝。不能将汤碗直接就口喝。当汤碗里的汤快喝尽时，应用左手端碗，将汤碗稍稍侧转，再用调羹舀汤，不要将汤端起一饮而尽。吃饭时，要闭嘴咀嚼，细嚼慢咽，这样既有利于肠胃消化，也是餐桌上的礼仪要求。绝不能张大嘴，大块往嘴里塞，狼吞虎咽，更不能在夹起饭菜时，伸出脖子，张开大嘴伸着舌头用嘴去接菜。一次不要送入口中太多的食物，这样会给人留下嘴馋和贪婪的印象，也不要遇到自己爱吃的菜时，就把盘子端到自己跟前大吃特吃，要顾及餐桌上的其他人。如果盘中的菜已不多，你想把它吃干净，应征询一下同桌人的意见，别人都表示不吃了，你才可以把它吃光。

第三，在吃饭中途需要暂时离桌时，要将筷子轻轻搁在桌子上的碗边或碟边，不能插在饭里或放在碗上。不要用筷子指别人。在请别人用菜时，不要把筷子戳到别人面前。总之，筷子不能在餐桌上舞动。用餐的动作要文雅一些。夹菜时，注意不要碰到邻座，不要把盘里的菜拨到桌子上，不要把汤泼翻。不挑食、偏食，珍惜粮食，不掉饭菜。嘴角沾有饭粒，要用餐纸或餐巾轻轻擦掉，不要用舌头去舔。咀嚼时不要发出响声，口含食物时最好不要讲话，尤其不要在用餐时开玩笑，以免口中食物喷出，或口中食物呛入气管，造成危险。如果确实需要与家人谈话时，应轻声细语。

第四，吐出的骨头、鱼刺、菜渣等，要用手取出来，放在自己面前的桌子上或专用的盘子里，不能直接吐到桌面或地面上。如果要咳嗽或打喷嚏，要用手或手帕、餐巾纸捂住嘴，并把头向后方转。吃饭时嚼到沙粒或嗓子里有痰，应离开饭桌去吐掉。

第五，吃饭时，要主动给长辈添饭、夹菜。遇到长辈给自己添饭、夹菜时，要道谢。吃饭时精力集中，不能一边看电视或一边看书报一边吃饭，这样既不卫生，又影响食物的消化吸收，还会损伤视力。与兄弟姐妹在一起用餐时，要相互礼让，不要在吃饭时打打闹闹或边吃边玩、左顾右盼。不应随便走动，尽量少说话，使大家能在安静的环境中以良好的情绪进餐。

（3）餐后注意事项：

用餐后，要轻轻放下碗筷，用餐纸或餐巾擦嘴。如果自己先吃完，要与父母或其他长辈打声招呼再离开座位，如说“爸爸，您慢慢吃”，或者说“大家请慢慢吃”等。不能一推饭碗什么话也不说就离开餐桌，这是不礼貌的。等大家都用餐完毕，应帮助家长一同收拾碗筷，擦桌子，洗刷碗筷。不能碗筷一撂，扬长而去，或坐在一边由家人忙碌，自己无动于衷，这都是不礼貌、没有教养的表现。

第十二章　求职与应聘技巧

【开篇案例】

A 和 B 是住在同一个宿舍的学生，他们所学的专业都是市场营销。毕业时，他们在学校的食堂前看到了一家外企的招聘启事，他们都邮寄去了自己的求职材料。后来他们都顺利地通过了笔试，并同时收到了面试通知。面试时，他们被分在两个会议室。主考官问了 A 一系列关于市场营销的问题。A 对答如流，并不时提出自己的新见解，受到了主考官的赞赏。在另一个会议室，B 的面试也进行得很顺利，主考官对他的回答也表示十分满意。

在面试就要结束时，主考官向 A 和 B 提出了同样的问题："对不起，我们公司的电脑出了故障，参加面试的名单里没有你，非常抱歉！"不过，这句话是在不同的会议室里说的。胜利在望的 A 听到主考官的话后，马上就变得没有了风度。他生气了，质问考官为什么会出现这样的事，他这么优秀的一个人，在学校里每次考试都是第一名，居然不能进入面试。他说，这是公司成心在耍他。主考官对他说："你先别生气。其实，我们的电脑并没有出错，你以第一名的成绩进入了我们的面试名单。刚才的插曲不过是我们给你出的最后一道题。面对竞争激烈的就业，你感到惶恐和不安是正常的，但是，你的心理承受能力实在是太差了。市场营销部是全公司最有可能经历风险的部门，作为这个部门的高级人员，我们需要有良好的心理素质的人才。我们希望你能找到更合适的工作。"A 愣住了：前功尽弃了！没想到这也是一道考题！而在另一间会议室里，B 在听完了同样的问题之后，面带微笑，十分镇定地说："我对贵公司发生的这个错误十分遗憾，但是我今天既然来了，就说明我和公司有缘分。我想请您给我一次机会。这个计算机的失误对于我来说，或许是人生的一个难得的机遇，对于公司来说，这或许是意外地选择了一个优秀的员工。"主考官露出了满意的神情："你真是一个不错的小伙子！我愿意给你这个机会。"

【案例分析】

从上面这个案例我们可以看出，作为求职者综合素质的一个方面，求职技巧实质上体现了求职者的多种能力和素养，比如表达能力、应变能力、时间观念和文明礼仪，等等。具体地说，包括以下方面：

（1）展示自我风采，获取沟通机会。在求职过程中，能够与招聘人相互沟通是很重要的。因为只有沟通，才有了解；有了了解，才能谈到认同。可以这样比喻：求职者发出书面材料，相当于向招聘人发出了沟通"要约"；招聘人接受"要约"后，通知面试，面试的过程才是双向沟通的过程。

（2）完成自我推荐，赢得对方认同。在书面材料中，求职者用书面语言推荐着自我，是在用笔迹、文字、书面证明等推荐自己，以求得对方认同，获取面试机会，是一个双向的、立体的、多维的、富有感染力的自我推荐过程。

（3）实现自我价值，达到人职匹配。对求职者来说，求职的最终目的是找到适合自身状况的工作，实现自我价值。对招聘人来说，其最终目的是找到适合企业需要的员工，达到人职匹配。从这个角度讲，求职者和招聘人目的一致，有一个"契合点"。所有的求职技巧也都要为接近这个"契合点"服务。

第一节　求职与应聘概述

一、大学生求职与应聘过程分析

大学生群体作为当前社会中的特殊求职群体，具有高学历、低经验、人数多、易塑造等特点。大学毕业生的求职过程一般可分解为信息收集阶段和求职进行阶段。信息搜集阶段主要指求职者通过各种渠道了解企业信息和招聘信息，再从中进行筛选；求职进行阶段是指求职者与有意向的招聘者取得联系、投递简历、进行洽谈、面试和相互了解，进而用人单位决定是否录用求职者的过程。在现实情况中这两个阶段是一个动态的、相互交叉进行的过程，没有明显的时间分割线。

就业信息是大学生择业的基础，其时间有效性和信息质量高低都直接影响到毕业生的就业前景。而就业信息的搜集是大学生求职应聘前的基本准备。信息搜集阶段的渠道选择和应用直接关系到求职的成本和效用。

求职渠道的应用趋于程序化并与信息搜集阶段渠道的使用有很大的相关性和延续性。一般来说，当大学生通过信息搜集了解到自己有意向的企业，便会通过投递简历、面试进行直接或间接的申请。而对于一些著名的外企和国有大型企业来说，实习生已逐步成为他们培养和招聘员工的一个重要途径。通过亲戚朋友等社会关系介绍，仍然是就业途径中非常重要的渠道。另外，虽然学校推荐就业这种方式目前来说很少，不过在一些学校老师会根据企业要求挑选出学生进行推荐。同时，还有很小部分学生会选择自己感兴趣的企业主动上门去推销自己。

二、大学生求职与应聘的主要渠道

求职渠道是指搜集工作信息以及求职的途径。当前大学生信息搜集的渠道主要有：就业指导中心、校园宣讲会、人才交流会、互联网、新闻媒体、社会实践和毕业实习、各种社会关系。

（1）大学生就业指导中心。大学生就业指导中心是各高校毕业生求职的一个重要渠道，与地方各主管部门以及社会各界有广泛而密切的联系，获得企业信息的针对性、准确性较强。一般而言，各个学校的大学生就业指导中心都有相对固定的企业信息发布渠道，毕业生可以按照学校的指导，定期浏览学校的就业信息网、就业信息发布栏、就业信息报刊新闻等，或者参加学校组织的人才交流会，即可获得一定的企业信息。

（2）校园宣讲会。求职季节，大多数知名企业会到各地的大学去举办宣讲会。所谓宣讲会，就是企事业单位在校园开设与招聘相关的主题讲座，向招聘对象传达企业的情况、人力资源政策、校园招聘的程序和职位介绍等信息。

（3）人才交流会。人才交流会也指各种招聘会。各级地方政府专门设立了毕业生就业指导机构——人才交流中心，并在毕业生就业的高峰期举办各种类型、各种层次的人才交流会。人才交流中心的一个主要任务就是收集、发布人才供求信息，传递人才余缺信息，办理人才交流登记、推荐和介绍，为单位招聘人才做好服务和管理工作。

（4）互联网。互联网作为20世纪90年代在我国迅速发展起来的一种重要的信息交流工具，正以不可想象的速度成为当代中国大学生获得信息的首要渠道。同时，大多数的注册企业都有自己的网站，用于发布企业基本信息和供求信息。从网络上获得信息，一种是为了找寻公司公布的岗位以及岗位的专业能力要求；另一种是在确定要应聘某公司后，对公司做具体了解，包括公司的企业文化和背景、公司的待遇等。

（5）新闻媒体。虽然最近几年互联网成了广大毕业生获取企业信息的重要途径，但是报刊、广播、电视等传统媒体以其信誉度高、易于接受等特点，依旧是企业进行产品推广和人才需求信息发布的重要渠道。现在，很多电视台都有现场招聘节目，同时报纸等纸质传媒也有自己的招聘专刊，政府的工作报告和出版物也为毕业生提供了部分企业信息。

（6）社会实践和毕业实习。社会实践包括以锻炼自我、服务社会为目的的社会实践、毕业实习以及专门以了解用人单位为目的到企业参观访问等活动。这些都为学生更好地适应企业需求搭建了桥梁，既为用人单位提前培训了员工，又增强了毕业生的就业竞争力，同时，毕业生在实习中可以调查本企业和相关企业各方面信息，全面认识企业。

（7）各种社会关系。各种社会关系包括家人、亲友、教师、校友等。我国是一个关系型社会，家庭社会以及在此之上形成的社会关系和个人关系分布在社会的不同阶层和领域。各种社会关系是纷繁复杂的社会关系网中不可缺少的节点和纽带，毕业生经常利用这种信息交流的纽带，与老师、同学和朋友们互相交流信息，这些共享的资源在个人择业时会有较高的参考价值。

第二节　电话求职与网上求职技巧

一、电话求职的准备工作

如今，电话已经成为人际交往和进行商务活动必不可少的工具。在求职过程中，电话的使用频率非常高。在得知用人单位的电话号码后，可以主动给用人单位打电话，咨询关于该单位招聘的有关事宜。电话求职的方式现在已经越来越为求职者和招聘者所接受，虽然打电话是“未见其人，只闻其声”，但是短短的几分钟通话，作用有可能是巨大的。电话求职是一门技术，更是一门艺术，如何利用好电话进行求职，如何在短短的几分钟里言简意赅而又全面推销自己，给对方留下深刻的好印象，是每一个进行电话求职的求职者应当花时间考虑的问题。

1. 收集用人单位的有关信息

要尽可能全面地收集用人单位的有关信息，这些信息包括该单位的全称、性质、规模、历史、经营范围、隶属关系、知名产品，甚至详细到单位领导的有关信息。了解得越多，就越能把握主动权，而且在谈话时多谈及对该单位的了解，容易引起对方的亲切感和认同感，同时也向对方展示了应聘该单位的诚意，成功的概率就会大大增加。因此，在决定打电话之前请不要吝惜这点时间，花点时间了解一下用人单位，你会发现这是值得的。

2. 准备谈话内容

这是电话求职准备工作的重中之重。如果在和对方说了几句话或者提了几个问题之后，通话就出现了冷场，或者自我介绍无法引起对方的兴趣，问一句答一句，那么这一次的电话求职就可能会面临失败的危险了。因此，应当根据打电话的目的准备谈话内容，在最短的时间内用自己的语言打动对方，勾起对方对你的兴趣。

谈话内容的准备要全面、有针对性并言简意赅。全面指的是疑问要一次性列出，尽可能避免再次打电话咨询上一次通话中遗留的未尽咨询事宜的情况。要充分尊重招聘者的时间，反复的电话打扰不是一件令人高兴的事情。有针对性指的是应根据应聘意向进行准备，针对用人单位的招聘要求，结合自身的特点对自己进行介绍，使自己的优势都非常接近或符合招聘要求，强调说明你就是最适合这个岗位的求职者。言简意赅指的是自我推销要精简，不要长篇大论，避免让对方感到厌倦甚至反感。此外，在准备谈话内容的时候还要顾及对方感受，让对话以互动形式进行，不要一个人在电话一头热火朝天，电话那头似听没听，呵欠连天。适时、适度地提问，能加强对方的注意力，真正达到交流的目的。但提问同样也要把握“度”的问题，过多的提问会让对方觉得不耐烦。

值得注意的是，谈话内容准备的重点应该是开场白，也就是自我介绍。自我介绍应重点突出，个性分明。要强调优点，但切忌自吹自擂。缺点可以不提。要强调你的出众之处，相比较其他人能更有优势胜任这项工作。自我介绍不要过长，半分钟足矣。下例就是一个比较好的自我介绍，可以用来参考。

> 张老师您好，我叫某某某，是某某大学的应届毕业生，听说咱们单位正在招聘日语专业的毕业生，正好我专业对口，学习成绩不错，还在某某日资企业有过实习经验，比较熟悉这方面的工作。不

知您是否能考虑一下我的情况？

3. 笔和笔记本是必需的

不管是电话求职，还是接听面试电话，在通话时，应保证手头上、电话旁有一支笔和一个专门的笔记本。俗话说，好记性不如烂笔头，随时都有可能需要记录有关信息，例如下次见面的时间、地点和联系人等。笔记本应是专门记录求职相关信息的，不能这里记几个公式，那里记几篇日记，乱七八糟的。此外，笔记本上还应记录近期的日程安排，以便在提出下次见面的时间时不至于和自己原有的重要安排发生冲突。

二、电话求职中的沟通技巧

1. 选择合适的通话时机

早上刚上班和下午准备要下班这两个时间段，通常都是公司最忙碌的时候，电话求职一定要注意避开这两个时间段。此外，许多人中午有午休的习惯，因此中午休息的时候也不能打电话打扰别人。因此，打电话的最佳时机应是早上 9 点到 11 点，以及下午的 2 点到 4 点。一般来说，早上打最为合适。因为一般人上午都是精神比较好，心情也比较放松，而下午经过一天的劳累，精神状态相对要差一些。尽管在认为合适的时机打电话，在正式通话之前，还是应该先礼貌地打声招呼，例如："我有几个问题想要请教，请问您现在方便吗？"或者"我想应聘贵单位的某某职位，请问您现在有空吗？"以免干扰对方工作，给对方留下不佳的印象。

2. 尽量拨打对方的办公电话

如果不是迫不得已，不要拨打对方除办公电话以外的其他号码。此外，一般情况下，请不要拨打对方的家庭电话。家庭不是工作场所，许多人都非常讨厌办公电话打到自己家里，一些人平常根本就不想让工作关系上的其他人知道自己的私人电话，毕业生求职应尤其注意这一点。

3. 注意通话的环境

要尽量选择在安静的场所，而不要在人多嘈杂的地方打电话。大马路边上不合适，餐厅里也不合适，公交车上更不合适。听不清楚对方说话容易让人焦躁。如果嘈杂不能避免，那么请另选时间。

4. 通话要沉着镇定

打电话时不用紧张，求职电话也不过只是一个电话而已。要注意控制自己的语音、语速、语调，完整清晰地表达自己的意思。避免由于紧张引起的结巴和语无伦次，保持中速偏快的语速和略高于平时的语调。轻松的语调可以传递自信，热情的语音能反映出对新工作的渴望和求职的真诚。

5. 通话要谦逊有礼

讲文明有礼貌是中华民族的传统美德，知书达理是大学生所具备的基本素质。求职电话能从一个侧面体现出求职者的素质，所以毕业生在通话时一定要注意文明用语和礼貌用语。主要应注意以下几个方面：

（1）对方的称谓问题。男性可称“先生”，女性可称“女士”（不可贸然称“小姐”），如果你是应聘国企或机关的工作，也可称“同志”，但仅限于非直呼其人的情况（例如在电话刚接通时你可以问：“请问某某同志在吗？”）。对于大中专毕业生来说，最妥善的叫法莫过于称呼对方“老师”，如“张老师”“周老师”，等等。这里的“老师”是一个广泛的称谓，并不是指学校里的老师。在初次通话中不了解对方身份的情况下，称呼对方“老师”是很妥当的，对方男女皆可、老少咸宜。当然，在你了解了对方的职务的情况下，叫对方的职务更好，例如“李局长”“黄处长”等，都能收到非常好的效果。特别要注意的是，不管对方年纪多大，你都不能直呼其名，除非对方一再要求，否则一定不要直呼。

（2）要谦逊。忌自高自大、喧宾夺主。打求职电话，应先简要介绍自己，不要一开口就问：“你这里什么公司？”“你们公司在哪里？”“薪水多少？”“是否解决户口？”等等。这样会给用人单位留下极差的印象。介绍完自己后，要保持谦虚、谨慎，表现出应有的请教态度和诚恳，不能在说完自己后就劈头来一句：“我还行吧？”“我的条件怎么样？还不错吧？”结果自然是让用人单位非常反感。

（3）要多用“您”和慎用“我”。看似普普通通、漫不经心的一个“您”字，会让对方非常受用，因此不妨多用。注意在说“您”字的时候不要过重过长，以免给对方留下油滑的不良印象。还要慎用“我”字。即使不是有意，连续、反复的“我”字句也会让人觉得你是在强调你自己，会给人一种不舒服的感觉。不必用“我”的地方不要多用，你的优势不必非用“我怎么怎么样……我怎么怎么样……”的句型进行说明。例如“我来自中国人民大学，我是法学本科毕业”这句话完全可以说成“我是中国人民大学法学本科毕业”，这么一来，要比“我……我……”的表达好得多。

6. 注意控制时间

招聘者通常都比较繁忙，因此在通话的时候要注意控制通话的时间。这也是一个人办事效率的表现之一。尽量用最短的时间解决所有的问题，不占用对方更多的时间。说话不要唠里唠叨、啰啰唆唆、拖泥带水，说了半天对方都没搞懂你在说什么，那样会让人厌烦。表达清晰、切中要害才是受人欢迎的。

7. 关注对方反应

你无从得知在给对方打电话的时候对方在干些什么，但是无论对方在干什么，突如其来的电话总不会是让人欢愉的。在得知你的意向后，对方也许会表现出热情，也许会平平淡淡没什么反应，也有可能是糟糕的懒洋洋甚至是冷冰冰。但是要记住，只要对方不挂电话，就还有机会。应该根据对方的不同反应来决定下一步打算说点什么。不要总设想对方也是热情、有礼貌的，什么样的人都会有，有素质高的，也有素质低的，有脾气好的，也有脾气坏的，但无论电话另一头是什么样的人，都应该保持应有的素质和礼貌。只有这样，才会给人一个好的印象，接下来的事情才会顺利进行。

8. 没听清楚问题的处理

问题没听清楚，要很有礼貌地请对方再重复一次。你可以以移动电话或者长途电话信号不佳等合适的理由作为第一次没听清楚的借口。记住，提醒或请求对方说得更清楚一些是正确的做法。如果有必要的话，你还可以要求对方改以其他方式重述刚才的话。同时也要诚挚地表示你的歉意。

9. 要表示谢意

不管这次通话愉快与否、成功与否，都应该向他人诚挚地道谢。即使对方表现极不耐烦，甚至接了电话就恨不得和你说“再见”，也该表现出应有的胸襟与气量，有礼貌地向对方说声“谢谢”。有时候即使求职不成功，招聘和应聘双方也能成为朋友。倘若这次确实没有机会，也不要紧，下一次再招人的时候他就会先考虑到你。

10. 要等对方先挂电话

这是个细节问题。通话完毕后要等对方先挂断电话，自己方可挂断；不要自己一讲完，就“啪”地把电话挂了，这是非常不礼貌的行为。细节之处见真章，招聘者往往重视细节，而应聘者也常常忽略细节，之所以招聘结果常出人意料，皆由此来。

三、网上求职的技巧和要点

与电话不同，网络以其便利性、互动性、信息量大等优点成为新的求职渠道，并受到广大大学生的青睐。

1. 网上求职的步骤

第一步，查找网站并注册。首先要查找一些毕业生就业信息网或毕业生求职网。在这些网站上，会有许多用人单位发布用人信息，你可以寻找适合自己的招聘信息。也可以注册会员，把自己的信息放在网站上，让用人单位来选择你。如中国人才网、新安人才网、安徽人才网等，一般情况下，只要输入一个网站，就可以连接到其他相关网站。在注册的时候，要选择是个人而不是企业。注册成为会员后，即可使用同一用户名进入查询工作机会、刊登自己的简历了。

第二步，刊登简历。不同的求职网站让你刊登简历的方式是不同的。有的网站在你注册的时候就要求你填写详细信息，然后自动形成你的简历；有的网站在你登录以后进入网页，在“我的简历”下有“登录简历”或类似的字样，你就可以一步步填写相关信息，然后预览一下，存入“大学生简历中心”。当然，你还可以填写英文简历，这样不仅可以给重视英语的用人单位留下一个良好的第一印象，还可以让更多的招聘单位（尤其是外资企业）注意到你的简历，从而得到更多的就业机会。

第三步，投递简历。网上简历做好以后，你就可以查询职位了。一般来说，许多求职网站都会提供“按条件查询”这种方式，可以通过选择工作方向（如教师类、医学类）或工作地点查询自己需要的职业。查询到信息后，用鼠标点击职位一栏里的职业名称，就可以转到该条信息的详细资料页面，在页面的底部一般都会有“申请职位”一栏。考虑好了你就可以申请该职位了。当然，如果你觉得针对申请单位情况需要修改自己的简历，有针对性地展现自己的优点，也可以修改。最后，用鼠标点击页面底部的“发送”，你的简历就发出去了。

2. 网上投递简历时的注意事项

第一，用正文发送纯文本格式的简历，最好不要用附件的形式发送简历。虽然以附件形式发送的简历格式不会乱，而且看起来效果更好，但是由于病毒的威胁，许多公司都希望求职者不要用附件发送简历。甚至有些公司把所有带附件的邮件全部删除。因此，不管你的条件有多优秀，你都可能会失去机会。

第二，要想使你的电子简历更好看一点，显得形式多变一点，活泼一些，就要精心设计纯文本格式的简历。可以从以下几个方面来做：① 注意设定页边距，使文本的宽度在 16 厘米左右，这样你的简历正文在一般情况下格式不会乱，看起来要漂亮些；② 可以在正文里用大一点的字体并用特殊的符号隔开各部分的内容，或者用粗体字、斜体字来强调重要的内容。

第三，一般来说，不要把个人作品放到电子邮箱中和简历一起发给招聘方。用人单位一般没有时间仔细阅读附带的作品，用人单位也不一定对你的作品感兴趣并乐意去读这些东西。可以在简历中简单地说明一下。

第四，在电子简历上一般都有“月薪”一栏，这也是一个比较敏感的问题，可以在投简历之前删掉。当然，大家可以根据自身条件提出待遇要求。要视自己的条件和你所应聘的单位情况而定。

第五，发送电子简历时要选准时机，最好不要在高峰期（上网高峰一般在中午至午夜），因为在这段时间内网络传递速度非常慢，而且还会出现错误信息，因此，如果条件允许，要避开高峰期。

3. 网上求职的技巧

第一，要分辨网上招聘单位的真伪。由于管理上的原因，网上确有一些以招聘为名，以骗取钱财为目的的所谓招聘单位。应聘者要善于分辨，不要盲目相信。

第二，有一定的自我保护意识。个别不法分子通过招聘网站获取求职者信息后，假冒招聘人员把应聘者骗到偏僻处骗取财物。

据投诉者孙先生称，其女友小王在东莞某知名人才网站发布了求职信后，16 日接到了一陈姓男子打来的电话。陈某称，他是东莞某公司的，对她有招聘之意，请小王到东莞天源电脑城旁等。16 日下午，小王见到了这名男子，西装领带，俨然白领。面谈了一会儿后，陈某称，他有急事要回公司，公司马上会派人来接小王到公司去面试。

在陈姓男子走后不久，一名男子自称来接小王。正在此时，小王的手机响了，陈某在电话中问小王接她的人到了没有，如果到了的话，有事要跟那人吩咐一下。小王毫无戒心地把手机递给“来接她”的男子，不料该男子拿到手机后，拔腿就逃。

孙先生称，陈某诈骗时还留下了手机号码。在孙先生报案后，陈某数次用该手机得意地威胁孙先生“有种的来找我啊”。记者拨通了该男子的手机，陈某先称“有胆的来见个面”，后又自称是东莞某五星级酒店的司机，记者如报道此事后果自负。但记者向该五星级酒店查明并无此人。

第三，主动与用人单位联系。发现可疑情况，及时与用人单位联系，核实事情的真实情形。

第四，目标明确而坚定。应聘求职的目标要明确，不能含糊不清，而且态度要中肯、坚决，让应聘单位一目了然。

第五，礼貌地提出让对方安排面谈的要求，若对方同意面谈，则要将面谈的时间、地点记清楚，所要的材料等准备好。

第三节　求职笔试方法与技巧

笔试是一种常用的招聘考核办法，主要测试毕业生的专业素质、工作能力。笔试的主要内容是基础知识和专业技能，还包括同专业知识有关及同招聘单位有关的某些知识和技能。笔试主要适用于一些专业技术要求很强和对录用人员素质要求很高的大型企事业单位，如一些涉外部门、技术要求很高的专业公司及国家机关选聘公务员等。

一、笔试的内容

1. 知识面的考核

知识面的考核主要考查一些通用性的基础知识、担任某一职务所要求具备的业务知识和相关的实际能力，是为了检验毕业生的实际文化程度。毕业生虽然有学校开具的学习成绩，用人单位为了直接掌握毕业生的文化水平，往往采取笔试的方法进行。题目类型较灵活多样。例如，对文科学生要求运用某一原理或某一历史知识分析某一问题；对理工科学生要求运用某一专业知识解决某一实际问题。考查毕业生文化基础是否扎实、文字表达能力水平如何，等等。

专业知识考试的题目专业性很强。如，外国企业招聘雇员要考外语，科研机构招聘人员要考动手能力，国家机关招聘公务员要考行政管理方面的知识。这几年，参加国家公务员甲种考试的人数最多，它是录用非领导职务的一般公务员，实行面对社会的公开竞争性考试。具有大学本科毕业以上文化程度者，考试科目为法律、政治、行政学、公文写作、英语及能力考试；具有大专毕业文化程度者，考试科目为法律、政治、行政学、公文写作及能力考试。

2. 智力测试

智力测试主要测试毕业生的记忆力、分析观察能力、综合归纳能力、思维反应能力、不断接收新知识的学习能力。

3. 技能测验

技能测验主要是对受聘者处理问题的速度与效果的测试，检验其对知识和智力运用的程度和能力。这种考试往往在特定的工作环境中进行。如：

- 阅读一篇文章，写读后感。
- 自编一份请求报告和会议通知。
- 听取几个人的发言，写一份评价报告。
- 某公司计划在某个月份赴日本考察，写出需做哪些准备工作。
- 给一个科研题目，写出科研论文的详细大纲。
- 给定某个项目，写一份项目计划书。

4. 智商测试

智商测试主要为一些著名跨国公司所采用，它们对毕业生所学专业一般没有特殊要求，但对毕业生的素质要求较高。它们认为，专业能力可以通过公司的培训获得，因此有没有专业训练背景无关紧要，但毕业生是否具有不断接收新知识的能力是至关重要的。智商测试并不神秘。一种是图形识别，比如一组有四种图形，让应试者指出其相似点和不同点。这类题目在一些面向中小学生的智力游戏书中是很常见的，一些面向大众的杂志偶尔也刊登这类游戏题目。另一类是算术题，主要测试毕业生对数字的敏感程度以及基本的计算能力，比如给定一组数据，让毕业生根据不同的要求求出平均值，其难度绝不超过对中学生的计算能力的要求水平。尽管如此，一些理工科的毕业生也考不到 60 分。这类测试通常用于会计师、审计师等职业。

5. 心理测试

心理测试要求被试者完成事先编制好的标准化量表或问卷，根据完成的数量和质量来判定其心理水平或个性差异。一些特殊的用人单位常常以此来测试求职者的态度、兴趣、动机、智力、个性等心理素质。

6. 综合能力测试

综合能力测试兼有智商测试的要求，但程度更高，比如，应试者要在规定的时间内对一组数据、一组资料进行分析，找出其合理的地方和存在的问题，并设计出解决问题的方案。这是对学生阅读理解能力，发现问题、分析问题和解决问题的能力等素质的全方位测试，甚至有时候问答都是用英语进行。相对来说，这类测试难度更大一些。

二、笔试的准备工作

1. 复习知识，注重基础

对大学专业知识进行必要复习是笔试准备的重要方式。一般来说，笔试都有大体的范围，可围绕这个范围翻阅一些有关图书资料，复习巩固所学过的基础知识，温故知新，做到“心中有底”。

2. 增强信心，克服自卑

笔试怯场，大多是缺乏信心所致。要客观冷静地对自己进行正确评估，克服自卑心理，增强信心。临考前，一要适当减轻思想负担，二要保证充足的睡眠，三要适当参加一些文体活动，从而使高度紧张的大脑得到放松休息，以充沛的精神去参加考试。

3. 临场准备，有备无患

提前熟悉考场环境，有利于消除应试时的紧张心理。还应仔细看看考场注意事项，尽量按要求做好。除携带必备的证件外，一些考试必备的文具（钢笔、橡皮等）也要准备齐全。考试前，要有良好的睡眠，以保证考试时有充沛的精力和良好的竞技状态。

4. 科学答卷，以小见大

拿到试卷后，首先应通览一遍，了解题目的多少和难易程度，以便掌握答题的速度。然后根据先易后难的原则排出答题的顺序，先攻相对简单的题，后攻难题。这样就不会因为攻难题浪费太多时间而来不及做会答的题。遇到较大的综合题或论述题，则应先列出提纲，再逐条论述。最后，要尽量挤出时间对容易出错的地方进行复查，特别注意不要漏题，更不能跑题或出现错别字、语法不通、言不达意等错误。

三、不同题型笔试试题的应答技巧

1. 选择题

选择题的类型主要是单选题、多选题和双选题三种。前两种类型在我国公务员录用考试中应用较为广泛。在解答过程中，考生可以采用的方法主要有以下几种：

（1）淘汰法。最适合单选题。当确定一个选择项不符合题意时，便将自己的注意力迅速转移到下一个选择项，依次加以否定。假如第一个选择项就是正确答案，那么，后面的几个选项就可以忽略不看，这样可以节省时间。

（2）去同存异法。应试者在阅读完试题内容和所有选择项后，根据题意确定一个选择项为参照项，该选择项同其他选择项存在着比较明显的特征差异。然后将其他选择项与之进行对比，把内容或特征大致相同的项目去掉，保留差别较大的选择项。再将剩余的选项进行比较，最后确定一个符合题意的正确答案。

（3）印象认定法。印象认定法是指根据印象的深刻与否来选择答案。应试者在读完一道试题的题干和各项选择项后，各选择项对于考生大脑的刺激强度是不同的。有的较强，有的较弱，那些似曾熟悉的内容必然会在头脑中最先形成正确选项的印象，因此，据此作出的判断的命中率还是比较高的。

（4）比较法。此方法应用范围较广。在解答单项选择题时，应试者可以将各选择项同题意要求进行纵向比较，根据各自同题意要求差异的大小来确定最符合题意要求的答案。在解答多项选择题时，就要求考生将选项与题意要求作纵向比较，再将前一过程中保留下来的选项进行横向对比，最后确定符合要求的正确答案。

（5）大胆猜测。如果运用其他方法都无法确定正确答案，可以通过猜测来选择答案，这可以避免考生在这种试题上过分深究而影响自己的注意力和情绪，同时也有一定的命中率。

2. 填空题

填空题的作用主要在于测试考生对知识掌握的准确程度和熟练程度以及理解能力。由于填空题所测试的内容往往是一些容易混淆和遗忘的知识点，所以也具有一定的难度。为了正确地作答，考生必须准确地记忆答案内容。同时，在解答时要仔细阅读题目，弄清题意，切忌粗心大意。必须先明确空白处应填写的内容与试题叙述的内容之间的关系，才可填写答案。

碰上连续设空的填空题时，应试者应更加仔细。这种试题在公务员录用考试中经常出现，其目的是检验考生对于某个事务的变化发展进程和规律以及运行程序等的掌握情况。

3. 判断题

判断题的命题通常是一些比较重要的或有意义的概念、事实、原理或结论。在判断题的解答过程中，以下几个方面值得应试者注意：

（1）结论必须明确，不可含糊或骑墙居中。判断题中有的试题词字较多，语句很长，包含有很多各自可以独立存在的内容，其中有的表述正确，有的不正确。在这种情况下，应试者所作出的判断，应该是针对试题的整体内容来说的。只要有一部分是错误的，整个试题便应被视为错误。

（2）分辨表现形式，确定解答思路。判断题的表现形式一般分为直接结论式或间接结论式两种类型。间接结论式的特点是：是非项的陈述在前，应试者在作答时，必须先对是非项进行推理，然后才能得出结论。直接结论式的试题本身的陈述就是一个判断句，考生可对此直接进行判断，无须经过推理便可作出结论。

（3）辨析设错方式。解决判断题的关键在于考生能否正确地找出或辨析试题的设错方式。命题人员在编制试题时采用多种多样的设错方法和技巧。如事实错、前提错、逻辑错、隶属关系错以及概念使用、词语表达错等。其中，事实错是指某一命题所表述的意思违反了事实真相；前提错则是指所给出的前提无法推断出命题的结论。

第四节　面试方法与技巧

一、面试的基本形式

面试时，最要紧的是有效地回答面试者提出的尖锐问题。因此，面试忽视不得，是整个求职过程中的主要环节。要想在面试中表现得尽可能出色，必须为此做好准备，对一大堆问题做出精彩回答。面试的基本形式有以下几种：个人面试、集体面试、一次性面试与分阶段面试、常规面试与情景面试。

（一）个人面试

个人面试又称单独面试。指主考官与应聘者单独面谈，是面试中最常见的一种形式。单独面试又有两种情况，一是只有一个主考官负责整个面试的过程。这种面试大多在较小规模的单位录用较低职位人员时采用。二是由多位主考官参加整个面试过程，但每次均只与一位应试者交谈。公务员选拔面试大多属于这种形式。个人面试的优点是能够提供一个面对面的机会，让面试双方可以较深入地交流。

单独面试一旦通过，一般可以参加小组面试。经过小组面试和小组讨论，从中即可筛选出参加最终面试的应聘者。最终面试会再次出现个人面试的情况。这时，可能会有五六位考官甚至更多的考官，他们中的任何人都可能提出各种各样的问题让面试者来回答。然而，无论哪种场合，个人面试所要谋求的是尽可能地挖掘出应聘者的真实内涵，通过交谈，相互进行了解。应试者要牢记自己的目的是让对方接纳自己，这是应试者回答问题的出发点。

（二）集体面试

集体面试主要用于考查应试者的人际沟通能力、洞察与把握环境的能力、组织领导能力等。在集体面试中，通常要求应试者分小组讨论，相互协作解决某一问题，或者让应试者轮流担任领导主持会议、发表演说等。

无领导小组讨论是最常见的一种集体面试法。众考官坐于离应试者一定距离的地方，不参加提问或讨论，通过观察、倾听，为应试者进行评分，应试者自由讨论主考官给定的讨论题目，这一题目一般取自拟任岗位的职务需要，或是现实生活中的热点问题，具有很强的岗位特殊性、情景逼真性、典型性及可操作性。

（三）一次性面试与分阶段面试

1. 一次性面试

一次性面试指用人单位对应试者的面试集中于一次进行。在一次性面试中，面试考官的阵容一般都比较"强大"，通常由用人单位人事部门负责人、业务部门负责人及人事测评专家组成。在一次面试情况下，应试者是否能面试过关，甚至是否被最终录用，就取决于这一次面试表现。面对这类面试，应试者必须集中所长，认真准备，全力以赴。

2. 分阶段面试

分阶段面试又可分为"按序面试"和"分步面试"两种。

按序面试一般分为初试、复试与综合评定三步。初试一般由用人单位的人事部门主持，将明显不合格者予以淘汰。初试合格者则进入复试。复试一般由用人部门主管主持，以考查应试者的专业知识和业务技能为主，衡量应试者对拟任岗位是否合适。复试结束后，再由人事部门会同用人部门综合评定每位应试者的成绩，最终确定合格人选。

分步面试一般是由用人单位的主管领导以及一般工作人员组成面试小组，按照小组成员的职务高低层次，以由低到高的顺序依次对应试者进行面试。面试的内容依层次各有侧重，低层一般以考查专业及业务知识为主，中层以考查能力为主，高层则实施全面考查与最终把关。实行逐层淘汰筛选，要求越来越严。

（四）常规面试与情景面试

1. 常规面试

常规面试就是我们日常见到的主考官和应试者面对面以问答形式为主的面试。在这种面试条件下，主考官处于积极主动的位置，应试者一般是被动应答的姿态。主考官根据应试者对问题的回答以及应试者的仪表仪态、身体语言、在面试过程中的情绪反应等对应试者的综合素质状况作出评价。

2. 情景面试

情景面试是面试形式发展的新趋势。在情景面试中，突破了常规面试即主考官和应试者一问一答的模式，引入了无领导小组讨论、公文处理、角色扮演、演讲、答辩、案例分析等人员甄选中的情景模拟方法。在这种面试形式下，面试的具体方法灵活多样，面试的模拟性、逼真性强，应试者的才华能得到更充分、更全面的展现，主考官对应试者的素质也能作出更全面、更深入、更准确的评价。

二、求职面试的基本准则

1. 了解招聘公司

面试前，应试者要有意识地尽力通过网络或其他途径调查了解招聘公司，了解其经营服务范围、经营的理念、企业文化、存在的问题、发展前景和在行业中的地位等。

2. 表现积极的态度

面试时，言辞上谦虚是应该的，但这并不意味着自卑，你要直接告诉面试官你最近取得了哪些成绩、你将来的职业生涯目标以及你所具备的条件。尽量早些告诉他，不要等到他先来问你，要时刻保持必胜的信心。

3. 落落大方，面带微笑

在求职择业面试中，大方与微笑很重要。要牢记，任何一位面试官都喜欢落落大方的人。

4. 专心倾听

第一，当面试官讲话时，你要直接看着他，使他知道你对他所讲的感兴趣，你的眼神会告诉他：我在专心听您的讲话，或者使用一些常用的“热词”，如：“噢”“好的”“嗯”“是吗”等，以示你在认真地听面试官讲话。

第二，控制自己的思绪，使它不会超过面试官的讲话速度。如果他讲话不连贯，一下子找不到合适的词，千万不要插嘴，或作补充说明。这种帮助一点也不会让他高兴，他会感到难为情，因为这会反映出他的思维反应不够快。

第三，倾听的时候，最好是在椅子上坐直，稍微向他那边倾身，但身体不要僵硬，也不要像在家里看电视那样随意。

第四，不要感情用事地与他争辩，无论面试官说什么，你不要认为他无知和幼稚，不一定你自己就对。如果从心里产生对他的抵触情绪，就为专心听他说话制造了心理障碍。

第五，摆脱视觉上的干扰，注意听讲，不要摆弄你的眼镜、钢笔或其他任何与倾听无关的东西。面试中尽可能做点笔记，不要漫不经心地乱画，更不要去研究室内的装饰摆设或外面的风景等。

第六，倾听要有精神，以显示出你对面试官讲的东西有极大的兴趣。你对他讲话的内容可适当地改变面部表情。你可以偶尔点点头或者做出赞同的评论，这有助于沟通。

5. 注意自己的外表形象

很多面试评估表格都有一栏：此人外表形象如何。即使有些表格上没有具体这样写，但无论如何你的外表形象将直接影响你是否能成功通过面试。很多求职者意识不到自己没有被录用的更深层次原因是自己形象不佳。

6. 表现出激情

任何一家招聘单位都会考查你是否对工作和生活充满激情。如果你想达到自己的职业生涯目标，那么，求职时一定要表现出激情，并与面试官共同分享。人们对周围的一切，如生活，特别是职业充满激情是一件好事。你可以自信你是面试官遇到的最有价值的人。遇到你这样既充满激情又符合工作的基本条件的人，面试官肯定会喜欢你。

7. 不要让面试官等待

约定的面试迟到了，你可以找出许多合情合理的理由来解释，但这一切都无济于事，你办事不预留余地的缺点已经显露出来。不管什么原因迟到，见面时首先就得道歉，不道歉就糟糕极了。如果没有赴约而又不打电话道歉，那是绝对不理智的。为了确保面试不至于迟到，预先要考虑各种意想不到的情况，时间安排表上要留有余地。

8. 谨慎谈及工资报酬与福利问题

面试时，不要对工资报酬与福利流露出太多关心。一般来讲，福利待遇用人单位早已根据自身的情况拟定。尽管你比较优秀，但用人单位可能雇不起你。因此，在谈及工资报酬及福利待遇时，一定要谨慎。涉及工资问题，面试官可能直接问你："你要求多高的报酬？"你要回避这个问题，不要做正面回答，要让对方主动说出一个数目。

9. 必须准备好对方想听的内容

面试官到底想听你说些什么？别忘了一条宗旨，他们是在选好职员。一个好员工是这样的一个人：不只为薪水工作的人；可靠的人；有头脑、有精力、有热情的人；严于律己、组织性强、目标明确、善于把握时间的人；工作认真负责、任务完成出色的人；守时、按时上班或提前上班，下班后仍继续工作甚至在办公室干到很晚的人；热爱学习、有培养前途的人；机智灵活、善于应付各种形势、对工作环境适应力强的人。

三、面试的方法和技巧

1. 应试者的基本礼仪

第一，提前5~10分钟到达面试地点，以表示诚意，给对方以信任感。

第二，进入面试场合时，不要紧张。如门关着，应先敲门，得到允许后再进去。开关门动作要轻，以从容、自然为好。见面时，要向招聘者主动打招呼问好致意，称呼应当得体。在主试人没有请你坐下时，切勿急于落座。主试人请你坐下时，应道“谢谢”。离去时，应询问“还有什么要问的吗？”得到允许后，应微笑起立，道谢并说“再见”。

第三，对主试人的问题要逐一回答。对方给你介绍情况时，要认真聆听。为了表示你已听懂并感兴趣，可以在适当的时候点头或适当提问、答话。

第四，在整个面试过程中，保持举止文雅大方，谈吐谦虚谨慎，态度积极热情。如果主试人有两位以上时，回答谁的问题，你的目光就应注视谁，并应适时地环顾其他主试人以表示你对他们的尊重。

第五，注意面试中的非语言信息。在面试中，面试者的肢体动作有丰富的意义，也是面试者礼仪的基本体现。一般而言，面试者有以下非语言信息（见表12-1）。

表12-1　面试者的非语言信息及其含义

非语言信息	典型含义
目光接触	友好、真诚、自信、果断
不做目光接触	冷淡、紧张、害怕、说谎、缺乏安全感
摇头	不赞同、不相信、震惊
打哈欠	厌倦
搔头	迷惑不解、不相信
微笑	满意、理解、鼓励
咬嘴唇	紧张、害怕、焦虑

续表

非语言信息	典型含义
踮脚	紧张、不耐烦、自负
双臂交叉在胸前	生气、不同意、防卫、进攻
抬一下眉毛	怀疑、吃惊
眯眼睛	不同意、反感、生气
鼻孔张大	生气、受挫
手抖	紧张、焦虑、恐惧
身体前倾	感兴趣、注意
懒散地坐在椅子上	厌倦、放松
坐在椅子边缘	焦虑、紧张
摇椅子	厌倦、自以为是、紧张
驼背坐着	缺乏安全感、消极
坐得笔直	自信、果断

2. 应试者语言运用的技巧

（1）口齿清晰，语言流利，文雅大方。

（2）语气平和，语调恰当，音量适中。

（3）语言要含蓄、机智、幽默。

（4）注意听者的反应。

3. 应试者回答问题的原则

（1）把握重点，简洁明了，条理清楚，有理有据。

（2）讲清原委，避免抽象。

（3）确认提问内容，切忌答非所问。

（4）有个人见解，有个人特色。

（5）知之为知之，不知为不知。

4. 消除过度紧张的技巧

由于面试成功与否关系到求职者的前途，所以，大学生面试时，往往容易产生紧张情绪。有些学生可能由于过度紧张导致面试失败。因此，必须设法消除过度的紧张情绪。

第一，面试前，可翻阅一本轻松活泼、有趣的杂志或图书。阅读书刊可以转移注意力，调整情绪，克服面试时的怯场心理。

第二，面试过程中，注意控制谈话节奏。进入考场致礼落座后，若感到紧张，先不要急于讲话，而应集中精力听完提问，再从容应答。讲话速度过快往往容易出错，甚至张口结舌，进而强化自己的紧张情绪，导致思维混乱。为了避免这一点，一般开始谈话时，可以有意识地放慢讲话速度，等自己进入状态后再适当增加语气和提高语速。这样，既可以稳定自己的紧张情绪，又可以扭转面试的沉闷气氛。

第三，回答问题时，目光可以对准提问者。有的人在回答问题时眼睛不知道往哪儿看。经验证明，魂不守舍、目光不定的人，使人感到不诚实；眼睛下垂的人，给人一种缺乏自信的印象；两眼直盯着提问者，会被误解为向他挑战，给人以桀骜不驯的感觉。如果面试时把目光集中在对方的额头上，既可以给对方以诚恳、自信的印象，也可以鼓起自己的勇气，消除自己的紧张情绪。

5. 面试中的提问技巧

面试是通过当面交谈问答对应试者进行考核的一种方式。在面试即将结束时，通常主考会问类似“我们的问题都问完了，请问你对我们有没有什么问题要问”这样的话题，众多毕业生对此常常茫然不知所措。其实，用人单位此举一是给毕业生了解企业的机会，二是借此进一步考察毕业生。此时，毕业生应抓住机会，通过向用人单位提问，获取自己所需的信息，同时也可进一步表达自己。毕业生在提问时，需注意以下几个方面：

第一，提出的问题要视主试者的身份而定。面试前，你最好弄清主试者的职务，要知道主试者是一般工作人员还是负责人，是哪一级的负责人。要视主试者的职务来提问题，不要不管主试者是什么人，什么问题都问，搞得主试者无法回答，引起主试者对你反感。

第二，应试者通常可提的问题。一般情况下，应试者可向主试者提出以下几个方面的问题：一是单位在同行业中的地位、发展前景、所需人员的专业及文化层次和素质要求；二是单位的用工方式、内部分配制度、管理状况、经济效益和社会效益等。但不要问类似“请问你们在我们学校要招多少人？”这样的问题，大部分单位都会回答你“不一定，要看毕业生的素质情况”。

第三，要注意提问的时间。要把不同的问题安排在谈话进程的不同阶段提出。有的问题可以在谈话一开始提出，有的可以在谈话进程中提出，有的则要在快结束时再提。不要毫无目的地乱提，更不可颠三倒四反反复复提那么几个问题。

第四，要注意提问的方式、语气。有些问题，可以直截了当地提出来，如贵单位人员结构、贵单位岗位设置等。有些问题，则不可直截了当地提出，而要婉转、含蓄一点。如了解求职单位职工收入情况和自己去了以后每月有多少收入等问题，不可直接问，而应该婉转地问："贵单位有什么奖惩条例、规定？""贵单位实行什么样的分配制度？"等等。因为这些问题清楚了，自己对照一下可能就会知道有多少收入。另外，在询问时，一定要注意语气，要给人一种诚挚、谦逊的感觉。

6. 求职者面试的禁忌话题

面试时，有些话题是不能提起的。例如：

（1）性别或种族偏见。

（2）政治话题。

（3）宗教话题。

（4）喜爱的明星、球队或运动员等。

（5）送面试官某物或某种特殊商品的提议。

（6）私人问题。

（7）漫无焦点地扯谈。

（8）开口就问薪资待遇。

7. 巧答尴尬提问

（1）你对薪酬的要求是多少？

一般来说，让你去面试的单位和你在这个问题上没有很大的谈判余地，除非你是对方急需的人才。因此，你只要说各单位都有自己的规矩，表示自己会入乡随俗，薪水要经过工作实践来确定。

（2）你如何看待你所应聘的岗位？

通常，各个岗位在责任、权力、利益、分工、合作、技能、技巧等方面都有明显的要求，你不能说"我能干这，也能干那"，而应该明确哪些是自己力所能及的。

（3）你如何证明自己是最优秀的？

这时，你最好回答："以我所受过的良好教育以及此前的经验，能够胜任这项工作，为单位的发展尽力。"

（4）你有什么业余爱好？

在回答这类问题时，应该不温不火，既要显示自己的情调与修养，又能展现自己的事业心，以此为原则说明实际情况。

（5）你的住处离单位距离如何？

这也许是在试探你对上班时间和加班的想法。如果这真是你理想中的单位，而你的住处离此单位又较远，应该在回答中表示会遵守单位规定的作息时间，按时上下班，如果需要经常加班则可以想办法住得近些，不会影响工作，也不会给单位增添麻烦。

（6）你有什么缺点？

谈到自己的缺点，可以说一些虽然是缺点但也可以理解为优点的话，比如：我性格耿直，原则性强，容易得罪人；是个工作狂，不会调理自己生活等。

8. 面试中常见问题的回答技巧

（1）请你自我介绍一下。

思路：① 这是面试的必考题目。② 介绍内容要与个人简历相一致。③ 表述方式上尽量口语化。④ 要切中要害，不谈无关、无用的内容。⑤ 条理要清晰，层次要分明。⑥ 事先最好以文字的形式写好背熟。

（2）谈谈你的家庭情况。

思路：① 这对于了解应聘者的性格、观念、心态等有一定的作用，这是招聘单位问该问题的主要原因。② 不宜简单地罗列家庭人口。③ 宜强调温馨和睦的家庭氛围。④ 宜强调父母对自己教育的重视。⑤ 宜强调各位家庭成员的良好状况。⑥ 宜强调家庭成员对自己工作的支持。⑦ 宜强调自己对家庭的责任感。

（3）你有什么业余爱好？

思路：① 业余爱好能在一定程度上反映应聘者的性格、观念、心态，这是招聘单位问该问题的主要原因。② 最好不要说自己没有业余爱好。③ 不要说自己有那些庸俗的、令人感觉不好的爱好。④ 最好不要说自己仅限于读书、听音乐、上网，否则可能令面试官怀疑应聘者性格孤僻。⑤ 最好能有一些户外的业余爱好来"点缀"你的形象。

（4）你最崇拜谁？

思路：① 最崇拜的人能在一定程度上反映应聘者的性格、观念、心态，这是面试官问该问题的主要原因。② 不宜说自己谁都不崇拜。③ 不宜说崇拜自己。④ 不宜说崇拜一个虚幻的或是不知名的人。⑤ 不宜说崇拜一个明显具有负面形象的人。⑥ 所崇拜的人最好与自己所应聘的工作能“搭”上关系。⑦ 最好说出自己所崇拜的人的哪些品质、哪些思想感染着自己、鼓舞着自己。

（5）你的座右铭是什么？

思路：① 座右铭能在一定程度上反映应聘者的性格、观念、心态，这是面试官问这个问题的主要原因。② 不宜说那些易引起不好联想的座右铭。③ 不宜说那些太抽象的座右铭。④ 不宜说太长的座右铭。⑤ 座右铭最好能反映出自己某种优秀品质。⑥ 参考答案——“只为成功找方法，不为失败找借口。”

（6）谈谈你的缺点。

思路：① 不宜说自己没缺点。② 不宜把那些明显的优点说成缺点。③ 不宜说出严重影响所应聘工作的缺点。④ 不宜说出令人不放心、不舒服的缺点。⑤ 可以说出一些对于所应聘工作“无关紧要”的缺点，甚至是一些表面上看是缺点，从工作的角度看却是优点的缺点。

（7）谈一谈你的一次失败经历。

思路：① 不宜说自己没有失败的经历。② 不宜把那些明显的成功说成是失败。③ 不宜说出严重影响所应聘工作的失败经历。④ 所谈经历的结果应是失败的。⑤ 宜说明失败之前自己曾信心百倍、尽心尽力。⑥ 说明仅仅是由于外在客观原因导致失败。⑦ 失败后自己很快振作起来，以更加饱满的热情面对以后的工作。

（8）你为什么选择我们公司？

思路：① 面试官试图从中了解你求职的动机、愿望以及对此项工作的态度。② 建议从行业、企业和岗位这三个角度来回答。③ 参考答案——“我十分看好贵公司所在的行业，我认为贵公司十分重视人才，而且这项工作很适合我，相信自己一定能做好。”

（9）对这项工作，你有哪些可预见的困难？

思路：① 不宜直接说出具体的困难，否则可能令对方怀疑应聘者不行。② 可以尝试迂回战术，说出应聘者对困难所持有的态度——“工作中出现一些困难是正常的，也是难免的，但是只要有坚忍不拔的毅力、良好的合作精神以及事前周密而充分的准备，任何困难都是可以克服的。”

（10）如果我录用你，你将怎样开展工作？

思路：① 如果应聘者对于应聘的职位缺乏足够的了解，最好不要直接说出自己开展工作的具体办法。② 可以尝试采用迂回战术来回答，首先听取领导的指示和要求，然后就有关情况进行了解和熟悉，接下来制订一份近期的工作计划并报领导批准，最后根据计划开展工作。

（11）与上级意见不一致，你将怎么办？

思路：① 一般可以这样回答，我会给上级以必要的解释和提醒，在这种情况下，我会服从上级的意见。② 如果面试你的是总经理，而你所应聘的职位另有一位经理，且这位经理当时不在场，可以这样回答：对于非原则性问题，我会服从上级的意见；对于涉及公司利益的重大问题，我希望能向更高层领导反映。

（12）我们为什么要录用你？

思路：① 应聘者最好站在招聘单位的角度来回答。② 招聘单位一般会录用：基本符合条件、对这份工作感兴趣、有足够的信心的人。③ 如“我符合贵公司的招聘条件，凭我目前掌握的技能、高度的责任感和良好的适应能力及学习能力，完全能胜任这份工作。我十分希望能为贵公司服务，如果贵公司给我这个机会，我一定能成为贵公司的栋梁！”

（13）你能为我们做什么？

思路：① 基本原则上“投其所好”。② 回答这个问题前，应聘者最好能“先发制人”，了解招聘单位期待这个职位所能发挥的作用。③ 应聘者可以根据自己的了解，结合自己在专业领域的优势来回答这个问题。

（14）你是应届毕业生，缺乏经验，如何能胜任这项工作？

思路：① 如果招聘单位对应届毕业的应聘者提出这个问题，说明招聘单位并不真正在乎“经验”，关键看应聘者怎样回答。② 对这个问题的回答最好要体现出应聘者的诚恳、机智、果敢及敬业。③ 可这样回答：作为应届毕业生，在工作经验方面的确会有所欠缺，因此，在读书期间，我一直利用各种机会在这个行业里做兼职。我也发现，实际工作远比书本知识丰富、复杂。但我有较强的责任心、适应能力和学习能力，而且比较勤奋，所以在兼职中均能圆满完成各项工作，从中获取的经验也令我受益匪浅。请贵公司放心，学校所学及兼职的工作经验使我有信心一定能胜任这个职位。

（15）你希望与什么样的上级共事？

思路：① 通过应聘者对上级的“希望”可以判断出应聘者对自我要求的意识。② 最好回避对上级具体的希望，多谈对自己的要求。③ 可以回答：作为刚步入社会的新人，我应该多要求自己尽快熟悉环境、适应环境，而不应该对环境提出什么要求，只要能发挥我的专长就可以了。

（16）您在前一家公司的离职原因是什么？

思路：① 最重要的是应聘者要使招聘单位相信，应聘者在以往的单位的“离职原因”在此家招聘单位里不存在。② 避免把“离职原因”说得太详细、太具体。③ 不能掺杂主观的负面感受，如“太辛苦”“人际关系复杂”“管理太混乱”“公司不重视人才”“公司排斥我们某某的员工”等。④ 但也不能躲闪、回避，如“想换换环境”“个人原因”等。⑤ 不能涉及自己负面的人格特征，如不诚实、懒惰、缺乏责任感、不随和等。⑥ 尽量使解释的理由为应聘者个人形象添彩。⑦ 如“我离职是因为这家公司倒闭。我在公司工作了三年多，有较深的感情。从去年起，由于市场形势突变，公司的局面急转直下。到眼下这一步，我觉得很遗憾，但还要面对现实，重新寻找能发挥我能力的舞台。”

第十三章　大学生沟通能力训练策略

学会与人沟通是一门学问，在现在的社会中，你不可能只活在自己的小圈子里。就算你在家里休假也是要学会与人沟通交流的，要跟家人交流，跟邻居相处好，跟周围的人能够正常交流，这是最基本的要求。除了简单的沟通以及和熟悉的人交流外，我们还需要和陌生人、不熟悉的人以及和自己意见不同的人进行接触，也要说服别人、辩论、演讲等，这就要求大学生提高沟通能力，以便更好地适应当今快速发展的时代并成为自己人生的主宰。通常从以下方面进行沟通能力训练：

（1）训练：见面多主动跟人打招呼，可以聊天气、化妆、搭配、教育等相关话题。

（2）学会讲故事、幽默。

（3）多交朋友：有了朋友打开你的生活圈子，你的生活才不会苦闷。

（4）尝试着每天都说话，多跟人来往。

（5）可以主动去找人，不必等到别人来找你。对于刚认识的朋友，可以加下微信、QQ、电话等，有空就聊聊，或者相约一起出去看场电影。

第一节　如何扩大自己的交际圈

一、加入社团

每一个大学校园里都活跃着很多社团组织。社团是为大学生适应社会实践而服务的，是大学生展示自我的一个舞台，它已成为一种独特的校园文化，丰富着大学生们的生活。合理地、积极地参加社团活动，既可以锻炼自己、提高自己的交际管理能力，也可以结识更多的朋友，扩大交际圈。面对各种各样令人眼花缭乱的社团组织，大学生们该如何做出自己的选择呢?

1. 兴趣很重要

社团的种类是多种多样的，但并非所有的社团都适合自己。大学生选择社团时首先考虑的应该是自己擅长什么和是否感兴趣。有句话说得好：“兴趣是最好的老师。”兴趣可以激发一个人的热情。每个人的兴趣、爱好不同，擅长文艺的同学可以去话剧团、艺术团、音舞协会；喜欢演讲的同学可以去口才演讲社、辩论社；爱好运动的同学可以去网球社、乒乓球艺社；喜欢传统文化的可以去儒学会、红楼研究会……如此多的社团，只要感兴趣，你总能找到适合自己的那一个。

2. 对社团充分了解

选择社团不可过于草率，加入社团之前要对其进行充分的了解。要综合多方面的因素和条件，考虑清楚做决定，切不可草率。考虑清楚想要加入的社团都应该做什么，是否适合自己，从中可以学到什么。一些同学匆匆忙忙选了一个社团，待了一段时间觉得不适合，就很快退出，结果什么也没学到。

3. 不可贪多

参加社团组织固然好，但其前提是不要与正常的学习相冲突，毕竟大学生第一要务仍然是学习。有些同学忙于各种社团活动，难免顾此失彼，更有甚者，严重影响学业，得不偿失。建议大学生选择一两个社团即可。

4. 功利性不可太强

抱着功利性的想法去参加社团是非常不可取的。有的学生认为参加社团可以在综合测评时加分；有的同学希望能够在社团混个“一官半职”，以此提高自己的知名度……这些想法无疑会使原本纯洁的社团文化蒙上一层不纯洁的色彩。

总之，学生社团是我们锻炼自我的一个很好的平台，可以使我们得到诸多益处，但是，如何加入社团又是我们必须认真考虑的问题，需要我们慎重。

二、参加学校举行的活动

大学和高中有很大的不同，大学生除了学业外，学校还会组织很多活动，如讲座、各种比赛、社会实践活动、实习等，参加一些有意义的活动既可以提高自己的知识水平、扩大自己的知识面，也能提高自己的表达、沟通、交际能力。要听一些自己感兴趣的和与职业规划相关的讲座，还要参加几次比赛。参加比赛是锻炼胆量的最好方式。如参加演讲、辩论、写作比赛或形象大赛、设计大赛等，从报名到准备、演练，最后到比赛，对大学生来说都是一次很难得的经历，一次次经历组成了精彩的大学生活。

三、适当做一些兼职

大学生的兼职现象越来越普遍，人们对大学生兼职的各种看法，大家也早已耳熟能详了。在校大学生基本上学的是书面上的理论知识，为数极少的实验课也只是对理论的巩固和深化。大学生参加社会兼职，有助于锻炼大学生的实践能力、协调能力、合作能力……这些有助于大学生将来更好地适应社会，更为大学生积极、主动地着眼于现实，不再等分配，不再靠父母，而是主动出击、投入工作做好准备。

兼职时，可以培养交际、处事等方面的能力，也可以了解社会，有压力感、责任感。人是锻炼出来的，兼职可以让人提早得到锻炼。以后找工作，个人能力起决定性作用。兼职可以认识到社会的复杂性，同时也可以体味生活的艰辛。现在很多招聘单位首先会问你是否有工作经验，文凭只是敲门砖而已。兼职可以利用课余时间锻炼自己的能力，兼职的人比没有兼职的人更成熟，更能适应社会。竞争是残酷的，只有不断地充实、锻炼自己，才能在竞争中立于不败之地。

兼职的益处：提前体验各种类型的职业，有利于发现自己的专长。兼职前的面试积累了更多的面试经验，有助于之后出去找工作。增强对工作的意识，越早体会到打工的辛苦，越早成熟。拓宽了交际圈，和更多层面的人进行交流。在兼职中遇到各种问题时，需要自己思考如何解决，增强应变能力。和社会接触增多，有助于加深对社会大环境的了解。促进提高合理分配时间的能力。自己赚钱自己花，培养理财意识。增加生活经验，充实课外生活。安全意识加强，对社会上的各种诈骗警惕加强。经常要出去，更快融入陌生城市。帮助自我反省自我检视，发现自己还需要补足哪些方面，早清楚早弥补，毕业路更好走。兼职中遇到问题，有老师有朋友可以帮你分析，帮你出谋划策。兼职占据大量时间，避免了成天窝在宿舍玩电脑和打游戏。兼职前要进行大量搜索以寻找工作，对各类招聘网站有更多的认识和经验，为以后找实习单位、找工作积累了前期经验。成功获得兼职以及在兼职中表现优异，帮助建立自信心。兼职让生活经历增多，和朋友间有更多的话题可以交流。兼职需要长期在户外活动，有助锻炼身体，保持体态。锻炼了吃苦耐劳的生理和心理。磨炼口才，也磨厚了脸皮，能够更好地在这个竞争社会中生存。减少了面对陌生人的紧张感，学会更冷静地面对问题、处理问题。提前了解劳动保障法等法律知识，增强维权意识。

做兼职的前提条件：不能和自己的学业相冲突，做有利于个人能力提高的兼职，遵纪守法。

第二节　如何让自己变得更加自信

一、影响自信的因素

从语用角度来看，自信是指向于自己的“信”。自信是自己相信、信任自己。《辞海》采用此种说法。《旧唐书·卢承庆传》中“朕今信卿，卿何不自信也”，“信”取“信任”之意。自信就是与他人信任相对的，自己对自己的信任。自信力表现为自力、埋头苦干、拼命硬干、为民活命、舍身求法、前赴后继。自信是民族脊梁之所在，国家强盛是一种尊严，而自信是一种自我之力，是肯定这种力量的信念，相信自己有力量，就可以用这种力量来捍卫自己的尊严。

自信是一个人对现实自我的欣赏。现实意味着精确和诚实，欣赏意味着对自己的肯定性感情和喜爱。有些人会谈到自信心的高低，然而这却使得自信成了可以用来比较和竞争的数字游戏。更准确地说，当一个人欣赏现实的自我时，他就拥有了自信。简单地说，自信就是介于自负和自卑的中间。

自负的人总想超越人性。他们骄傲、自恋，也就是说，他们认为自己比其他人都好都重要。他们看待他人是竞争性的，他们在顶端，意味着别人必须在他们下面。自负通常根植于不安全的感受。

自卑的人总认为自己不如人。他们把自己看作地球上的尘土。他们对自己抱有不现实不欣赏的观点。

有自信心的人不同于以上两种人，他们既不认为自己是超人，也不认为自己不如人，他们了解自己的缺点和不足，但仍然相当接受自己、喜欢自己。

他们就像一个了解和喜欢你的朋友那样，知道美好、完美、潜能都是伴随着不完美的。有自信心的人也会把他人视作同样的人，置于同一水平面上。自信通常是指个体对自己能力的信念，与能力和自我效能有关。当一个人的能力增强时，他的自我信赖程度也会增加。从更深和更广的意义说，自我信赖是对个体作为一个人的信任程度，并因此产生“我能做到”的信念。自我信赖的人会对自己说：“每个人都能做任何事——只要有时间、实践、经验、资源等条件——那么我为什么不能呢？我可能不能那么完全或者那么快成功，但是方向是对的。”展示才能能让我们足够自信，但是这是自我价值的结果而不是建立自我价值的方式。能力和自我信赖与自信心有关，但没有因果关系。如果我们把与价值有关的情感建立在能力和成就的基础上，那么一旦失败，我们就失去了价值。

二、自信的自我塑造

要想变得自信，首先要了解自信心是建立在哪些因素之上的。自信是建立在以下三个有顺序的因素基础上的：无条件的人类价值、爱、成长（如图13-1 所示）。

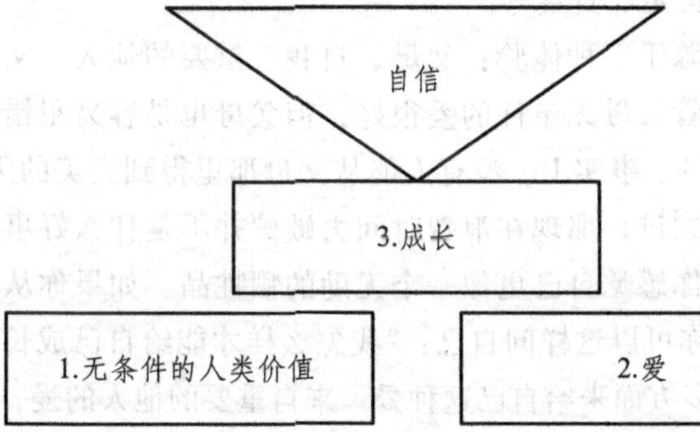

图 13-1 自信的基础

尽管这三个因素对塑造自信是根本的，但顺序非常关键。先是无条件的人类价值，然后是爱，最后是成长。“成长”是即将绽放，是指朝所期望的方向发展。有太多的人由于试图从成长开始做起，忽略了前两个重要因素而深感挫折。没有坚实的基础，自信心也会垮掉，在这个问题上我们是不能走捷径的。

1. 人类的核心价值

人类的核心价值基本体现在以下几个方面：

每个人作为个人来说都具有无穷的、内在的、永恒的和无条件的价值。

作为人来说，所有人都有平等的价值。价值是不能比较和竞争的。或许你在体育、学术或商业方面有更好的表现，而我或许在社交技能方面更好。作为人类的一员，我们都具有平等的价值。

外在的东西既不能增加也不能减少价值。外在的东西包括金钱、外貌、表现与成就。这些只能提高一个人的市场或社会价值。而一个人作为人的价值是无穷的，不可能改变的。

价值是稳定的，是不会受挫的（哪怕有人拒绝接受你）。

价值是没必要去赢得或证明的，它是早已存在的，只要承认它、接受它和欣赏它就行了。

2. 爱

无条件的爱是建立自信的一个重要的因素，主要与情绪有关，涉及感情。爱是需要体验的一种情感归宿，一种心灵的慰藉和感应。每个人生来都要去爱和被爱。每个人都需要得到肯定来认定自己是有价值的人。如知道有人爱自己、得到鼓励、肯定、赞赏等。

爱至少可以来源于三种体验：父母、自我、重要的他人。父母是无条件爱的理想来源，尽管父母无条件的爱很好，但父母也是容易犯错误的人，他们的爱也是不完整的。事实上，没有人能从父母那里得到完美的无条件的爱。如果你过去没有得到过，那现在浪费时间去嫉妒并不是什么好事。抱怨会让你停滞在过去，使你感觉自己更像一个无助的牺牲品。如果你从来没有从他人那里得到过爱，你可以这样问自己："我怎么样才能给自己成长所需要的爱呢？"你可以从许多方面来给自己这种爱。来自重要的他人的爱，如朋友、配偶和亲人会在你的成长中给你一些爱、帮助、温暖等，但是他人也无法提供无条件的、永恒的爱。来自他人的认可和爱与自信不是一回事儿，可称之为他信。但是，来自他人的认可和爱，有助于自信的成长。要谨慎地对待你所依赖的爱之源泉，而最可取的源泉就是你自己。自己要无条件地爱自己、欣赏自己，同时也要去爱他人，在爱他人的过程中自己的价值能得到最大限度的体现。

3. 成长

成长包括身体的长大和身心的进步和成熟。成长中取得的成绩、进步，得到的鼓励和关怀，受挫后的哭泣、反思等铸就了成长的速度和质量。良好的成长轨迹是提高自信的基石。自信——对自我持现实、欣赏的观点——建立在自我接受和成长相结合的基础上。

我们发展身体、心灵、社会化、情绪和精神——当我们的能力被滋养和训练时就会这样做，其养分就是爱。成长是一个不断前进的过程，不同于玫瑰，它绽放，然后凋谢，核心自我却持续成长，即使外在的躯壳已经老化。成长不是在孤立状态中完成的，而是在与其他事物相依存中完成的。

三、变得自信的方法

自信是一个人成功的前提，更是基础，自信的人生必将是成功的人生。自信可以点燃理解之花，放飞梦想，自信更可以让生活充满色彩。生命也有青涩的时候，情绪也有低落的时刻，只要掌握了建立自信的技能，任岁月蹉跎，人生依然光彩。如果你在生活、学习和工作中不那么自信，那么下面的方法将会使你重获自信。

（1）明确自己的人生目标，坚持每天都进步一点点。这样的人生才会有价值，每天的生活也就变得很充足。当然，制定人生目标的时候，应当结合现实，制定切实可行的目标，然后把目标分成若干阶段，通过努力逐个阶段地去实现，这样心里才会踏实，生活才会有意义，每天过的当然就是自信的生活。

（2）争取每一次小小的成功，虽然渺小，但那毕竟记载着自己曾经奋斗的过程。相信每一次的成功都使自己离最终的目标前进了一步，这样想着的时候，你才会更加努力，更有信心做好每一件事情。

（3）进行自我暗示，告诉自己是最棒的。不断地追求进步，不断地超越自己，相信万丈高楼平地起的道理，相信自己的奋斗终将收获胜利的果实。

（4）处事冷静，积极思考问题，遇到困难和挫折要沉着冷静面对，要学会拥有积极、乐观的人生态度，更要有一颗勇敢的心去面对人生的各种挑战。当你一次次地面对困难并成功克服掉的时候，你的自信就会油然而生，那时你将变得更加自信，精力充沛，做事更有活力、更有热情。

（5）正视自身的缺点和不足，更要发扬自己的优势。不要总想着自己的身体缺陷，或者总是用自己的不足跟别人的亮点相比，而是要相信自己也是有亮点的。其实每个人都有各自的优缺点，完美无缺的人是不存在的，要学会取长补短，只有这样，人生才会更加美好。

（6）保持正常的人际关系，坦诚以待，多交一些志同道合的朋友，在困难面前，就会受到极大的鼓励，从而克服重重困难，取得进步，获得事业上的成功。以诚相待，与家庭、同事保持正常和谐的人际关系。处事乐观，态度积极，乐于承担责任，事无巨细不挑剔。

（7）对着镜子笑一笑，人生是积极的。给自己一个笑脸，不要对生活感到怜悯，也不要厌恶或者轻视自己。常常对镜子笑一笑，会让你感到更快乐、更自信。

（8）学会体验生活，用冷静的态度来面对生活中的一切是是非非，时常培养自己积极乐观的生活态度。同时展现自己最优秀的一面，让别人认可你，让他们觉得你很厉害，你的自信就会慢慢提升。所以记得常去展现你的才艺和优点，朝着自己热情的方向前进，多培养一些爱好，多交一些良友，让你变得自信满满。

第三节　如何练就好口才

出色的口头表达能力，其实是由多种内在素质综合决定的，它需要冷静的头脑、敏捷的思维、超人的智慧，渊博的知识及一定的文化修养。为此，可努力学习有关理论及知识、经验，如学好演讲学、逻辑学、论辩学、哲学、社会学、心理学等。想要练就好的口才，就要大胆发言，特别是在公众面前大声讲话，进行流畅的演讲。口才的重要性逐渐被更多的人认可，但去寻求提升口才的方法时，大多较为理论化，操作性不强。实际上，口才是实践性非常强的一项技能，可以说需要从生活中的一点一滴去积累。

一、积极心态训练

良好的口才需要良好的心理素质和心态。很多时候，我们自己一个人准备时，感觉能讲得挺好，但为什么一站在公众面前，就讲得那么的不尽如人意呢？我们常常是上去讲之前信心百倍，讲完后懊悔万分。其实这是因为我们的心理素质还不够强，所以在公众面前会紧张，讲不好。要学游泳，不下水是学不会的。练习在公众面前讲话，不真的去讲也是学不会的。很多人会说，平时机会少。我想说：有机会时一定要上，没机会时创造机会也要上。

可以去人多的地方如超市、百货商店、大街上进行练习，面对人来人往，一双双陌生的眼睛会用各样的眼光看你，第一次你可能根本讲不下去，但慢慢地你会发现，你能讲完了，知道自己在讲什么了，最后能很流利、很有感情地讲完了。再回到一些公众场合，你会发现，自己连在大街上都能讲好，这个舞台算什么，你的心态会比以前从容很多。

二、口才训练

（1）每天至少做 10 分钟深呼吸训练。

（2）抓住一切机会讲话，锻炼口才：

每天至少与 3 个人有意识地交流思想。

每天大声朗诵或大声讲 5 分钟以上。

每天训练自己“三分钟演讲”一次。

每天给亲人、同事至少讲一个故事或完整叙述一件事情。

（3）要注意讲话时的一些技巧：

讲话前，深吸一口气，平静心情，面带微笑，眼神交流一遍后，开始讲话。

勇敢地讲出第一句话，声音大一点，速度慢一点，说短句，语句中间不打岔。

当发现紧张卡壳时，停下来有意识地深吸口气，然后随着吐气讲出来。

如果表现不好，自我安慰——“刚才怎么又紧张了？没关系，继续平稳地讲。”同时，用感觉和行动上的自信战胜恐惧。

紧张时，可以做放松练习，深呼吸，或尽力握紧拳头，又迅速放松，连续 10 次。

三、辅助训练

每天至少 20 分钟阅读励志书籍或口才书籍，培养自己积极心态，学习一些技巧。

每天放声大笑 10 次，乐观面对生活，放松情绪。

训练接受他人的视线、目光，培养自信和观察能力。

培养微笑的习惯，要笑得灿烂、真诚，锻炼亲和力。

学会检讨，每天总结得与失，写心得体会。每周要全面总结成效及不足，并确定下周的目标。

参考文献

[1] 袁振国，等．交往的艺术[M]．天津：天津人民出版社，1987.
[2] 高玉祥，等．人际交往心理学[M]．北京：中国社会科学出版社，1990.
[3] 吕斌．人机信息交流原理与技能[M]．南京：南京大学出版社，1994.
[4] 金盛华，张杰．当代社会心理学[M]．北京：北京师范大学出版社，1995.
[5] 肯·白克，凯特·白克．乐在沟通——做个会说话的上班族[M]．顾淑馨，译．广州：中山大学出版社，1999.
[6] 迈克尔·E·哈特斯利，林达·麦克詹妮特．商务沟通原理与实践[M]．北京：机械工业出版社，2000.
[7] 桑德拉·黑贝尔斯，理查德·威沃尔．有效沟通[M]．5版．李业昆，译．北京：华夏出版社，2002.
[8] 斯蒂芬·P·罗宾斯，菲利普·L·亨塞克．交往技巧与能力训练[M]．刘中显，等，译．北京：电子工业出版社，2005.
[9] 乐轩．求职面试技巧[M]．北京：中国社会出版社，2008.
[10] 金正昆．社交礼仪[M]．北京：北京联合出版公司，2013.
[11] 刘瑶．交流与沟通能力训练[M]．北京：北京师范大学出版社，2013.
[12] 胡伟，胡军，张琳杰．沟通交流与口才[M]．北京：清华大学出版社，2013.
[13] 袁涤非．现代礼仪[M]．北京：高等教育出版社，2014.
[14] 韦克俭．公关礼仪与交流沟通技巧[M]．北京：清华大学出版社，2014.
[15] 殷亚敏．练好口才的第一本书[M]．北京：民主与建设出版社，2015.
[16] 尼基斯坦顿．沟通圣经[M]．北京：北京联合出版公司，2015.
[17] 沐阳．人际交往的艺术[M]．北京：中国纺织出版社，2016.
[18] 桦旦纯．高情商沟通术[M]．北京：团结出版社，2016.
[19] 曾仕强．曾仕强教授告诉您怎样带团队[M]．北京：北京联合出版公司，2017.

[20] 关振宇．幽默沟通学[M]．广州：广东旅游出版社，2017.
[21] 本·戴克尔，凯利·戴克尔．怎样沟通才有影响力[M]．北京：中国人民大学出版社，2017.
[22] 科里·帕特森．关键对话：如何高效能沟通[M]．毕崇毅，译．北京：机械工业出版社，2017.